PRICE 价格评估专业人员资格认证培训系

森林资源资产价格评估理论与实务

周学安 王正军／主编

中国市场出版社
China Market Press

图书在版编目（CIP）数据

森林资源资产价格评估理论与实务/周学安，王正军主编．—北京：中国市场出版社，2013.1

ISBN 978-7-5092-0966-0

Ⅰ．①森… Ⅱ．①周… ②王… Ⅲ．①森林资源—资产评估—资格认证—教材 Ⅳ．①F307.26

中国版本图书馆 CIP 数据核字（2012）第 250527 号

书　　名：森林资源资产价格评估理论与实务
主　　编：周学安　王正军
出版发行：中国市场出版社
地　　址：北京市西城区月坛北小街 2 号院 3 号楼（100837）
电　　话：编辑部（010）68034190　　读者服务部（010）68022950
　　　　　发行部（010）68021338　68020340　68053489
　　　　　　　　　　　68024335　68033577　68033539
经　　销：新华书店
印　　刷：高碑店市鑫宏源印刷包装有限责任公司
规　　格：720×1020 毫米　1/16　　20.5 印张　　250 千字
版　　本：2013 年 1 月第 1 版
印　　次：2013 年 1 月第 1 次印刷
书　　号：ISBN 978-7-5092-0966-0
定　　价：58.00 元

《森林资源资产价格评估理论与实务》编委会

前　言

随着经济体制改革的深化和社会主义市场经济的发展，价格评估行业逐步建立并迅速成长。为了加强价格评估机构资质管理和价格评估人员执业资格管理，规范价格评估机构资质认定行为，规范价格评估人员执业资格认定行为，保障和监督价格评估机构和价格评估人员依法执业，促进价格评估机构逐步建立自律性运行机制，根据《中华人民共和国价格法》、《中华人民共和国行政许可法》和《国务院对确需保留的行政审批项目设立行政许可的决定》，国家发展和改革委员会于2005年发布了《价格评估机构资质认定管理办法》（国家发展改革委令第32号）和《价格评估人员认定管理办法》（国家发展改革委令第33号）。通过开展“双认定”工作，价格评估行业在规范中健康发展，正日益成为一支推动国民经济快速增长的重要力量。

近年来，适应不断发展变化的市场需要，价格评估领域不断拓展，特定领域价格评估市场不断扩大。这既为价格评估行业的发展提供了良好发展机遇，也对价格评估人员素质提高提出了更高要求。因而，培养高层次、跨学科、跨行业复合型人才，成为价格评估行业面临的一项非常紧迫的任务。为了适应形势需要，国家发展和改革委员会价格认证中心印发了《价格评估专业人员资格认证暂行办法》（发改价证审〔2012〕55号），对价格评估专业人员进行资格认证管理。

为了做好价格评估专业人员资格认证工作，国家发展和改革委员会价格认证中心与全国部分省区市价格认证机构、有关行业部门、大专院校、评估机构、相关企业和知名专家学者，共同编写了价格评估专业人员资格认证培训系列教材。首批教材包括5个专业：森林资源资产价格评估、船舶价格评估、海洋资源资产价格评估、二手车和车损价格评估、书画艺术品价格评估。每个专业有6本教材，其中《经济学与价格学基础》、《价格评估学概论》为通用教材，各专业教材包括专业概论、理论与实务、法律法规政策选编、价格评估案例选编。每个专业配均有培训考试大纲。

本套教材力求充分吸收价格评估理论研究的最新成果，全面反映价格评估实践的发展脉络，并将根据价格评估市场的细分变化不断做出丰富和完善。

在教材编写过程中，我们得到了各级价格认证机构、有关行业部门、大专院校、评估机构、相关企业的大力支持，在此，谨表示衷心的感谢！

由于时间紧任务重，同时受制于编者的能力水平，本套教材难免有不足之处，敬请广大读者批评指正。

价格评估专业人员资格认证培训
系列教材编审委员会
2012年11月

目　　录

第一章　森林资源资产价格评估概述

第一节　森林资源资产价格评估

一、森林资源资产价格评估的概念

森林资源资产价格评估是根据特定的目的、遵循社会客观经济规律和公允的原则，按照国家法定的标准和程序，运用科学可行的方法，以统一的货币单位，对具有资产属性的森林资源实体以及预期收益进行的评定估算。它是评估者根据被评估森林资源资产的实际情况、所掌握的市场动态资料及对现在和未来进行多因素分析的基础上，对森林资源资产所具有的市场价值进行评定估算，并发表专业意见的行为和过程。

森林资源资产价格评估是资产评估的重要组成部分之一，它是由特定的评估主体对森林资源中具有资产属性部分的现实市场价值量进行估算。由于森林资源资产价格评估属于资产评估这个大的行业，所以森林资源资产价格评估应遵循资产评估的一般原理和基本准则。但森林资源资产是一种特殊的资产，因此森林资源资产价格评估也具有很多特有的性质，使其成为资产评估领域一个较为独立的分支。与一般的资产评估相比，森林资源资产价格评估是一门专业技术性很强的学科，它要求在掌握一般资产评估的理论和技术问题的基础上，结合森林资源资产本身特殊的生长规律及独特的经营技术，通过实物调查、市场调查、技术经济分析，在占有充分资料的前提下，运用适宜的方法评估森林资源资产的价值。

二、森林资源资产价格评估的特点

（一）森林资源资产价格评估与一般资产评估的共同特点

1. 市场性

资产评估是适应市场经济要求的中介服务活动，其基本目标就是根据资产业务的不同性质，通过模拟市场条件，对资产价值做出经得起市场检验的评定估算和报告。

2. 公正性

公正性是指资产评估行为服务于资产业务的需要，而不是服务于资产业务当事人任何一方的需要。

第一，资产评估按公允、法定的准则和规范进行，公允的行为规范和业务规范是公正性的技术基础；

第二，评估人员是与资产业务没有利害关系的第三者，这是公正性的组织基础。

3. 专业性

资产评估是一种专业人员的活动，从事资产评估业务的机构应由一定数量和不同类型的专家及专业人士组成。一方面，这些资产评估机构形成专业化分工，使得评估活动专业化；另一方面，评估机构及其评估人员对资产价值的估计判断也都是建立在专业技术知识和经验的基础之上。

4. 咨询性

资产评估结论是为资产业务提供专业化估价意见，该意见本身并无强制执行的效力，评估人员只对结论本身合乎职业规范要求负责，而不对资产业务定价决策负责。事实上，资产评估为资产交易提供的估价往往由当事人作为要价和出价的参考，最终的成交价取决于当事人的决策动机、谈判地位和谈判技巧等综合因素。

5. 综合性

资产价格评估最后的结果将以货币量来体现，加之资产评估的范围包括多方面，因此，这是一项十分复杂而细致的工作，要求评估人员具备全面的知识和经验。对一项资产的评估，不仅要了解它的自然属性、使用价值，了解它的社会属性、价值及其表现在货币形态上的价格，还要了解被评估资产同外界的联系，预测其日后效能。在评估中，对资产的诸多因素大部分要用确切的数据进行计算、分析和综合，因此评估人员应具有相应的知识。一名评估人员不可能完全具备与资产评估工作相适应的全面的技术和知识，但必须要有一个具有多方面知识的群体，做到优化组合，取长补短。评估人员还要有较高的智力水平（如观察能力、思维能力等）、丰富的经验和较强的工作能力。

6. 时效性

森林资源资产的数额和结构都不可能是静止不变的，一方面价格经常变动，另一方面森林资源本身也在不断生长。评估结果只能说明一个林业企事业单位在某一个时点的森林资源资产状况，随着时间的推移，必然会发生变化，并产生较大的差距，因此确定了的评估结果只能在一定期限内有效（我国规定是从评估基准日起一年内有效）。

7. 规范性

资产评估是一项复杂而严肃的工作，绝不能具有主观随意性，为了确保评估结果的真实性，要求评估结果的全过程都要按照一定的规范进行。比如评估的组织管理、原则、程序、方法以至评估报告书的内容都有具体的要求，必须严格按照规定的要求进行。

8. 权威性

评估结果将作为资产经营和产权变动底价的依据。对于一个林业企事业单位来说，经确认的评估结果可据以调整账务，这就从客观上要求评估具有权威性。不是任何单位所作的评估都具有法律效力，而只有经省级以上价格主管部门和国有资产管理部门授予森林资源资产价格评估资格的机构才有效，这也就是评估机构的权威性；另外，评估的权威性还体现在从业人员的权威性（获得国家注册的价格评估师）、测算所依据的权威性和计算方法的科学性。

9. 责任性

资产评估结论应当是真实可靠的，无论在什么情况下，都要经得起检验和推敲。而且评估机构还得对其结果承担民事和法律责任，因而来不得半点马虎，否则将受到法律制裁。如1995年全国人大常委会通过的《关于惩治违反公司法的犯罪的决定》第六条规定：承担资产评估、验资、审计职业的人故意提供虚假证明文件，情节严重的，处五年以下有期徒刑或者拘役，可以并处20万元以下罚金。

10. 风险性

资产价格评估是根据有关资料的可靠性，对资产价值做出的一种模拟价格。这种模拟价格是评估人员主观对被评估资产的客观反映。其估价的准确程度如何，取决于所搜集到的资料情况，以及评估人员的道德素养和业务水平的高低。评估可以做到尽可能准确，但不可能绝对准确。评估机构要对评估结果负法律责任，具有很高的风险性。

（二）森林资源资产价格评估的特点

森林资源资产是一种特殊的资产，因而，森林资源资产价格评估也有着不同于一般资产评估的特点。

1. 林地资源资产和林木资源资产的不可分割性

林地资源资产和林木资源资产构成了森林资源资产的实物主体，其他森林资源资产则是由其派生出来的。而林地和林木具有不可分割性，木生于地，地因木而称林地。林地资源资产的价值必须通过林木资源资产的价值测算来体现。

2. 森林资源资产的可再生性

森林资源资产具有可再生性，这是森林经营的特点，是森林实现持续经营的基础。在评估时应考虑再生产的投入，即森林更新、培育、保护费用的负担；考虑再生产的期限，即未来经营期的长短，包括产权变动对经营期的限制；考虑综合平衡森林资源培育、利用和保护的关系。

3. 森林经营的长周期性

森林的经营周期少则数年，多则数十年、上百年。这样长的经营周期对评估的影响表现为：(1) 在供求关系对价格的影响方面表现为供给弹性小，且成本效应滞后。当培育成本与市场需求价格出现背离时，市场需求价格会在短期内起主导作用。评估时应更多地考虑现行市场价格的因素。(2) 由于经营周期长，成本的货币时间价值极为重要，投资收益率的微小变化将对评估结果产生重大影响。(3) 由于经营周期长，对未来投入产出的预测较为困难，而收益现值法的评估是建立在对未来投入产出的预测的基础上，其预测的准确性对评估的影响很大。

4. 森林资源资产效益的多样性

森林资源资产具有经济效益、生态效益和社会效益，效益的多样性对森林资源资产价格评估带来了重大的影响。(1) 在现实的生产中生态效益和社会效益往往限制了经济效益的发挥，国家为了公众的利益制定了一系列的法规对一些森林的经营进行限制，这些限制影响了这些森林的最佳经济效益的发挥，在评估时必须给予充分的关注。(2) 生态效益和社会效益在理论上虽然很大，但社会给予认可的经济补偿却很有限，评估时对生态效益和社会效益的处理是森林资源资产价格评估中极有争议的难点。

5. 森林资源资产核查的艰巨性

森林资源资产分布于荒郊野外，是围墙外的资产。林区山高坡陡，交通不便，生活和工作条件较差。森林资源资产核查是以外业调查为主的工作，工作中风吹日晒雨淋，与一般资产的核查相比极为艰苦。森林资源资产基础数据是评估的基础，而森林资源资产实物量大，分布广，资产清查非常困难，因而森林资源资产核查是评估中最为关键的环节。

三、森林资源资产价格评估与森林资源经济评价

森林资源经济评价主要是对森林资源与环境产生的直接和间接效益做出测算，用货币价值计量来反映和评价森林的作用。虽然都是以货币价值计量，但两者之间有明显的不同。

1. 目的不同

森林资源经济评价的主要目的是把森林及环境效益以价值量化反映，以达到直观、简洁地说明森林的作用。森林资源资产价格评估的主要目的是提供交易对象科学、公正、合理的价格，作为市场交易或者资产运作双方讨价还价的依据。

2. 内容不同

森林资源经济评价的内容十分广泛，包括森林实物和环境的直接、间接效益，甚至是无法计量、难以计价的价值也包含在内。森林资源资产价格评估的对象是产权明晰的森林资源资产，评估内容主要是当前或者预期可获得的经济收益或者市场公允价值。

3. 方法和依据不同

森林资源经济评价的方法和依据具有一定的随意性，只要是有关专家认为是合理的方法和依据都可以应用。森林资源资产价格评估的依据是根据国家资产评估的法规和相关法律，以及市场标准和真实的数据，评估的方法有着明确的限制，其评估结果具有时效性。

4. 从业人员不同

只要有一定学术地位的任何一个自然人都可以进行森林资源经济评价；然而森林资源资产价格评估要求自然人必须是具备评估资质并在评估机构从业的评估人员才能进行。

5. 责任不同

森林资源的评价者不必对评价的结果承担任何法律和经济责任；而森林资源资产价格评估人员要对评估的结果承担法律和经济责任。按照现行法规，凡是涉及森林资源资产的市场交易、资产运营、抵押贷款等行为都要进行资产评估。

四、森林资源资产价格评估客体的界定

根据资产的内涵，对森林资源资产价格评估客体的界定或确认应把握以下要点：

1. 现实性

即要评估的森林资源资产是现实的、在评估前业已存在的。有些虽然以前存在过，但在评估时已经消失，如林地资产改变用途，就不能作为森林资源资产的评估客体。

2. 控制性

作为评估客体的森林资源资产必须为某产权主体所直接控制，享有支配、使用和收益的权利。不能为特定经济主体控制的森林资源，如森林中的野生动植物资源、微生物资源及森林生态资源由于在目前属公益性资源，因而不能作为评估客体，对其价格或价值的计算只能属于评价的范畴。但随着森林资源资产化管理的深入，某些现阶段不能作为评估客体的资源也会转化成为评估客体。另外，产权不清的森林资源资产也不能作为评估客体。

3. 有效性

凡资产必须具备有效性，即在价值形成过程，可以构成或带来经济收益。有些被特定主体控制的经济资源，由于技术经济条件的限制，现阶段不能给特定主体带来预期收益，也不能作为评估客体，如森林资源的生物多样性资源就不具备有效性。

4. 合法性

即特定主体对森林资源资产的控制必须是合法的，有合法的产权证明，受法律的保护，才能作为评估客体。

以上四个方面是有机联系在一起的，只有同时具备这四项条件的森林资源，才能真正确认为森林资源资产，成为资产评估的客体。

五、森林资源资产价格评估的原则及假设

（一）森林资源资产价格评估的原则

1. 公正性原则

主要指价格评估机构和评估人员在评估森林资源资产价格时，是否能做到公正客观。这种评估是建立在资产指标正确的基础上，即指标设计符合经营者的价值导向。一般来讲，定量指标多的资产评估体系更加客观些。

2. 独立性原则

要求在森林资源资产价格评估过程中摆脱资产业务当事人的影响，评估工作始终坚持第三者的立场。评估机构是社会中介机构，在评估中处于中立地位，不能为资产业务的任何一方所左右，评估工作不应受外界干扰和委托者意图的影响。评估机构和评估人员不应与资产业务各方有利益上的联系。

3. 客观性原则

是指评估结果应以充分的事实为依据。评估人员要从实际出发，认真进行调查研究，在评估过程中排除人为因素的干扰，坚持客观、公正的态度和采用科学的方法。评估的指标具有客观性，推理和逻辑判断等只能建立在市场和现实的基础资料上。

4. 科学性原则

是指森林资源资产价格评估过程中，必须根据评估的特定目的选择

适用的价值类型和方法，制订科学的评估实施方案，使评估结果科学合理。森林资源资产价格评估工作的科学性，不仅在于方法的本身，更重要的是必须严格与价值类型相匹配。价值类型的选择要以评估的特定目的为依据，评估目的对评估方法具有约束性，而不能以评估方法取代价值类型，以技术方法的多样性和可替代性模糊评估价值类型的唯一性，影响评估结果的合理性。

5. 产权利益主体变动的原则

森林资源资产价格评估中要遵循产权利益主体变动的原则，即以被评估的森林资源资产产权利益主体变动为前提或为假设前提，确定被评估资产在评估基准时日的现行的公允价值。产权利益主体的变动包括利益主体的全部改变和部分改变。

6. 持续经营原则

是指评估时必须根据被评估森林资源资产按目前的用途和使用方式、规模、频度、环境等情况继续使用，或者在有所变化的基础上使用，相应确定评估方法、参数和依据。

7. 替代性原则

是指在评估操作时，如果同一森林资源资产或同种森林资源资产在评估基准日可能实现的或实际存在的价格或价格标准有多种，则应选择最低的一种。

8. 公开市场原则

也称公允市价原则。是指森林资源资产价格评估中选取的作价依据和评估结论都可以在一个公开市场上存在或成立。公开市场是指一个竞争性的市场，交易各方进行交易的唯一目的是最大限度地追求经济利益，交易的各方掌握必要的市场信息，具有较为充裕的时间，对被评估资产具有必要的专业知识，交易条件公开并且不具排他性。在公开市场上形成或成立的价格称为公允市价。

9. 贡献原则

也称为重要性原则。即指资产本身所具有的属性表现在资产中所占有的地位和贡献上。资产总是在一定的评估中发生作用，其边际贡献往往是资产交易双方确认资产价格的尺度，换句话说，其价值取决于它对其他相关资产或资产总体的贡献，或根据在评估时它对整体价值下降的影响程度来衡量价值。贡献原则要求在评估一项由多个资产构成的整体资产价值时，必须综合考虑该项资产在整体资产构成中的重要性，而不是孤立地决定该项资产的价值。

10. 预期原则

是指资产评估的过程中，资产的价值可以不按照过去的生产成本或销售价格决定，而是基于对未来收益的期望值决定。资产评估的价值高低，取决于现实资产的未来效用或获利能力。一项资产取得时成本很高，但对购买者来说，其效用不高，评估价值就不会很大。预期原则要求在进行资产评估时必须预测其未来的获利能力以及拥有的获利能力的有效期。

（二）森林资源资产价格评估中的假设

由于认识客体无限变化和认识主体有限能力的矛盾，人们不得不依据已掌握的数据资料对某一事物的某些特征或全部事实做出合乎逻辑的推断。这种依据有限事实，通过一系列推理，对于所研究的事物做出合乎逻辑的假定说明就叫假设。假设必须依据充分的事实，运用已有的科学知识，通过推理（包括演绎、归纳和类比）而形成。森林资源资产价格评估与其他学科一样，其理论体系和方法体系的确立也是建立在一系列假设基础之上的，其中交易假设、公开市场假设、持续使用假设和清算假设是森林资源资产价格评估中的基本前提假设。

1. 交易假设

交易假设是森林资源资产价格评估得以进行的一个最基本的前提假

设，在《资产评估操作规范》中称为产权利益主体变动原则。交易假设是假定所有待评估森林资源资产已经处在交易过程中，资产评估人员根据待评估森林资源资产的交易条件等模拟市场进行估价。

众所周知，森林资源资产价格评估其实是在森林资源资产实施交易之前进行的一项专业服务活动，而森林资源资产价格评估的最终结果又属于森林资源资产的交换价值范畴。为了发挥森林资源资产价格评估在资产实际交易之前为委托人提供森林资源资产交易底价的专家判断的作用，同时又能够使森林资源资产价格评估得以进行，利用交易假设将被评估的森林资源资产置于“交易”当中，模拟市场进行评估就是十分必要的。交易假设一方面为森林资源资产价格评估得以进行“创造”了条件；另一方面它明确限定了森林资源资产价格评估的外部环境，即森林资源资产是被置于市场交易之中。森林资源资产价格评估不能脱离市场条件而孤立地进行，也就是说，不管被评估森林资源资产的特定目的是什么，是否涉及产权主体的变动，在评估操作中都应假设该森林资源资产将出让、产权将转移来评估确定其市场的时价，而不允许存在“内外有别”的评估值。

2. 公开市场假设

公开市场假设是对森林资源资产拟进入的市场条件，以及森林资源资产在这样的市场条件下接受何种影响的一种假定说明或限定。公开市场假设的关键在于认识和把握公开市场的实质和内涵。就森林资源资产价格评估而言，公开市场是指发育充分与完善的市场条件，一个有自愿的买者和卖者的竞争性市场，在这个市场上，买者和卖者的地位是平等的，彼此都有获取足够市场信息的机会和时间，买卖双方的交易行为都是在自愿、理智而非强制或不受限制的条件下进行的。公开市场假设就是假定那种较为完善的公开市场存在，被评估森林资源资产将要在这样一种公开市场中进行交易。当然公开市场假设也是基于市场客观存在的现实，即森林资源资产在市场上可以公开买卖这样一种客观事实为基础的。

由于公开市场假设市场是一个充分竞争的市场，森林资源资产在公开市场上实现的交换价值隐含着市场对该森林资源资产在当时条件下有效使用的社会认同。当然，在森林资源资产价格评估中，市场是有范围的，它可以是地区性市场，也可以是国内市场，还可以是国际市场。

公开市场假设旨在说明一种充分竞争的市场条件，在这种条件下，森林资源资产的交换价值受市场机制的制约并由市场行情决定，而不是由个别交易决定。

公开市场假设是森林资源资产价格评估中的一个重要假设，其他假设都是以公开市场假设为基本参照。公开市场假设也是森林资源资产价格评估中使用频率较高的一种假设，凡是能在公开市场上交易、用途较为广泛或通用性较强的资产，都可以考虑按公开市场假设前提进行评估。

3. 持续使用假设

持续使用假设首先设定被评估森林资源资产正处于使用状态，包括正在使用中的森林资源资产和备用的森林资源资产；其次根据有关数据和信息，推断这些处于使用状态的森林资源资产还将继续使用下去。持续使用假设既说明了被评估森林资源资产面临的市场条件或市场环境，同时着重说明了森林资源资产的存续状态。评估时必须根据被评估森林资源资产目前的用途和使用方式、规模、频度、环境等情况，或者在有所变化的基础上，相应确定评估方法、参数和依据。

持续经营假设被认为是进行森林资源资产价格评估的一个重要假设，从评价的角度，持续使用假设是指森林资源资产将按现行用途继续使用，或转移用途继续使用来对森林资源资产进行评估。同一森林资源资产按不同的假设用作不同的目的，其价格差异是很大的，尤其是林地资源资产。

在使用森林资源资产的持续经营原则时，必须充分考虑以下条件：

（1）森林资源资产能以其提供的服务和用途，满足所有者经营上期望的收益。

（2）森林资源资产尚有显著的剩余使用寿命（主要指经济林等资产）。

（3）森林资源资产所有权明确，保持完好，并能实施有效的控制。

（4）必须考虑森林资源资产从经济上、法律上是否允许其转为他用。如用材林的中、幼龄林，法律上不允许将其提早采伐，改换成其他的树种或林种。一般情况下林地不允许改为其他用地。

（5）森林资源资产的使用功能完好或较为完好。对用材林来讲，应当是生长正常的林分，对于残次林分则不能让其持续下去。

4. 清算假设

具体而言，清算假设是对森林资源资产在非公开市场条件下被迫出售或快速变现条件的假定说明。

清算假设首先是被评估森林资源资产面临清算或具有潜在的被清算的事实或可能性，再根据相应数据资料推定被评估森林资源资产处于被迫出售或快速变现的状态。

由于清算假设假定被评估森林资源资产处于被迫出售或快速变现条件之下，被评估森林资源资产的评估值通常要低于在公开市场假设前提下或持续使用假设前提下同样森林资源资产的评估值。因此，在清算假设前提下的森林资源资产价格评估结果的适用范围是非常有限的，当然，清算假设本身的使用也是较为特殊的。

六、森林资源资产价格评估的目的与作用

（一）森林资源资产价格评估的特定目的

森林资源资产价格评估的特定目的是指对某项具体的森林资源资产价格评估所要达到的具体目的和结果，它是以森林资源资产在经济行为

中的特定需要为目的。根据《森林资源资产评估技术规范（试行）》，特定的需要主要是指：

（1）森林资源资产转让、企业兼并、企业重组、企业出售、企业清算、企业置换。

资产转让是指资产拥有单位有偿转让其拥有的资产，通常是指转让非整体性资产的经济行为。

企业兼并是指一个企业以承担债务、购买、股份化和控股等形式有偿接收其他企业的产权，使被兼并方丧失法人资格或改变法人实体的经济行为。

企业出售是指独立核算的企业或企业内部的分厂、车间及其他整体资产产权出售行为。

企业清算包括破产清算、终止清算和结业清算。

（2）森林资源资产出资进行中外合资或者合作。

中外合资、合作是指我国的企业和其他经济组织与外国企业、其他经济组织或个人在我国境内举办合资或合作经营企业的行为。

（3）森林资源资产出资进行股份经营或者联营。

股份经营是指资产占有单位实行股份制经营方式的行为，包括法人持股、内部职工持股、向社会发行不上市股票和上市股票。

企业联营是指国内企业、单位之间以固定资产、流动资产、无形资产及其他资产投入组成各种形式的联合经营实体的行为。

（4）森林资源资产从事租赁经营。

企业租赁是指资产占有单位在一定期限内，以收取租金的形式，将企业全部或部分资产的经营使用权转让给其他经营使用者的行为。

（5）森林资源资产抵押贷款、拍卖、担保或偿还债务。

担保是指资产占有单位，以本企业的资产为其他单位的经济行为担保，并承担连带责任的行为。担保通常包括抵押、质押、保证等。

债务重组是指债权人按照其与债务人达成的协议或法院的裁决同意债务人修改债务条件的事项。

（6）森林资源资产被征收。

征收是指征收主体国家基于公共利益需要，以行政权取得集体、个人资产所有权并给予适当补偿的行政行为。

（7）收购非国有森林资源资产。

收购是指一个资产主体通过产权交易取得其他资产主体一定程度的控制权，以实现一定经济目标的经济行为。

（8）涉及森林资源资产诉讼。

指资产纠纷当事人通过向具有管辖权的法院起诉另一方当事人的形式解决资产纠纷。

（9）法律、法规规定需要进行评估的其他情形。

森林资源资产有下列情形之一的，可根据需要进行评估：

（1）因自然灾害造成森林资源资产损失；

（2）盗伐、滥伐、乱批滥占林地人为造成森林资源资产损失；

（3）占有单位要求评估的。

根据这些需要，森林资源资产价格评估的目的可分为：

（1）以保障资产所有者的合法权益为目的的评估。

如资产征占、转让、联营、中外合资、合作、自然灾害等，正确确定资产价格，是市场交易和补偿的关键，因此必须对资产进行评估。

（2）以确定和检查经营者经营状况的责任为目的的评估。

如承包经营企业、租赁经营企业、股份制企业以及其他需要确定经营者经营状况的实际价值。

（3）以重新认定资产的现时价值为目的的评估。

如企业清算、破产、抵押等的资产评估，目的是确认清理财产的实际价值。

(4) 以解决资产账面价值与实际价值相背离为目的的评估。

由于价格上涨导致重置价格的提高，资产的重置成本与历史成本差额较大，为了使资产的价值形态的补偿与实物形态的补偿相统一，保障社会再生产的顺利进行，通过资产评估，为确定新的折旧率提供依据，从而解决资产补偿不足的问题，等等。

（二）森林资源资产价格评估特定目的在资产评估中的地位和作用

(1) 森林资源资产价格评估是优化资产配置和经营的基础工作；

(2) 森林资源资产价格评估是有效维护和协调所有者、经营者权益的基本尺度；

(3) 森林资源资产价格评估是确保国有资产足额补偿、理顺价格构成、协调森林资源再生产比例关系的必要条件；

(4) 森林资源资产价格评估是完善和发展我国社会主义商品市场的客观需要；

(5) 森林资源资产价格评估有助于森林资源资产的流转和林区资金市场的建立。

森林资源资产价格评估特定目的是由引起森林资源资产价格评估的特定经济行为所决定的，它对评估结果的性质、价值类型等有重要的影响。

森林资源资产价格评估特定目的不仅是某项具体森林资源资产价格评估活动的起点，同时也是森林资源资产价格评估活动所要达到的目标。

森林资源资产价格评估特定目的贯穿着森林资源资产价格评估的全过程，影响着评估人员对评估对象的界定、资产价值类型选择等。它是评估人员在进行具体森林资源资产价格评估时必须首先明确的基本事项。

森林资源资产价格评估特定目的是界定评估对象的基础。任何一项森林资源资产业务，无论产权是否发生变动，其所涉及的资产范围必须受资产业务本身的制约。森林资源资产价格评估委托方正是根据森林资源资产业务的需要确定森林资源资产价格评估的范围。评估人员不仅要对该范围内的森林资源资产权属予以说明，而且要对其价值作出判断。

森林资源资产价格评估特定目的对于森林资源资产价格评估的价值类型选择具有约束作用。特定资产业务决定了资产的存续条件，资产价值受制于这些条件及其可能发生的变化。森林资源资产价格评估人员在进行具体森林资源资产价格评估时，一定要根据具体的资产业务的特征，选择与之相匹配的评估价值类型。

按照资产业务的特征与评估结果的价值属性一致性原则进行评估，是保证森林资源资产价格评估趋于科学、合理的基本前提。需要指出的是，在不同时期、地点及市场条件下，同一森林资源资产业务对森林资源资产价格评估结果的价值类型的要求也会有差别，这表明，进行森林资源资产价格评估的森林资源资产业务对评估结果的价值类型要求不是抽象和绝对的。

森林资源资产价格评估结果的价值类型与评估的特定目的相匹配、相适应，指的是在具体评估操作过程中，评估结果价值类型要与已经确定了的时间、地点、市场条件下的资产业务相匹配、相适应。任何事先划定的资产业务类型与评估结果的价值类型相匹配的固定关系或模型都可能偏离或违背客观存在的具体业务对评估结果价值类型的内在要求。换句话说，资产的业务类型是影响甚至决定评估结果价值类型的一个重要的因素，但是，它绝不是决定森林资源资产价格评估结果价值类型的唯一因素。评估的时间、地点、评估时的市场条件、资产业务各当事人的状况以及资产自身的状态等，都可能对森林资源资产价格评估结果的价值类型起到影响作用。

第二节 森林资源资产价格评估中的注意事项

一、森林资源资产核查与评估的衔接

森林资源资产核查工作，是森林资源资产价格评估工作中不可或缺的重要环节，是评定估算森林资源资产价值的基础。其工作量大、耗时耗力，在评估工作中占据举足轻重的地位。

（一）森林资源资产核查与调查

当评估机构接受委托方委托，开展森林资源资产价格评估工作时，依据相关规定，评估机构应要求委托方提供被评估森林资源资产清单。在取得森林资源资产清单后，评估机构可以委托具有专业调查资质的调查机构，按照森林资源资产价格评估的要求和林业调查的有关规定，采取恰当的核查技术方法，对森林资源资产进行现场核查。评估方将核查结果与委托方提供的森林资源资产清单进行对比、分析后，确定森林资源资产清单是否可以作为森林资源资产价格评估的依据。

当委托方提供的森林资源资产清单不能作为评估依据时，评估方则需要求委托方重新提供森林资源资产清单，或聘请具有专业调查资质的调查机构，对被评估的森林资源资产进行重新调查。其调查成果经委托方及资产占有方确认后，可作为森林资源资产价格评估的依据。

（二）评估值只能与满足调查精度要求所对应的总体单位相匹配

森林资源资产清单，是被评估森林资源资产的基础数据资料。其满足精度要求所对应的总体单位，直接影响评估结果的翔实程度，关系到评估值如何使用的问题。如果森林资源资产清单是以林场为总体的调查

资料，核查也是以林场为总体控制精度，其评估报告的精度也只能落实到林场，即评估报告只能以林场评估总价应用，而不能用林班的评估值，更不能用小班的评估值。

委托方对森林资源资产价格评估结果要求得越细，所提供的森林资源资产清单总体单位就要越小，核查所需要的人力就越多、时间越长、费用越高，所以委托方对评估结果以满足评估目的需求为最佳，并非越细越好。

评估机构在与委托方进行前期沟通时，要与委托方就未来所提供的评估报告中评估值的翔实程度达成一致意见，从而制订切实有效的评估计划，明确对森林资源核查的技术要求。

（三）森林资源资产核查应紧紧围绕评估工作展开

（1）森林资源资产核查应委托有森林资源调查资质的机构进行，评估机构按照评估的需要，根据森林资源实际情况，与调查机构共同制订森林资源资产核查方案。

（2）森林资源资产核查方案确定后，对参加外业核查的人员进行培训，明确以评估为目的的森林资源资产核查重点关注的事项。评估人员应全程参与外业核查工作。

（3）森林资源资产核查报告总体的确定，要满足出具评估报告结果的要求。

二、《森林资源资产评估技术规范（试行）》在实际工作中的应用

（一）森林资源资产价格评估方法的选用

森林资源资产价格评估方法的选用，首先要符合资产评估相关准则的要求，根据评估目的，考虑相关条件的制约等，确定恰当的价值类型，并结合《森林资源资产评估技术规范（试行）》的相关规定，根据森林资源的特点，经综合分析后确定恰当的森林资源资产价格评估方法。

（二）要根据评估目的的要求，明确评估的对象是森林资源资产的存量价值还是其未来产出的流量价值

所谓森林资源资产的存量价值指的是被评估的森林资源在评估基准日时的森林资源资产的保有量价值，是一个时点数；而森林资源资产产出的流量价值指的是被评估的森林资源资产在未来一定期间内可实现的经济利益。在森林资源资产价格评估工作中，应考虑林业政策法规对评估的影响，正确把握两者的区别与联系，只有这样才能使评估的结果客观、公正、科学。

（三）森林资源核查的成果应满足森林资源资产价格评估的特殊需要

森林资源资产的核查，是以《森林资源规划设计调查技术规程（GB/T 26424—2010）》为基础的，它更多关注的是森林资源的实物量，而资产评估关注的是价值量。每个森林资源资产价格评估项目中的森林资源资产都有其自身的特点，因此在以森林资源资产价格评估为目的对森林资源进行核查（或调查）时，其过程和出具的成果，应满足森林资源资产价格评定估算的需要。

（四）重置成本法在评估幼龄林中的应用

评估人员以《森林资源资产评估技术规范（试行）》中重置成本法评估幼龄林时，除考虑资金的时间价值外，应根据实际情况适当考虑投资者合理的增值利润。在对速生的工业原料林评估时，由于其生长快，轮伐期短，对其幼龄林评估时，评估人员应审慎采用重置成本法，根据实际情况，可以考虑采用收获现值法或现行市价法。在对天然次生林幼龄林评估时，采用重置成本法。应关注其是否存在经济性贬值等因素。

（五）应注意不同林龄间评估结果的衔接

根据《森林资源资产评估技术规范（试行）》确定林木评估方法时，考虑的主要因素是林龄，这样会造成同一评估目的的评估项目，在同一树种不同龄组之间，特别是相邻龄组的林龄间，评估结果差异较大，所以应根据实际情况，审慎选用评估方法，做好评估中不同林龄间评估结果的衔接。

（六）林地评估方法的应用

林地的价值与林地上的附着物有着直接关系。林地出让金的支付方式千差万别，其未来经营用途也因自然条件和经济环境差异而有所不同。因此，在确定林地评估方法时，应根据林地的实际情况，考虑相关经济行为和评估目的对林地评估价值类型的影响，选用恰当的评估方法。

（七）森林生态服务功能价值和森林景观价值的评估

森林资源资产具有生态服务和林产品供给两大功能。随着社会经济的快速发展，市场对森林生态服务功能价值和森林景观资源资产价值评估的需求越来越大。《森林资源资产评估技术规范（试行）》对森林生态服务功能价值和景观资源资产价值评估的阐述不足，所以在评估工作中应吸纳相关学科的知识和方法，进行评估。

（八）评估工作中相关折现率的选取

森林资源资产价格评估工作中相关折现率、利率、投资收益率的选取，应考虑评估目的、评估对象、经济环境等实际情况确定，不能固化。

三、森林景观资源资产评估中景观质量评价体系的应用

森林景观资源资产的评估价值是随着森林景观资源质量状况、环境特征、区位开发条件的不同而变化的。采用任何评估方法，都需要对被评估森林景观资源资产的实体特征、质量情况和外部环境等重要因子进行分析，从而确定评估方法中所需要的各类调整系数。

在一般性森林资源资产价格评估中，考虑到评估目的需要以及被评估森林资源资产的利用方向和利用性质，重点关注体现森林资源资产实体特征、质量、林地面积、树种组成、林龄、公顷株数、平均胸径、平

均树高、立木蓄积等因子。而森林景观资源资产则有所不同，其应侧重于旅游休闲、娱乐审美的角度，从森林景观资源自身特点、区域环境质量及其所处的区位优势和基础设施条件等方面，关注其森林景观资产实体特征和质量。

《中国森林公园风景资源质量等级评定》（GB/T I8005—1999）标准，具有国家权威性和实用性，能够客观、科学、综合地反映森林景观资源质量状况、环境特征、区位开发条件，适宜作为森林景观资源资产质量和实体状况评价的首选方法。

四、森林生态系统服务功能价格评估中评估项的选取

鉴于森林生态系统的功能和价格评估过程非常复杂，至今对其功能的分类和评估方法尚不完善，国内外的学者仍在不断地探索中。在森林生态系统服务功能价格评估中，评估方要根据项目的实际情况，客观分析评估项目的各种因素，选取合适的评估项进行估算。

一般情况下，森林生态系统服务功能价格评估中选取的评估项有：涵养水源、固土保肥、改良土壤、固碳释氧、生物多样性维护和防风固沙等。对于一个具体的森林生态系统服务功能价格评估项目中选取哪些评估项，要根据具体情况而定。实际评估中执行《森林生态系统服务功能评估规范》（LY/T 1721—2008）。

第三节　森林资源资产价格评估的程序和要求

一、森林资源资产价格评估的法定程序

按照《森林资源资产评估技术规范（试行）》规定，森林资源资产

价格评估的法定程序由明确评估业务基本事项、签订评估业务的协议书、编制评估计划、现场核查、搜集评估资料、评定估算、编制和提交评估报告、验证确认、建立项目档案9个阶段组成。

（一）明确评估业务基本事项

明确森林资源资产价格评估业务基本事项是森林资源资产价格评估程序的第一个环节，包括在签订森林资源资产价格评估业务约定书以前所进行的一系列基础性工作，对森林资源资产价格评估项目风险评价、项目承接与否以及森林资源资产价格评估项目的顺利实施具有重要意义。由于森林资源资产价格评估专业服务的特殊性，森林资源资产价格评估程序甚至在森林资源资产价格评估机构接受业务委托前就已开始。森林资源资产价格评估机构和评估人员在接受森林资源资产价格评估业务委托之前，应当采取与委托人等相关当事人讨论、阅读基础资料、进行必要的初步调查等方式，与委托人等相关当事人共同明确以下森林资源资产价格评估业务基本事项：

1. 评估立项

森林资源资产价格评估立项的申报是指依法需要进行森林资源资产价格评估的单位或个人向有关部门提交森林资源资产价格评估立项申请书并附有关资料，经审核（提交林权证、身份证原件进行审核），做出是否进行评估的决定，通知申报单位或个人是否准予立项的过程。国家重点公益林以及国有森林资源资产价格评估必须立项；集体或私有的森林资源资产价格评估可根据需要确定。

立项申请书的内容主要包括：森林资源资产占有单位名称、地址、隶属关系、评估目的、评估对象与范围、要求评估的时间、评估的基准日等。申报的附件包括：该项经济行为审批机关批准文件、县级以上人民政府颁发的有效的产权证明（林权证等）、资产所有人身份证明、资产来源证明、相关凭证。

2. 委托方与相关当事方基本状况

评估人员应当了解委托方和产权持有者等相关当事方的基本状况。在不同的森林资源资产价格评估项目中，相关当事方有所不同，主要包括产权持有者、森林资源资产价格评估报告使用方、其他利益关联方等。委托人与相关当事方之间的关系也应当作为重要基础资料予以充分了解，这对于全面理解评估目的、相关经济行为以及防范恶意委托等十分重要。在可能的情况下，评估人员还应要求委托人明确森林资源资产价格评估报告的使用人与使用人范围，以及使用方式。明确森林资源资产价格评估报告的使用人范围不但有利于森林资源资产价格评估机构和评估人员更好地根据使用人的需求提供良好服务，同时也有利于降低评估风险。

3. 评估的目的

评估人员应当与委托方就森林资源资产价格评估目的达成明确、清晰的共识，并尽可能细化森林资源资产价格评估目的，说明森林资源资产价格评估业务的具体目的和用途，避免仅仅笼统地列出通用森林资源资产价格评估目的的简单做法。

4. 评估对象基本状况

评估人员应当了解评估对象及其权益人基本状况，包括法律、经济和社会状况；企业名称、住所、注册资本、所属行业、在行业中的地位和影响、经营范围、财务和经营状况等。评估人员应当特别了解有关评估对象的权利受限状况。

5. 价值类型及定义

评估人员应当在明确森林资源资产价格评估目的的基础上，恰当确定价值类型，确信所选择的价值类型适用于本森林资源资产价格评估目的，并就所选择价值类型的定义与委托方进行沟通，避免出现歧义、误导。

6. 评估基准日

评估人员应当与委托方沟通，了解并明确森林资源资产价格评估基准日。森林资源资产价格评估基准日的选择应当有利于森林资源资产价格评估结论有效地服务于森林资源资产价格评估目的，减少和避免不必要的森林资源资产价格评估基准日期后事项。评估人员应当根据专业知识和经验，建议委托方根据评估目的、资产和市场的变化情况等因素合理选择评估基准日。

7. 评估限制条件和重要假设

森林资源资产价格评估机构和评估人员应当在承接评估业务前，充分了解所有对森林源资产评估业务可能构成影响的限制条件和重要假设，以便进行必要的风险评价，更好地为客户服务。

8. 其他需要明确的重要事项

根据具体评估业务的不同，评估人员应当在了解上述基本事项的基础上，了解其他对评估业务的执行可能具有影响的相关事项。

评估人员在明确上述资产评估基本事项的基础上，应当分析下列因素，确定是否承接森林资源资产价格评估项目：

（1）评估项目风险。评估人员应当根据初步掌握的有关评估业务的基础情况，具体分析森林资源资产价格评估项目的执业风险，以判断该项目的风险是否超出合理的执业范围。

（2）专业胜任能力。评估人员应当根据所了解的评估业务的基本情况和复杂性，分析森林资源资产价格评估机构和评估人员是否具有与项目相适应的专业胜任能力和相关经验。

（3）独立性分析。评估人员应当根据职业道德要求和国家相关法规的规定，结合评估业务的具体情况分析评估人员的独立性，确认与委托人或相关当事方是否存在现实或潜在利害关系。

（二）签订评估业务的协议书

森林资源产权单位或个人接到立项通知后，可以自行选择委托具有森林资源资产价格评估资格的资产评估机构对立项通知书规定范围内的森林资源资产进行详估。

森林资源资产价格评估业务协议书是森林资源资产价格评估机构与委托人共同签订的，确认森林资源资产价格评估业务的委托与受托关系，明确委托目的、被评估森林资源资产范围及双方权利义务等相关重要事项的合同。

根据我国资产评估行业的现行规定，评估人员承办资产评估业务，应当由其所在的资产评估机构统一受理，并由评估机构与委托人签订书面资产评估业务协议书，评估人员不得以个人名义签订资产评估业务协议书。资产评估业务协议书应当由资产评估机构和委托方的法定代表人或其授权代表签订。资产评估业务协议书应当内容全面、具体，含义清晰准确，符合国家法律、法规和资产评估行业的管理规定。协议书的主要内容有：

（1）委托方、受托方名称、住所、联系方式；

（2）评估目的；

（3）评估范围和对象；

（4）评估基准日；

（5）评估价值类型；

（6）价格评估报告提交期限及提交方式；

（7）评估报酬（评估费）及支付方式；

（8）双方责任和义务及违约责任；

（9）报告使用范围；

（10）协议书有效期限；

（11）协议书中止履行和解除；

（12）附则，双方认为应当约定的其他重要事项；

（13）签约时间。

森林资源资产占有单位在评估委托时，同时还要递交有效的森林资源资产清单以及其他有关的材料。

有效的森林资源资产清单，是指以具有相应级别调查设计资格证书的森林资源调查规划设计单位当年调查，并经上级林业主管部门批准使用的森林资源规划设计调查（二类调查）、作业设计调查（三类调查）成果，或按林业资源管理部门要求建立并逐年更新至当年，且经补充调查修正的森林资源档案资料编制，并由林业主管部门认定的森林资源资产清单。森林资源资产清单以小班为单位编制。评估有效期内将采伐的林木资产清单必须依据作业设计调查成果编制。其他有关材料如下：

（1）森林资源资产价格评估立项审批文件；

（2）森林资源资产林权证书；

（3）林业基本图、林相图、作业设计调查图；

（4）作业设计每木检尺记录；

（5）有特殊经济价值的林木种类、数量和质量材料；

（6）当地森林培育、森林采伐和基本建设等方面的技术经济指标；

（7）林木培育的账面历史成本资料；

（8）有关的小班登记表复印件；

（9）按照评估目的必须提交的其他材料，如森林景观资产资料等。

评估机构要对委托方所提供的森林资源资产清单的编制依据、资料的完整性和时效性进行核验，核验合格后方可接受委托，并与委托方签署森林资源资产价格评估项目委托书和协议书，经双方负责人签字，加盖公章后生效。

（三）编制评估计划

为高效完成资产评估业务，评估人员应当编制资产评估计划，对资产评估过程中的每个工作步骤以及时间和人力进行规划和安排。森林资源资产价格评估计划是评估人员为执行森林资源资产价格评估业务拟订的森林资源资产价格评估工作思路和实施方案，对合理安排工作量、工作进度、专业人员调配以及按时完成森林资源资产价格评估业务具有重要意义。由于森林资源资产价格评估项目千差万别，森林资源资产价格评估计划也不尽相同，其详略程度取决于森林资源资产价格评估业务的规模和复杂程度。评估人员应当根据所承接的具体森林资源资产评估项目情况，编制合理的森林资源资产价格评估计划，并根据执行森林资源资产价格评估业务过程中的具体情况，及时修改、补充森林资源资产价格评估计划。

森林资源资产价格评估计划应当涵盖森林资源资产价格评估工作的全过程，评估人员在森林资源资产价格评估计划编制过程中应当同委托人等就相关问题进行洽谈，以便于森林资源资产价格评估计划的实施，并报经森林资源资产价格评估机构相关负责人审核批准。编制森林资源资产价格评估工作计划应当重点考虑以下因素：

（1）森林资源资产价格评估目的、评估对象情况；

（2）森林资源资产价格评估业务风险、评估项目的规模和复杂程度；

（3）评估对象的性质、行业特点、发展趋势；

（4）森林资源资产价格评估项目所涉及资产的结构、类别、数量及分布状况；

（5）相关资料收集状况；

（6）委托人或资产占有方过去委托森林资源资产价格评估的经历、诚信状况及提供资料的可靠性、完整性和相关性；

（7）森林资源资产价格评估人员的专业胜任能力、经验及专业、助理人员配备情况。

（四）现场核查

森林资源资产价格评估人员执行森林资源资产价格评估业务，应当对评估对象进行现场核查。进行森林资源资产核查工作不仅仅是基于对森林资源资产价格评估人员勤勉尽责义务的要求，同时也是森林资源资产价格评估程序和操作的必经环节，有利于森林资源资产价格评估机构和人员全面、客观地了解评估对象，核实委托方和产权持有者提供资料的可靠性，并通过在现地核查过程中发现的问题、线索，有针对地开展资料收集、分析工作。

（五）收集评估资料

在上述几个环节的基础上，资产评估人员应当根据森林资源资产价格评估项目的具体情况收集森林资源资产价格评估相关资料。资料收集工作是森林资源资产价格评估业务质量的重要保证，也是进行分析、判断进而形成评估结论的基础。另外，由于评估对象及其所在行业的市场状况、信息化和公开化程度差别较大，相关资料的可获取程度也不同。因此，评估人员的执业能力在一定程度上就体现在其收集、占有与所执行项目相关信息资料的能力上。评估人员在日常工作中就应当注重收集信息资料及其来源，并根据所承接项目的情况确定收集资料的深度和广度，尽可能全面、翔实地占有资料，并采取必要措施确保资料来源的可靠性。收集评估资料如下：

（1）营林生产技术标准、定额及有关成本费用资料；

（2）木材生产、经营抚育、产品销售等定额及有关成本费用资料；

（3）评估基准日各种规格的木材、林副产品市场价格，及其销售过程中税、费征收标准；

（4）当地及附近地区的林地使用权出让、转让和出租的价格资料；

（5）当地及附近地区的林业生产投资收益率；

（6）各树种的生产过程表、生产模型、收获预测等资料；

（7）现利用的立木材积表、原木材积表、材种出材率表、立地指数表等测树经营数表资料；

(8) 其他与评估有关的资料。

(六) 评定估算

评估人员应当对所收集的森林资源资产价格评估资料进行充分分析，确定其可靠性、相关性、可比性，摒弃不可靠、不相关的信息，对不可比信息进行必要分析调整，在此基础上恰当选择森林资源资产价格评估方法，并根据业务需要及时补充收集相关信息。

评定估算是指森林资源资产价格评估人员根据评估的特定目的和掌握的有关资料，选择适当的标准，依据法定的森林资源资产价格评估方法，对委托评估的森林资源资产价格进行具体的评定和估算，并在评估工作结束后向委托评估的单位提出森林资源资产价格评估报告书的过程。这是森林资源资产价格评估工作中最关键的阶段，在具体工作中往往按制订工作方案、实际评定估算这两个步骤进行。实际评定估算包括划分森林资源资产类型、确定森林资源资产价格两项内容。

1. 划分森林资源资产类型

根据森林资源资产的特点首先划分出林地资产、林木资产和森林景观资产；在林木资产中又可按林木的用途划分为商品林、公益林。按森林类型、树种以及品种、森林功能等确定具体的评估项目，根据各类森林资源资产的不同特点选择适当的评估方法。

2. 估算森林资源资产价格

根据被评估森林资源资产的实际状况，应用所搜集的信息资料以及有关的经济技术指标，按照评估的特定目的和资料状况，选择适合的计算方法估算出森林资源资产的价格。

在评定估算过程中，对森林资源资产状况的判断和评定要准确，计算方法、计算公式以及计算过程都要准确无误，以确保森林资源资产价格评估结果的客观、公正。

(七) 编制和提交评估报告

评估人员在执行必要的资产评估程序、形成森林资源资产价格评估结论后，应当按有关森林资源资产价格评估报告标准与规范，编制森林资源资产价格评估报告。

评估人员应当以恰当的方式将森林资源资产价格评估报告提交给委托人。在提交正式森林资源资产价格评估报告之前，可以与委托人进行必要的沟通，听取委托人、资产占有方等对森林资源资产价格评估结论的反馈意见，并引导委托人、产权持有者、森林资源资产价格评估报告使用者等合理理解森林资源资产价格评估结论。

森林资源资产价格评估报告书是对森林资源资产的实际价值提出的客观和公正性文件，评估机构和评估人员要对所提出的评估报告承担法律责任。森林资源资产价格评估报告书由具备资格并直接从事该项资产评估工作的评估人员签字，评估机构负责人认真审核后签名并加盖公章后方可生效。

森林资源资产价格评估提交的材料有：森林资源资产核查报告、森林资源资产价格评估报告书、森林资源资产价格评估说明。

（八）验证确认

森林资源资产价格评估验证确认是指价格评估行政主管部门或授权的林业行政主管部门接到有关单位或个人提交的森林资源资产价格评估报告后，对森林资源资产价格评估进行合规性审核，并向有关单位下达确认通知书的过程。

（九）建立项目档案

评估人员在向委托人提交森林资源资产价格评估报告后，应当及时将森林资源资产价格评估工作底稿归档。将这一环节列为森林资源资产价格评估基本程序之一，充分体现了森林资源资产价格评估服务的专业性和特殊性，其不仅有利于评估机构应对今后可能出现的森林资源资产价格评估项目的检查和法律诉讼，也有利于评估人员总结、完善和提高森林资源资产价格评估业务水平。评估人员应当将在森林资源资产价格评估工作中形成的、与森林资源资产价格评估业务相关的有保存价值的各种文字、图表、音像等资料及时予以归档，并按国家有关规定对资产评估工作档案进行保存、使用和销毁。

二、执行森林资源资产价格评估程序的基本要求

鉴于森林资源资产价格评估程序的重要性，评估人员在执行森林资源资产价格评估程序环节中应当符合以下要求：

(1) 评估人员应当按照国家相关规定，建立、健全森林资源资产价格评估程序制度。由于不同评估人员的专业胜任能力、经验各不相同，所承接的主要业务范围和执业风险也各有不同，各森林资源资产价格评估机构应当结合本机构实际情况，在森林资源资产价格评估基本程序的基础上进行细化等必要调整，形成本机构森林资源资产价格评估程序制度，并在森林资源资产价格评估执业过程中切实履行，不断完善。

(2) 评估人员开展森林资源资产价格评估业务，应当根据具体森林资源资产价格评估项目情况和森林资源资产价格评估程序制度，确定并履行适当的森林资源资产价格评估程序，不得随意简化或删减森林资源资产价格评估程序。评估人员应当而且只能在执行必要森林资源资产价格评估程序后，才能完成和出具合格的森林资源资产价格评估报告。

(3) 森林资源资产价格评估机构应当建立相关工作制度，指导和监督森林资源资产价格评估项目经办人员实施森林资源资产价格评估程序。

(4) 如果由于森林资源资产价格评估项目的特殊性，评估人员无法或没有履行森林资源资产价格评估程序中的某个基本环节（如在损害赔偿评估业务中评估对象已经毁失，无法进行必要的现场勘查），或受到限制无法实施完整的森林资源资产价格评估程序，评估人员应当考虑这种状况是否会影响到森林资源资产价格评估结论的合理性，并在森林

资源资产价格评估报告中明确披露这种状况及其对森林资源资产价格评估结论可能造成的影响，必要时应当拒绝接受委托或终止森林资源资产价格评估工作。

（5）评估人员应当将森林资源资产价格评估程序的组织实施情况记录于工作底稿，并将主要森林资源资产价格评估程序执行情况在森林资源资产价格评估报告中予以披露。

第四节　林地出让金与林地投资补偿费

林地资产价格的构成主要包括“资本”化的林地出让金和林地投资补偿费两个部分。

一、林地出让金

林地出让金是当前林业的惯用词，指林权所有者将林地使用权出让给其他林地使用者，按市场价值向受让人收取的林地出让的全部价款（指林地出让的交易总额），或林地使用期满，林地使用者需要续期而向原林地所有者缴纳的续期林地出让价款，或原通过行政划拨获得林地使用权的林地使用者，将林地使用权有偿转让、出租、抵押、作价入股和投资，按规定补交的林地出让价款。

林地之所以有价值，是因为林地的经营者凭借对林地的使用权，可以获得一定的地租收入，如同有一笔钱存在银行，可以获得一定的利息收入一样。林地出让金不是简单的林地价。对于商品林林地，采用招标、拍卖、挂牌等的方式，可通过市场直接定价，林地出让金就是林地价。可是对于公益林林地以及森林观光旅游等生态项目林地，往往不是依靠完全的市场调节，林地出让金就带有公益的性质，是定价。

林地出让金，顾名思义，是一个与林地和林地使用权相联系的经济范畴。林地出让金在社会主义市场经济宏观调控中发挥双重功能：一是调节林地的利用，改进和调整产业结构，包括第一、二、三产业结构，以及各产业内部结构等，制约或促进经济发展；二是林地出让金的分配，作为调整市场经济关系的经济杠杆，调控在国家、集体林地所有者和林地使用者之间合理分配林地收益，调节市场竞争关系等。

林地使用价格的性质是出让金的本金化，出让金也可以叫做林地使用费或林地租金。因为在林地资产的评估中，所出让和转让的不是林地所有权，而是使用权、经营权，是合同期内使用林地的权利，期满后这种权利自行终止。

林地出让金实际上就是林地所有者出让林地使用权若干年限的地租之总和。现行的林地出让金的实质，可概括为是一个既有累计若干年的地租性质，又有一次性收取的似税非税性质的矛盾复合体。林地出让金具有地租而非税性质。税收是国家为满足社会公共需要，凭借公共权力，强制取得财政收入的一种特定分配方式，具有强制性、无偿性和固定性。林地出让金将累计若干年地租总和，采取一次性收取，则又似有税收的非租性质。林地出让金自身就是这样一个内在矛盾的复合体。也就是说，林地出让金，是租非租，似税非税。

林地出让金已成为林权所有者预算外收入的主要来源。林地出让金准确地说，是林地使用权的交易价格，也可简单地理解为林地价，其价格高低取决于林地市场的供求关系和林木的属性。

在林地国有的情况下，国家以林地所有者的身份将林地所有权、使用权无偿划归使用，不需要支付林地出让金。林地出让金目前主要表现在集体林林地，林地出让金的高低与林地的用途、位置和林地出让年限紧密相关。林地出让金一般一次性支付。但有的林地的出让金金额巨大、办理出让手续所需的时间较长，所以也有多次支付的形式。但这种多次支付和现在时兴的“年租制”还是有所不同的。

林地出让金为每平方米林地的单价，即以出让金总额除以林地总面积。林权者往往以每亩林价来计算投资效益。因为林价能反映出土地成本的高低，只有把林价分摊到每亩林地面积上去核算，才有可比性，也易于估算投资成本，进行估算投资效益。一般认为营造商品林林地价低，实际上并非如此，因为林地出让金是按林分和林种类型面积计收的。

二、林地投资补偿费

林地投资主要是指用于改善林地肥力或地利等级的投资，如为开发的林地提高地利等级而修建林区道路的投资，低洼地上为排涝而修建沟渠的投资等。这些投资的补偿，应计算到林地资产价格中去。这部分的补偿实际上等于新旧立地质量和地利等级之间差异而产生的林地价值的差额。如合同约期未满前进行转让，这部分补偿值必须按距合同约期期满的时间与流转年限的比例，将该补偿值付给原承租的林地所有者。国家实施分类经营后的重点公益林补偿政策，森林保险政策是国家对林权所有者的公共利益补偿。

第二章 森林资源资产核查

森林资源资产的实物量是价值量评估的基础，森林资源资产核查，是森林资源资产价格评估中一项极为重要的工作。由于森林资源资产分布辽阔、类型复杂和功能多样，使得森林资源资产的核查工作较一般资产的核查更加复杂和困难，投入的人力、物力也更多。

根据《森林资源资产评估技术规范（试行)》规定，由评估机构或聘请具有相应资质的调查机构对委托单位提交的森林资产清单进行核查，其数量、质量的核查，必须由具有森林资源调查工作经验的中、高级技术职称的林业专业技术人员负责进行。并要求清单、图面、实地三者一致，核查结果应满足评估规定的精度要求。核查机构的资质不得低于编制森林资产清单机构的资质。

森林资产核查时，应恰当确定核查总体的大小和范围，并计算在一定可靠性前提下的核查精度；一个核查总体只允许对应一个独立使用的评估值。

第一节 森林资源资产清单

森林资源资产清单，是森林资源资产占有单位发生森林资源资产产权变动或其他情形需要进行资产评估时，按规定向受委托的资产评估机构提出的需要评估的全部森林资源资产的数量、质量和分布情况的详细材料。除古树名木、珍贵的单株木以外，森林资源资产清单一般以小班或造林、抚育、采伐等作业地块（小班）为单位编制。

一、森林资源资产清单编制依据

森林资源是可再生的生物资源，其数量、质量和空间位置是随时间的变化不断改变的。事实上，森林资源资产清单只是整个森林资源生长发育过程在评估基准日这个时点的状况。因此森林资源清单的编制更加复杂和困难。一份合格的、有效的森林资源资产清单编制依据大体有以下三种：

（1）具有相应级别调查设计资格证书的森林资源调查规划设计单位当年调查，并经上级林业主管部门批准使用的森林资源规划设计调查（二类调查）、作业设计调查（三类调查）成果。

（2）按林业资源管理部门的技术要求建立，并逐年调整至当年，且经补充调查修正的森林资源档案。

（3）为了编制森林资源资产清单，特地委托有相应调查设计等级证书的森林资源调查规划设计单位调查，并经上级林业主管部门批准的森林资源调查成果。

评估有效期内将被采伐的林木资产清单，必须依据作业设计调查成果编制。

二、森林资源资产清单的主要内容

为了准确反应森林资源资产的实际情况，为资产评估提供全面、准确的数据，委托方提供的以小班为单位编制的森林资源资产明细表，应当包含小班权属、面积、位置、立地条件和林分因子以及森林面积、蓄积等数据（见表2－1，表2－2）。如果是有林地，要增加所有的林分因子；如果是即将采伐的成过熟林，再增加材种出材率情况。被评估对象如果是森林旅游对象，则要包含景观方面的指标；评估对象如果是古树名木或珍贵树木，则还要增加人文历史特殊经济用途和价值方面的内容。

表 2－1　　森林资产明细表

<table>
<tr><th rowspan="2">林班号</th><th rowspan="2">小班号</th><th rowspan="2">小班面积(hm²)</th><th rowspan="2">小班有林地面积(hm²)</th><th rowspan="2">权属</th><th rowspan="2">林种</th><th colspan="6">立地条件</th><th rowspan="2">可及度</th><th rowspan="2">运距(km)</th><th rowspan="2">优势树种</th><th rowspan="2">组成树种</th><th rowspan="2">平均胸径(cm)</th><th rowspan="2">平均树高(m)</th><th rowspan="2">造林年度(年)</th><th rowspan="2">公顷株数(株)</th><th rowspan="2">公顷蓄积(m³)</th><th rowspan="2">小班蓄积(m³)</th><th rowspan="2">材种出材率</th></tr>
<tr><th>坡向</th><th>坡位</th><th>坡度</th><th>土壤种类</th><th>土层厚度</th><th>立地质量</th></tr>
<tr><td></td><td></td><td></td><td></td><td></td><td></td><td></td><td></td><td></td><td></td><td></td><td></td><td></td><td></td><td></td><td></td><td></td><td></td><td></td><td></td><td></td><td></td><td></td></tr>
</table>

表 2－2　　森林面积蓄积统计表

<table>
<tr><th rowspan="3">汇总单位</th><th rowspan="3">优势树种</th><th rowspan="3">活立木总蓄积</th><th colspan="12">乔木林龄组</th><th colspan="2" rowspan="2">疏林</th><th>散生木</th><th>四旁树</th><th>枯立木</th><th>枯倒木</th></tr>
<tr><th colspan="2">合计</th><th colspan="2">幼龄林</th><th colspan="2">中龄林</th><th colspan="2">近熟林</th><th colspan="2">成熟林</th><th colspan="2">过熟林</th><th colspan="4" rowspan="2">蓄积</th></tr>
<tr><th>面积</th><th>蓄积</th><th>面积</th><th>蓄积</th><th>面积</th><th>蓄积</th><th>面积</th><th>蓄积</th><th>面积</th><th>蓄积</th><th>面积</th><th>蓄积</th><th>面积</th><th>蓄积</th></tr>
<tr><td></td><td></td><td></td><td></td><td></td><td></td><td></td><td></td><td></td><td></td><td></td><td></td><td></td><td></td><td></td><td></td><td></td><td></td><td></td><td></td><td></td></tr>
</table>

第二节　森林资源资产核查步骤

森林资源资产核查应按以下步骤进行：

（1）组织有经验的专业技术人员，对委托方所提供的森林资源资产清单的编制依据，以及资料的完整性和时效性进行验核。

（2）阅读、验证由委托方提供的林权证、合同等文件，有关边界资产所有权、使用权、经营权的协议、合同等文件，确认它们的合法性，剔除不符合法律要求的协议和合同。

（3）对委托方提供的待评估森林资源资产清单上所列的小班的权属、林业基本图上的位置以及林权证、山林权证和有关所有权、使用权的协议，以合同为准，逐个小班进行核对。对于无权属证和权属不清的小班，要求委托单位补充提供有效的权属证明；对于无法提供权属证书或证件的，不能作为资产评估对象。

（4）组织具有森林资源调查工作经验的中、高级技术职务的林业专业人员，对已经确认权属的各项森林资源资产，用科学、合理的方法，到现场进行核查，填写核查记录。

（5）对核查通过的森林资源资产清单，统计、编制各种森林资源资产统计表。

（6）现场核查结束后，按照规定计算合格率，确定委托方提供的森林资源资产清单是否合格。如果不合格，则通知委托方，并商谈采取相应的措施。

（7）编写森林资源资产核查报告。

第三节 森林资源资产核查内容

森林资源核查的项目，一般包括权属、林地或森林类型的数量、质量和空间位置等内容，在实际工作中，可根据评估目的和评估对象的具体情况确定。

一、常规核查内容

（1）阅读核实与待评估资产有关的文件、证件、图件、资料、档案等。确认其合法性，剔除不符合法律要求的协议和合同。

（2）依据林权证或有效法律文件，逐项核对待评估森林资产（林地、林木及动植物）的权属（所有权、使用权）及权属年限、“四至”等。

（3）依据县级及以上林业主管部门批准执行并具有时效的林相图、森林分布图、影像图等图面资料，逐项资产核对其空间位置、边界线走向等。

（4）依据县级及以上林业主管部门批准执行并具有时效的森林区划、分类经营的林种划分等文件，逐项资产核对其土地种类和森林资源类型。

二、林地资源资产核查的内容

林地资源资产核查的内容如下：

（1）地类：不同的地类，其价值差异极大，要求按照林业地类划分的标准，填写土地利用现状。

（2）位置：指林地的空间位置，要求现地的位置与图件（林业基本图、林相图等）所示一致。

（3）面积：要求资产清单上所载的面积与现地面积、图件上量算的面积、注记的面积一致。

（4）立地等级：林地资源资产的质量，也就是林地的生产潜力。通常用地位级、地位指数、立地条件类型或数量化立地指数来表示，可在实地调查这些带标的辅助因子后，在相应的调查数表中查得。

（5）地利等级：地利等级反映了林地的外部生产条件，有时也用“可及度”来表示。

林地所处的空间位置是否交通便利，是否便于经营，直接影响着经营这块林地投入成本的高低。因此，地利等级的高低将给林地的价值以极大的影响。地利等级通常是以林地与已建成的公路运输线路间的距离来确定的。

（6）森林类别：按照主导功能的不同将森林资源分为生态公益林和商品林两个类型。

（7）所有权和使用权（经营权）。

（8）林地改变使用（经营）权后的用途。

三、林木资源资产核查内容

林木是森林资源资产的主体部分。林种不同，林木的作用就不同。例如防护林的功能主要是由乔木、灌木乃至地被物形成的环境和释放出来的物质而形成的，而林木本身材积的多少，反倒不是主要的价值所在。而用材林则不然，其主要的经济价值是林木本身材积的多少、材质的好坏、材种及材种出材量的多少，特别是有无特殊经济价值的树种、材种等情况。所以在林木资产核查时，应当视具体情况来确定核查的内容。不同林木资产核查的重点项目不同。

（1）商品林：① 幼龄林（含未成林造林地）核查的主要项目有权属、树种组成、起源、林龄（造林时间、苗龄）、造林成活率、造林保存率、单位面积株数、平均树高、平均胸径、蓄积量、林木生长状态、病虫害及自然灾害损失状况等。② 中龄林核查的主要项目有权属、树种组成、起源、林龄、平均树高、平均胸径、单位面积立木蓄积量、林木生长状态、病虫害及自然灾害损失状况等。③ 近、成、过熟林核查的主要项目有权属、树种组成、起源、林龄、平均胸径、平均树高、单位面积立木蓄积、材种出材率、林木生长状态、病虫害及自然灾害损失状况等。

（2）经济林：权属、树种、品种、林龄（果期龄）、生长阶段、坐果率、单位面积株数、生长状况、单株产量、产品品质、立地条件、病虫害及自然灾害损失状况等。

（3）薪炭林：权属、林龄、树种组成、单位面积立木蓄积量。

（4）竹林：权属、竹种（品种）、平均胸径、平均树高、林分密度或立竹度、年龄结构、整齐度、均匀度、蓄积量（重量或标准根）、出笋量、生长级、经营级等。

（5）防护林：除核查与用材林相应的项目外，还要增加与评估目的有关的项目。

（6）特种用途林：除核查与其他林种相应的项目外，还要增加与评估目的有关的项目。

（7）未成林造林地上的幼树：权属、树种组成、造林时间、平均高、造林成活率、造林保存率。

四、其他森林资源资产核查

（1）动物资产核查的主要项目有：种类（品种）、数量、生物量、人工养殖成本、生长状态、环境情况、病虫害及自然灾害损失状况等。

（2）森林生态系统服务功能核查内容：执行《森林生态系统服务功能评估规范》（LY/T 1721 －2008）。

（3）特殊用途林资产核查的主要项目有：除核查与林木资产核查内

容相同的有关项目外，还要核查具有的特殊用途、经营特种用途林的条件和人工措施，以及曾经取得的效果、收益或评价等。对于具有科学研究性质的特种用途林，则应了解开展科学研究的时间、项目、目的、已经取得的研究数据、成果以及尚未完成的科研内容等。此外，需要核查与评估目的有关的其他项目。

（4）森林景观资产应核查的主要项目有：除核查与林木资源资产核查内容相同的有关项目外，还要核查森林景观旅游、观赏、休息、保健、娱乐等方面的功能和特色，包括交通条件、周边环境、旅游开发程度及条件等内容。

（5）林副产品主要是核查其品种和数量，此外还要调查了解在当地和周边地区的开发利用程度、规模及市场情况。

第四节　森林资源资产核查方法

与一般资产相比，森林资源资产既有一般资产的共性，又有许多自有的特殊性。森林资源是陆地上最大的生态系统，通常森林资源资产的经营者拥有数万乃至数十万公顷的面积。森林资源资产的主体是具有生命的生物体，它们无时无刻不在发生着变化。在经济活动发生时，这些资产正处于它们的不同生长发育或利用阶段。这些特点使得森林资源资产的核查工作极为复杂。因此，《森林资源资产评估技术规范（试行）》规定，森林资源资产的核查方法有抽样控制法、小班抽查法和全面核查法，评估机构可按照评估目的、评估种类、具体评估对象的特点和委托方的要求选择使用。

一、林地面积核查方法

（1）GPS 现地测定法。采用这种核查方法应做到小班界线的特征点选择正确，导线闭合。

（2）地形图目测勾绘法。采用这种核查方法应做到使用的地形图比例尺与原林相图的比例尺一致，并且比例尺不应小于1:10000。

（3）罗盘仪测量法。采用这种核查方法应做到小班界线的特征点选择正确，导线测量的闭合误差符合罗盘仪测量的技术规定。

（4）在核查大面积各类型林地面积时，利用近期二类调查资料即可。没有近期二类调查成果，可利用原成果采用“成数抽样调查法”进行核查。

林地的核查，首先依据具有法定效力的资料，核对其境界线是否正确，然后在林业基本图或林相图上直接量算或采用成数抽样的办法核查各类土地和森林类型的面积，主要地类的抽样精度≤5%（可靠性95%）。

二、林木资产的核查方法

（一）抽样控制法

抽样控制法主要适用于对尚未进入主伐利用的大面积森林资源资产进行总体评估时的核查。本方法是建立在概率论基础之上的抽样调查方法。一般做法是，以评估对象为抽样总体，以随机、系统、分层等抽样调查方式，布设一定数量的样地作为样本，进行实地测定后估测核查对象的森林资源资产总量，要求总体的蓄积量抽样精度达到90%以上（可靠性95%）。

当资产清单上的资产总量在（$\bar{y} \pm \Delta\bar{y}$）区间内，资产清单可信，可作为评估的依据。

当资产清单上的资产总量在（$\bar{y} \pm 2\Delta\bar{y}$）区间内，资产清单需要修正，达到在（$\bar{y} \pm \Delta\bar{y}$）区间内的可信要求后，可作为评估的依据。

当资产清单上的资产总量落在（$\bar{y} \pm 2\Delta\bar{y}$）区间外，资产清单不可信，不能作为评估的依据。

1. 简单随机抽样法

抽样调查是用样本来估计总体的调查方法。简单随机抽样是从抽样总体中，随机等概地抽取若干个单元组成样本，用样本的测定值来估计总体的调查方法。简单随机抽样的工作步骤如下：

（1）确定抽样总体。抽样调查的工作量主要与样本单元数有关。从抽样的精度看，样本单元数与总体的大小无关，在变动系数相同时，总体越大，抽样效率越高。抽样总体是抽样调查中有精度保证的单位。因此，在实践中，总体范围的确定与核查目的有关。

当核查只是要了解整个评估对象的森林资源资产总量，则可将整个评估对象作为一个抽样总体。如果要了解其中的一部分或某种类型的资产量，就需要以这一部分区域或类型作为总体。

（2）确定样地的大小和形状。凡严格按照随机等概地原则抽取样本，不论样地的形状和大小怎样，都能获得总体的无偏估计值。但在达到同等精度的条件下，样地的形状与大小会影响工作效率。适当大小和形状的样地，可以在一定程度上提高精度和效率。

圆形样地适用于地形平坦、通视良好、样地面积不大的情形。

方形样地在我国森林资源调查中普遍应用，它有边界明确、灵活性大等优点。

样地的大小关系到总体单元间的差异，面积越大各单元间的变动越小。根据实验，变动系数随单元面积的增大而减小，当单元增大到一定程度时，变动系数将趋于稳定。样地面积大小的确定，要考虑调查方法、林分年龄、变动情况、交通条件、工作效率等因素。据我国多年森林资源调查的经验，在一般情况下，样地面积采用0.06公顷为宜，而在林分变化较大时用0.1公顷，幼龄林用0.01公顷。

（3）确定样本单元数。在样地的形状和大小确定之后，一般都用样本单元数来控制抽样精度。在森林抽样调查中，一般用下式计算所需样本单元数：

$$n = \frac{t^2 \times c^2}{E^2}$$

式中：n——样本单元数；t——可靠性指标；c——总体单元的变动系数：E——要求达到的估计值相对误差。

（4）样地布点。用一张较密的网点板覆盖在平面图或林业基本图上，用随机数字表抽取样本单元的纵横坐标，然后落实到图面上，这些点即为样地位置。

（5）样地的现地设置与调查。在图面上量算距样地最近的明显地物点与样地的方位角和距离，然后引点定位。在现地设置样地，进行样地调查。

（6）特征数计算。

总体平均数估计值：$\bar{y} = \frac{1}{n}\sum_{i=1}^{n} y_i$

总体方差估计值：$S^2 = \frac{1}{n-1}\sum_{i=1}^{n}(y_i - \bar{y})^2$

$$= \frac{1}{n-1}\left[\sum_{i=1}^{n} y_i^2 - \frac{1}{n}\left(\sum_{i=1}^{n} y_i\right)^2\right]$$

总体标准差估计值：$S = \sqrt{\frac{\sum_{i=1}^{n}(y_i - \bar{y})^2}{n-1}}$

总体平均数的方差估计值（即样本平均数方差）：$S_{\bar{y}}^2 = \frac{S^2}{n}$

标准误差：$S_{\bar{y}} = \sqrt{S_{\bar{y}}^2} = \frac{S}{\sqrt{n}}$

估计误差：$\Delta_{\bar{y}} = t \times S_{\bar{y}}$

估计区间：$y \pm \Delta\bar{y}$

相对误差：$E\% = \frac{\Delta\bar{y}}{y} \times 100\%$

估计精度：$P_c\% = 1 - E\%$

2. 系统（机械）抽样法

系统抽样是在随机起点之后，从含有 N 个单元的总体中，按照一定的间隔抽取 n 个样本单元组成样本，用来估计总体的方法。其优点是，样本单元能比较均匀地分布在总体范围内，在无偏差的条件下，可以取得比简单随机抽样更好的效果。但是由于目前没有更合适系统抽样的抽样误差计算公式，系统抽样仍使用简单随机抽样的所有特征数计算公式。

在系统抽样中，求算系统配置的样地间距，采用下列公式：

$$d = \sqrt{\frac{A}{n}} \times 100$$

式中：d——样地间距（单位：米）；A——总体面积（单位：公顷）；n——样本单元个数。

需要特别指出的是，在采用系统抽样时，一定要避免森林资源的周期性分布与系统样地布设周期一致，造成系统抽样样本产生偏差，从而出现有偏估计。

3. 分层抽样法

将总体按照一个既定的分层方案分成若干层，在层内随机或系统抽取样本单元组成样本，用来估计总体的抽样方法叫做分层抽样。这是在我国森林资源调查中常用的一种调查方法，分层抽样总体平均数估计值的方差计算式为：

$$S_{\bar{y}}^2 = \sum_{h=1}^{L} W_h^2 S_{\bar{y}h}^2$$

式中：L——层数；W_h——第 h 层的面积权重；$S_{\bar{y}h}^2$——第 h 层平均数估计值的方差。

该式说明，总体方差的大小由层内方差的大小决定，而与层间方差无关。而分层抽样正是通过将总体单元间的方差分解为层间方差和层内方差两个部分，我们可以通过设计正确的分层方案来扩大层间方差，尽量缩小层内方差，从而提高抽样的效率。也就是说，在不增加成本（人力、物力、时间）的情况下，使总体估计值的误差减小，达到在保证同等精度情况下，降低调查成本的目的。分层抽样的工作步骤如下：

（1）确定分层方案（表2－3）。资源调查的目的决定分层的确定，例如为了查清森林资源的蓄积量，那么就应当以影响森林蓄积的树种、林龄和郁闭度为分层因子，其目的是尽量缩小层内方差，扩大层间方差。

表2－3　　　　分层方案

分层因子	级　距
优势树种	落叶林、白桦、柞林
林龄组	幼龄林、中龄林、近成过熟林
郁闭度	≤0.3，0.4～0.6，≥0.7

由此，分层方案理论上可分为3×3×3＝27（层），在实际核查中，可将权重太小的层与邻近层合并。

（2）划分层化小班。根据确定的分层因子及级距，在总体中划分层化小班。在森林资源核查中，由于大多数林业企业都拥有林相图，图上对上述因子都有明确的标示。因此，可以利用林相图很方便地完成分层工作。

（3）计算各层面积的权重。利用森林资源资产清单即可很方便地求算出各层的权重。

$$W_h = \frac{A_h}{A}$$

式中：W_h——第 h 层的面积权重；A_h——第 h 层的面积；A——总体的面积。

（4）样本单元数的确定和分配。实践中常按分层比例法配置样地，样本单元数的计算公式为：

$$n = \frac{t^2 \sum_{h=1}^{L} W_h S_h^2}{E^2 \bar{y}}$$

式中：t——置信系数；E——要求达到的估计值相对误差；y——总体平均数估计值；其他符号含义同上。

（5）布点。方法同简单随机抽样或机械抽样。

（6）样地的现地设置与调查。方法同简单随机抽样或机械抽样。

（7）计算特征值。首先计算各层的层平均值（层平均数估计值）。

$$\bar{y} = \frac{1}{n_h} \sum_{i=1}^{n_h} y_{hi}$$

$$S_h^2 = \frac{1}{n_h - 1}\left[\sum_{i=1}^{n_h} y_{hi}^2 - \frac{\left(\sum_{i=1}^{n_h} y_{hi} \right)^2}{n_h} \right]$$

$$S_{\bar{y}h}^2 = \frac{S_h^2}{n_h}$$

然后计算总体平均数的分层抽样数估计值 Y 及其方差估计 S_y^2 和其他特征数。

$$\bar{y} = \sum_{h=1}^{L} W_h \bar{y}_h$$

$$S_{\bar{y}}^2 = \sum_{h=1}^{L} W_h^2 S_{\bar{y}h}^2$$

$$S_{\bar{y}} = \sqrt{S_{\bar{y}}^2}$$

$$\Delta \bar{y} = t \times S_{\bar{y}}$$

（t 值按自由度为 $n-1$ 在小样本 t 分布表中查到）

$$E\% = \frac{\Delta \bar{y}}{\bar{y}} \times 100\%$$

$$p\% = 1 - E\%$$

（二）小班抽查法

小班抽查法是在待评估森林资源资产中，抽取一定数量的小班进行现地核查的方法。由于委托方在提供森林资源资产清单时将同时提供林相图或林业基本图，所以专业人员很容易持图在现地找到抽中的小班。

提供的森林资源资产清单是二类调查或三类调查资料时，宜采用小班抽查法对森林资源资产清单的准确程度进行核查。本方法采用随机抽样或典型选样的方法分别林地及森林类型、林龄等因子，抽出≥10%小班进行核查。核查的小班个数依据评估目的、林分结构等因素来确定。对抽中小班的各项按规定必须进行核查的因子进行实地调查，以每个小班中80%的核查项目误差不超出允许值，视为合格。

1. 核查小班数量

关于核查数量，国家国有资产管理局转发中国资产评估协会编写的《资产评估操作规范意见（试行）》要求，抽查核实存货，抽查数量要占总量的40%以上；在森林资源调查中，林业部颁布的《森林资源规划设计调查主要技术规定》要求，专职质量检查的工作量不应低于调查工作量的3%。评估人员应当根据评估的目的、方法和重点，结合当地森林资源资产的特点，确定核查小班数量。

2. 核查小班的抽取

确定落实核查小班，可利用森林资源资产清单进行。

（1）随机抽取法。按森林资源资产清单的顺序，将小班面积逐个相加，并逐个小班记下累计面积数，直至最后。然后利用随机数表或计算机随机数发生器获得随机数。凡数值小于等于小班总面积数的数便落实到小班中，该小班即认为被抽中，直至预定抽取的小班个数为止。

（2）机械抽取法。用机械抽取法抽取小班与上法不同的是，将小班面积总累计值除以预定要抽取的小班个数，得一间隔值，再利用随机数表获得小于此间隔值作为起始点，每增加一个间隔值的数，即为抽中数，将其落实到小班中，从而确定抽中的小班。

用以上两种方法确定核查小班的好处是，在抽中小班中，各土地、森林类型及林龄等的比例，与总体中各类面积比例相等。但这种做法在面积比例小但地位重要的类型中被抽取的小班数量太少。为改善这种情况，可以采取先分类，然后在各个类型内采用随机或机械方法抽取。

（3）典型选取法。典型选取法的典型做法是，根据情况先将被评估对象按林种、土地类型、森林类型和龄组等因子分类，然后在各类中选取有代表性的一定数量小班，选取小班时除考虑林分因子外，还要考虑交通条件、居民点、人口分布等社会经济条件。选取时可用林相图或林业基本图作辅助。

3. 现地核查

持林业基本图或林相图在现地确定被抽中小班，并对小班进行实地核实调查。核实调查的内容按规定进行。各调查因子核查的允许误差范围见表2－4。

表2－4　　各调查因子允许范围表

核查项目	允许误差（%）	核查项目	允许误差（%）
地类	0	小班每公顷蓄积量	15
权属	0	小班每公顷株数	5
林种	0	调查总体活立木蓄积	5
起源	0	立地等级	0
小班面积	0	地利等级	0
小班树种组成	5	单位面积株数	5
小班平均树高	5	材种出材率	5
小班平均胸径	5	经济林单位面积产量	5
小班平均年龄	10	产笋量	5
小班郁闭度	5	造林成活量	5
小班每公顷断面积	10	造林保存率	5

注：合格项目在80%以上的为合格小班。

小班核查一般采用实测、仪器辅助目测和典型标准地（带）法3种方法来进行。

（1）仪器辅助目测法。在多数情况下，都采用仪器辅助目测法来进行测树因子调查。要求调查员在用一些简单测树工具、仪器深入小班内部进行辅助测量后，充分利用森林生长发育的规律性来判定各种小班调查因子的方法。这种方法不仅要求调查员掌握坚实的专业理论基础和熟练的专业技能，还要求调查员在开始正式调查之前，要通过25块以上的标准地目测练习和一个林班的小班调查练习，并经过考核，各项调查因子目测的数据80%项次以上达到要求精度时，才允许进行目测调查。

（2）样地实测法。在小班范围内，通过随机、机械或其他抽样的方法，布设圆形、方形、带状或角规样地，在样地内实测各项调查因子，用以估测小班的因子。布设的样地应符合等概原则，样地数量要满足预定的精度要求。

（3）典型标准地（带）法。当林分比较单纯、规律性较强，可在小班有代表性的地段设置标准地（带），标准地内实测各调查因子，用标准地数据推算小班各调查数据。

（三）全面核查法

全面核查法是对资产清单上的全部小班逐个进行核查的方法。对即将采伐的小班还要设置一定数量的样地进行实测，必要时进行全林每木检尺。

（1）一般小班可采用目测法进行。评估有效期内进行采伐的小班，应进行全林每木检尺。

（2）可以采用以数理统计为理论基础的抽样调查法进行核查。采取抽样调查法进行核查时，对每一个小班应分别进行各自的抽样设计，并严格按照设计的要求进行样地数量的计算、布设和调查。

（3）对即将采伐的小班设置≥15%的样地进行实测，必要时进行全林每木检尺。

当小班合格率≥90%时，资产清单的质量为合格，可作为评估的依据；当小班合格率<90%时，资产清单的质量不合格，不能作为评估的依据。通知委托方另行提交资产清单。

三、森林景观资产核查方法

森林景观资产核查，除采用林木资产和林地资产的核查方法外，应根据森林景观资产的评估目的和核查内容，宜采用现地逐个景点进行调查。

四、森林生态资产核查方法

执行《森林生态系统服务功能评估规范》（LY/T 1721－2008）。

五、动物资产核查方法

参看《全国陆生野生动物资源调查技术规程》。

如委托方提交的资产清单中各类土地、森林类型的面积和森林蓄积量在估测区间范围内，则按照资产清单所列的实物数量、质量进行评估。若超出估测区间，则该资产清单不符合评估要求，应通知委托方另行提交新的森林资源资产清单。

第五节　森林资源资产核查报告

森林资源资产价格评估人员对委托方提出的森林资源资产清单按规定进行核查之后，需撰写核查报告。核查报告一般由报告书、附表、附图及附件 4 个部分组成，是资产评估的重要文件之一。

一、核查报告的主要内容

（1）概况。简述核查对象概况，包括地理位置、自然条件、社会经济情况、林业生产经营状况、核查依据、目的、要求、组织、工作起止时间、基准日、委托方提供的资产清单简况，核查单位的资质、核查人员的组成状况等。

（2）核查方法。叙述核查采用的技术方法、使用的技术标准和核查数量、核查对象抽取方法等。

（3）核查结果。叙述、分析和评价对委托方提供的森林资源资产清单进行核查的结果、合格率、核查精度和误差。

（4）结论。叙述通过核查和分析确定委托方提供的森林资源资产清单可信程度，提出该清单要作何修正和该清单是否可以接受作为评估的基础资料。

二、附表

附表主要包括：（1）核查记录表；（2）森林资源明细表；（3）森林面积蓄积统计表；（4）评估单位各类土地面积统计表（分经营类型、权属）；（5）评估单位各类林木蓄积统计表（分权属）；（6）评估单位人工林地各龄组面积蓄积统计表（分权属）；（7）评估单位天然有林地各龄组面积蓄积统计表（分权属）。

三、附图

在评估委托方提供的林相图或森林调查基本图上应进行核查工作的标志，标明本次进行核查对象的空间位置、类型、面积等内容。如果原件与实地情况不符，则应标记修改的内容。

四、附件

主要包括核查中的原始记录、计算过程、所有法律文件复印件、使用的测树数表等。

第三章　森林资源资产财务核算

我国的森林资产是从未入账的资产，有关它的确认与计量模式、计价方法以及特殊性等深层次问题都亟待解决。本章从森林资产的特殊性出发，分析森林资产的特殊性对其价值确认与计量的影响，以便为制定相关制度和准则，提供一些有益的借鉴。

第一节　营林生产成本核算

一、营林生产成本核算对象与核算期

营林生产成本核算是指从采集种子开始，经过育苗、更新造林、森林培育和森林保护等多个生产环节的直接成本和间接成本的核算。

营林生产成本的核算对象在具体设置时，种子和苗木生产要单独核算。造林耗用的种子和苗木，在实行独立核算、计算盈亏的情况下，应该按规定的价格计价；对于自产自用的，按实际成本转账。对于林木资产，会计制度规定应该分林种（用材林、经济林、防护林、薪炭林、特种用途林）进行核算。其中用材林要求细分树种、地块和作业方式进行核算。根据林木资产核算的试点经验，在林种下分小班核算，同时按作业项目和费用项目归集和分配生产费用较为合理。

营林成本的计算期，用材林、薪炭林核算到采伐时为止；经济林核算到正式投产、可采收林产品时为止，以后发生的生产费用列入林产品

成本；防护林、特种用途林核算到达到培育目的或更新采伐时为止，达到培育目的以后发生的费用，有收入的抵扣收入，无收入的继续列入该林种的成本。

二、营林生产成本的组成内容

营林生产成本分为直接营林成本和间接营林成本两大部分。

直接营林成本以年度为核算周期，主要包括：

（1）造林费。指林木郁闭前的造林作业成本，包括整地、栽植（含种苗费）、补植和幼林抚育的费用。

（2）抚育费。指林木郁闭后的抚育作业成本，包括中龄林抚育和成林抚育的作业费用。

（3）次生低产林改造费。指次生低产林改造中发生的各种费用。

（4）森林保护费。包括护林防火费和病虫害防治费，其中护林防火费包括护林人员经费，防火设施、林道和通信线路维修费等。

间接营林成本主要是指营林制造费用，即基层营林单位（林场、森林经营所等）为组织和管理营林生产所发生的管理费用和业务费用。主要包括：

（1）营林设施费。指由生产费用开支，不构成资本性支出，不形成固定资产的新建防火线、瞭望台、林道和其他简易设施的费用性支出。

（2）良种实验费。指为进行林木良种引进实验而发生的支出。

（3）营林调查设计费。指为组织营林生产而发生的调查设计费、区划设计费以及二类资源调查补助费。

（4）其他有关的管理费用和业务费用。包括营林用固定资产的折旧费、修理费，基层营林单位管理人员的工资、福利费，基层营林单位的办公费、差旅费等。

以上直接成本中的造林、抚育、次生低产林改造等费用应该平行登记或按年转入各个小班的累计成本。森林保护和间接营林成本（统称管护费用）可保留在费用项目账户，以后按“公顷年”成本分配计入累计成本或者每年按受益面积分配。

三、营林生产成本核算流程

按照《国有林场与苗圃财务会计制度》和《企业会计制度》的规定，营林生产采用制造成本。

其核算流程如图 3－1 所示。

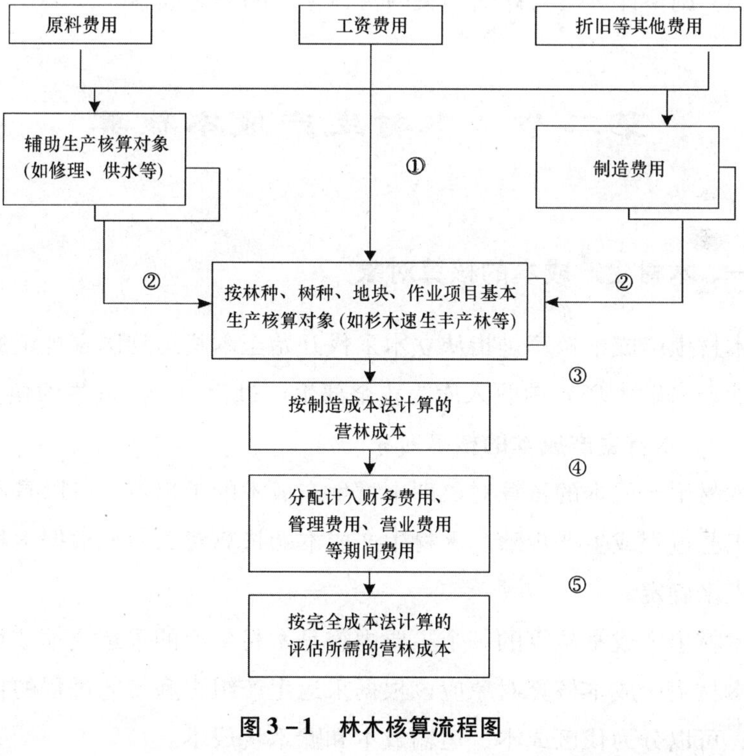

图 3－1　林木核算流程图

（1）将营林生产发生的料、工、费等要素费用直接计入或分配（按定额工时比例、定额消耗量比例、定额费用比例等方法）计入设置的基本生产、辅助生产、制造费用等成本核算对象。

（2）将辅助生产费用和制造费用按照直接分配法、交互分配法、计划成本分配法等方法分配计入基本生产成本核算对象。

（3）按林种、树种、地块（林班、小班等）、作业项目计算出营林生产的制造成本。

（4）按定额工时比例、直接费用比例等方法将期间费用分配计入基本生产成本核算对象。

（5）调整计算出与评估相关的营林生产的完全成本。

第二节　木材生产成本核算

一、木材生产成本的核算对象

木材生产成本核算是指从立木采伐开始至木材运到国家规定的产品交货地点（贮木场）验收入库为止全部生产过程中产品成本的核算。

（一）木材生产成本的核算对象

木材生产成本的核算对象即木材生产成本的承担者，可以是产品的生产工艺过程或生产步骤。木材生产成本的核算对象应该根据木材生产的特点来确定。

木材生产成本核算的一个主要内容是木材生产的采运成本核算。因此，木材生产成本核算对象应该根据采运生产组织和工艺过程的特点来确定，可以分为伐区成本、运输成本和贮木场成本。

（二）木材生产成本的组成内容

1. 伐区成本

伐区成本是指从立木采伐开始到木材完成装车工序交付运输单位为止的全部成本，包括：

（1）采伐，指进行森林采伐的单一作业成本；

（2）集材，指进行集材的单一作业成本；

（3）装车，指进行中楞装车的单一作业成本；

（4）中楞造材，指实行原条采集、原木装车时在中楞将原条造成原木的单一作业成本；

（5）采集装混合，指采伐、集材、装车混合作业成本。

以上核算内容主要适用于国有林区的木材伐区成本核算，集体林区一般只计算伐区的综合成本，不计算采、集的分段成本。

2. 运输成本

木材运输包括陆地运输和水运。其中，陆地运输包括森铁运输和公路运输；水运包括流送和轮运拖排。

运输成本的核算内容为各种作业方式下耗用的材料费、燃料费、人员工资以及运输工具的折旧费、修理费等的归集和分配。

3. 贮木场成本

贮木场是木材采运生产的最终阶段，这一阶段的任务是对原条进行造材和对原木进行复检改锯，使之成为规格材。其核算内容可以根据作业项目而定，包括卸车、造材、选材、归楞等。

木材采运成本的组成内容为以上作业阶段的直接费用（包括材料费、燃料动力费和直接人员的工资）和间接成本（包括生产单位管理人员的工资、福利费、固定资产的折旧费、修理费以及其他需要由木材产品负担的一些间接费用等）。

二、木材生产成本核算过程

按照《企业会计制度》的规定，木材生产成本计算采用制造成本法。其成本的核算流程（图 3－2）如下。

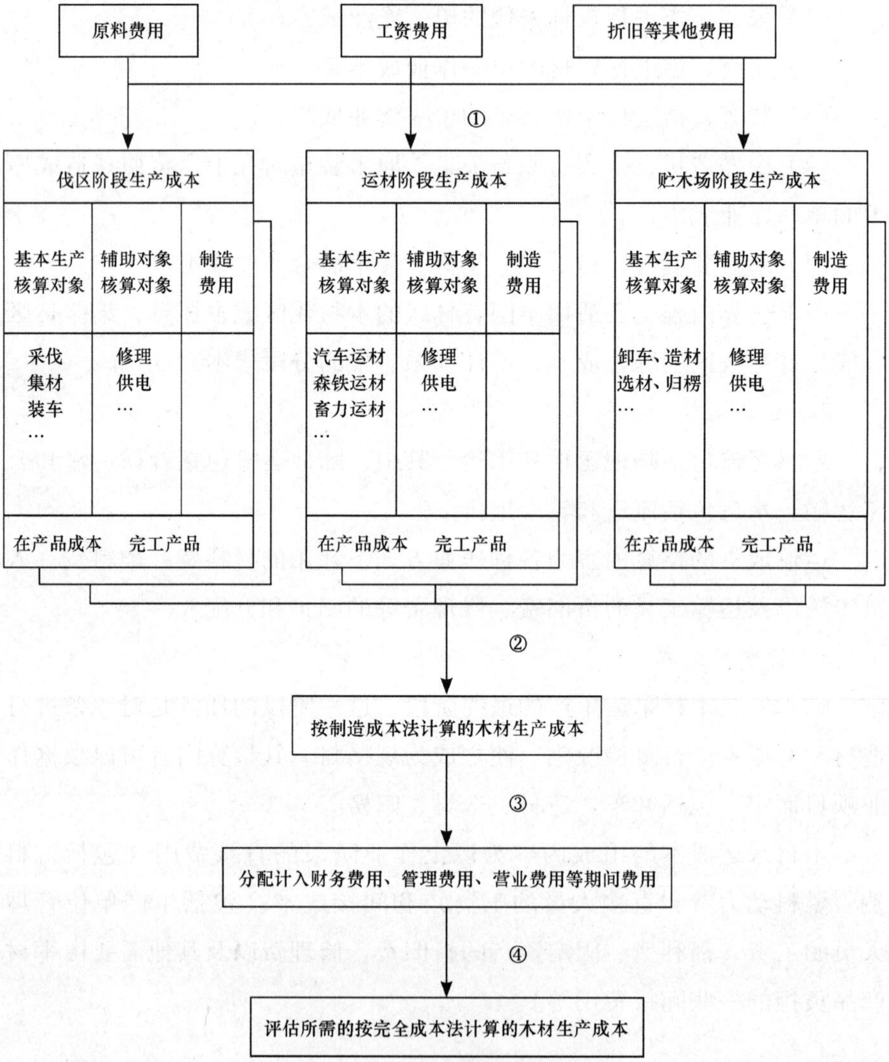

图 3－2　木材成本核算流程图

（1）按照木材生产的伐区、运材和贮木场3个阶段，进行阶段成本核算。一是将木材生产发生的料、工、费等要素费用直接计入或分配（按定额工时比例、定额消耗量比例、定额费用比例等方法）计入各阶段设置的基本生产、辅助生产、制造费用等成本核算对象；二是在各阶段内用直接分配法、交互分配法、计划成本分配法等方法将辅助生产费用和制造费用分配计入基本生产成本核算对象。

（2）采用平行结转法将伐区、运材和贮木场阶段的完工成本转出。

（3）汇总伐区阶段、运材阶段和贮木场阶段的完工成本，计算出木材生产的制造成本。

（4）按一定方法将期间费用分配计入木材生产成本。

（5）调整计算出与评估相关的木材生产的完全成本。

第三节 利润、税金及木材生产相关费用

一、木材生产相关税费简介

（一）育林基金

育林基金是为了恢复、培育和保护森林资源，弥补国家营林资金投入的不足，本着“以林养林”的原则而建立的生产性专项资金。主要由林业部门从木材销售收入中按规定比例提取或征收。

育林基金主要用于采伐迹地人工更新、人工促进更新、树冠下更新、荒山荒地造林、沼泽地造林和营造速生丰产林支出；人工幼林、成林抚育，天然幼壮林抚育以及低价林改造支出；病虫害防治、护林防火等森林保护支出；种子园、母树林经营支出；营林道路修建费支出；林场、苗圃营林生产设施费用支出；营林设备购置费支出；营林林场

（经营所）管理费、营林生产应负担的车间经费及企业管理费；营林调查设计和二类森林资源调查补助费支出等。

现行育林基金的提取和征收标准分别是：

（1）国有林区。东北、内蒙古国有林区森工采运企业按木材销售收入26%的标准提取林价（育林基金）；其他国有林区按木材销售收入的21%提取，有困难的可适当降低，但不得低于15%，现行标准高于21%的可保留。

（2）集体林区。木材、竹材的育林基金与更改资金一并征收，对产区木竹经营单位按其收购后第一次销售价的20%计征（育林基金12%、更改资金8%）。个别省份执行有困难的，可适当降低标准，但最低不得低于15%。

（二）维简费（更改资金）

维简费（更改资金）是维持木材简单再生产和发展林区生产建设事业的资金，1993年前国有林区称伐区道路建设费，集体林区称更新改造资金（简称“更改资金”）；1993年实行的财会制度改革，将国有林区伐区道路延伸费和集体林区更新改造资金统一改称维简费。对国有林区森工企业的维简费，平均每立方米木材控制在10元以内，计入木材生产成本；集体林区森工企业按国家规定的标准提取维简费，计入木材进货成本。

（三）林业保护建设费

1994年，财政部、国家计委相继联合发出《关于收取林业保护建设费的通知》和《关于林业保护建设费收费标准的通知》，同意设立“林业保护建设费”收费项目，收费标准为每立方米木材5元，收费对象为除农村集体和林农以外的其他木材销售者及经林业部门批准可以直接进入林区收购木材的单位，在木材销售环节一次性征收。

收取范围仅限于南方集体林区，其他省份对其地方国有林场生产销售的木材可参照执行，但征收标准不得高于5元。林业保护建设费由林业部门负责收取，集中用于林政管理、森林防火、林区中幼林抚育及道路建设，按预算外资金进行管理，实行专款专用。

二、经营成果及其核算

财务成果表现为一定会计期间的盈利或亏损。利润是反映企业经营成果的重要指标。

（一）利润的核算

林业企业的利润分为利润总额和净利润两部分。

利润总额是企业在一定时期内实现盈亏的总额，是企业的最终财务成果，是衡量企业盈亏的标志。企业利润主要由营业利润、投资净收益、营业外收支净额3部分组成，同时还包括列入利润的其他收入项目。如承包户上交净收入、补贴收入以及以前年度损益调整等。

净利润是指利润总额减去所得税后的余额。

作为利润主要构成项目的营业利润是各主营业务利润加其他业务利润总额扣除期间费用（管理费用、财务费用、营业费用）后的余额。

主营业务利润是主营业务收入减去主营业务成本、主营业务税金及附加后的余额，其中，育林费在森工企业列入木材生产成本，在国有场圃中单独列示减项反映。

以上计算可用如下公式表示：

利润总额＝营业利润＋投资净收益＋营业外收支净额＋其他列入利润的收入项目

净利润＝利润总额－所得税

营业利润＝主营业务利润＋其他业务利润－管理费用－财务费用－营业费用

主营业务利润＝主营业务收入－主营业务成本－主营业务税金及

附加

企业为了正确地核算盈亏情况，应设置“本年利润”账户，该账户贷方登记期末（月末）结转的主营业务收入、其他业务收入、投资收益的贷方余额，补贴收入、营业外收入、以前年度损益调整的贷方余额等；借方登记期末（月末）结转的主营业务成本、主营业务税金及附加、其他业务支出、管理费用、财务费用、营业费用、投资收益的借方余额、营业外支出、所得税、以前年度损益调整的借方余额、育林及维简费等。期末该账户贷方余额反映盈利，出现借方余额反映亏损。

在以上利润的组成项目中，期间费用（包括管理费用、财务费用和营业费用）、销售税费和营业外收支的内容比较复杂，下面进一步说明。

（二）期间费用的核算

期间费用是指不能直接归属于某一个特定产品成本的费用。期间费用容易确定其发生的期间，却难以判别其应归属的产品，因而在发生的当期便从当期损益中扣除。包括管理费用、营业费用和财务费用。

管理费用是指林业企业（林场）为管理和组织生产经营活动而发生的各种费用，包括场（厂）部经费、工会经费、职工教育费、劳动保险费、待业保险费、董事会费、咨询费、审计费、诉讼费、排污费、绿化费、房产税、车船税、印花税、土地使用费、技术开发费、无形资产的摊销、开办费摊销、业务招待费、坏账损失、存货跌价损失、短期投资跌价损失、存货盘亏和报废的转销等，这些费用都归集在“管理费用”账户的借方。

营业费用（在场圃会计中又称经营费用）是指企业为销售产品而发生的应由销售方承担的运输费、装卸费以及国有场圃按规定提取的林业保护建设费等。广告费支出的金额不论多大，都应当作为生产经营性支出，计入营业费用，而不能形成资本性支出，记入“无形资产”账户。以上这些费用的发生，都应归集在“营业费用”的借方。

财务费用是指企业为筹集资金而发生的各项费用。主要包括利息、汇兑损益、金融机构手续费和资金占用费等。发生的银行存款的利息支出、手续费、资金占用费和汇兑损失记入“财务费用”账户的借方，发生的利息收入和汇兑收益记入“财务费用”账户的贷方，冲减财务费用。

以上3种期间费用的发生数都归集在3个账户的借方或贷方，会计期末（月末）的账户借方余额，分别从几个账户的贷方转入“本年利润”账户的借方，直接冲减损益。

（三）销售税费的核算

销售税费是指林业企业在销售环节发生的税金和应交纳的各种费用，包括营业税、城市维护建设税、教育费附加以及林业企业在销售环节提取的育林及维简费。这些税金和费用的计算与提取一般都在销售环节，按企业产品的销售收入乘以一定的比例税率和提取率来计算和计提。育林及维简费中的维简费在森工企业计入木材生产成本，在国有场圃计入当期损益。育林费提取分3种情况，一些森工企业计入木材生产成本，一些森工企业计入属于当期损益的营业费用，而国有场圃计入属于当期损益的育林及维简费。

（四）营业外收支的核算

营业外收支是指与企业生产经营没有直接关系的各种收支项目，它是利润总额的组成部分，其内容包括：

（1）营业外收入。包括固定资产的盘盈和处置的净收益、非货币性交易收益、出售无形资产收益、确实无法支付的应付款、教育费附加返还款、罚款收入、组织群众抚育伐管理费收入、入山养蜂管理费收入等。

（2）营业外支出。包括固定资产盘亏和处置的净损失，非常停工损失，出售无形资产损失，计提的固定资产、无形资产、在建工程减值准备，债务重组损失，子弟学校和技工学校经费，非常损失，公益救济性捐赠支出，支付的赔偿金、违约金、滞纳金，被没收的财产损失等。

企业发生的营业外收支，分别在“营业外收入”和“营业外支出”账户中核算，期末分别转入“本年利润”账户的借方和贷方。

（五）财务成果考核指标

企业财务评价指标体系包括10项指标，大致可分为3类，即偿债能力指标（资产负债率、流动比率、速动比率）、营运能力指标（应收账款周转率、存货周转率等）和获利能力指标（销售税利率、成本费用利润率、资本金利润率等）。其中获利能力的3个指标是对企业财务成果的考核指标。

（1）销售利税率。用来衡量企业销售收入的收益水平的指标，即1元销售收入能带来多少利税。它既反映企业销售收入的盈利能力，又反映企业对国家的贡献程度。其计算公式为：

$$销售利税率=利税总额/销售收入\times 100\%$$

（2）成本费用利润率。用来衡量企业成本费用与利润关系的指标，它反映企业的投入产出水平，即所得与所费的比率。其计算公式为：

$$成本费用利润率=利润总额/成本费用总额\times 100\%$$

（3）资本金利润率。用来衡量企业投入资本的获利能力的指标。一般来说，企业的资本金利润率越高越好，如果高于同期银行利率，则适度负债对投资者来说是有利的；反之，则过高的负债率将损害投资者的利益。其计算公式为：

$$资本金利润率=净利润/资本总金额\times 100\%$$

第四节　评估中财务资料的运用

一、营林成本资料的运用

营林成本资料主要用于采用林木费用价法评估林木资产价值，具体涉及的方法有序列需工数法、重置成本法和历史成本调整法。

在具体运用这些方法时，有时需要用历史投入作为评估的依据，值得注意的是营林生产是一个漫长的时间过程，过去各个年度投入的成本，在多年以后由于各种原因，其价格已经发生了变化，这就需要按现时的价格和工价水平来调整以前的营林作业成本。

另外，在营林过程中，由于营林技术的进步，按现在的技术水平营造与被评估对象相类似的林分，其生产耗费的总水平可能有所下降，在其他条件不变的情况下，所需要的成本比历史营林成本会有一定幅度的降低。比如，随着机械化作业程度的提高，劳动生产率相应有所提高，会使单位面积作业所需的工日数下降，而物料消耗则有可能增加，如果再按过去的投工、投料标准作依据来评估现时的重置成本，显然是不恰当的。另外，按原有的这个投入标准，在现实的技术条件下营造出的林分，其生产能力也会超过评估对象。同样，在林木良种技术水平提高的情况下，按原来的消耗确定现时的林木重置成本也是不可行的。因此，在确定林木重置成本时，必须分析生产能力、价格水平、技术水平，对过去的投入标准按现时的经济技术标准修正，来调整营林成本资料。

上面讲的营林成本是指单个会计单位（林场、营林所）的成本，它不能代替社会平均生产力条件下的成本水平，也就是说个别单位间的营林成本与营造出的林分的数量、质量是不相同的。在不同的立地条件下造林，需要投入的营林费用也是不一样的。营林费用投入以后，由于管护水平的不同，形成的生产能力也有高有低。这样，在林木资产的评估中，就要对营林成本资料进行调整，把个别的营林成本资料尽可能地修正成一个社会正常的、平均的营林成本，然后以此为依据来评估林木资产的价值。

以下就营林成本资料调整中的几个主要问题进行简要说明。

（一）关于历史成本调整法

采用历史成本调整法的前提条件是历史成本能够作为林木资产的评估基础，也就是说，历史的生产技术条件、作业方式、耗费水平等，除价格水平之外，都没有发生大的变化。采用这种方法应该注意：

（1）选取与标准林分接近的该区域平均成本资料作为评估基础，如有可能，可以按照材料费和人工费的平均水平分别选取与计算。历史成本法虽然是对企业历史成本的承认，但这个成本应该是在正常经营条件下的成本，评估价值才能达到公允。

（2）历史成本分直接成本（含造林、抚育、次生低产林改造等）和管护费用两大部分。直接成本可从小班成本卡中取得。

管护费用分两种情况：分年摊入小班成本卡的，从小班成本卡中取得；事后一笔分配的，应该按照“公顷·年”成本，计入小班成本。

（3）价格因素应逐年调整。具体调整时，用评估时的价格指数（B）与投入时的价格指数（B_1）之比（B/B_1），分别乘以历年的成本，使投入的历史成本调整为评估时的现时成本。

（4）关于造林损失和扑火费用的调整。造林失败损失和扑火费用（不包括护林防火费用）应该从累计成本中扣除，统一在风险率中考虑。所谓造林失败，是指全部重造，不包括补植。损失数如果在小班记录中有反映的，直接扣除；如果在小班记录中不能明确划分的，可以按造林保存率推算，即：

造林失败损失额＝全部造林支出×（1－保存率）

（二）关于重置成本的确定

重置成本是指按现时工价及生产水平，重新营造一块与被评估对象相类似的林分所需的成本费用。与历史成本不同的是它采取的成本资料是现时成本，这就省去了价格因素的调整工作。现时成本资料可从当年或近期的作业项目成本中取得，即根据单位面积的作业项目成本，组成不同林龄的累计单位成本，其中管护费用按“公顷·年”成本确定，也可按历史成本中管护费用占直接成本的比例计算。

重置成本＝直接成本×（1＋管护费用百分比）

现时成本的选配也要以标准林分的平均成本水平为准。

（三）关于序列需工数法成本资料的确定

序列需工数法是以现时量生产费用和各工序平均需工数估算重置成本的方法。其特点是各工序基本上是手工作业，劳动生产率水平变化不大，生产费用的发生与耗用工日数直接相关。例如工资、工具消耗与出勤工日相关，即使种子和苗木也与植苗工日相关，使生产费用可以由各工序的工日数和单位工日生产费用求得。

各工序的工日数有统计资料，会计部门有“记工单”，有的单位小班核算中也有记载。单位工日生产费用取当年作业项目成本的核算资料，均以标准林分的平均数为准。由于序列需工数法的单位工日生产费用是现时成本，因此也省去了价格因素的调整工作。

二、木材生产成本资料的运用

在林本资产评估中，尤其是对近、成、过熟林的评估时，常用的一种方法是市场价倒算法，其基本做法是用被评估林木采伐后的木材销售收入扣除木材经营成本及相应的利润后的剩余部分作为林木资产的评估价值。计算公式为：

$$E_n = W - C - F$$

式中：E_n——林木资产的评估值；

W——木材销售总收入；

C——木材生产经营完全成本；

F——木材经营的合理利润。

这种方法在近熟林、成熟林、过熟林评估中应用比较广泛。首先要预测评估对象未来的销售价格，扣除的木材生产经营成本主要包括采伐成本、运输成本、贮木场成本、期间费用以及在木材销售环节发生的税费。木材经营成本的取得是比较困难的，因为在现实生活中，不存在完全相同的两片林分，不同地块林分，林分质量、采、集、运条件（包括作业方式和集运材距离）的差别可能很大，木材生产企业的管理水平、人员素质、机械化水平也不尽相同，这样就必须对具体的评估对象具体分析。

首先，采用倒算法评估的对象是地理位置固定的一片林分，其市场价格必然要受采运条件的影响，即采集条件好、运输距离短的林木，其市场价格要高；采集条件差、运输距离长的林木，其市场价格要低。只有这样，才能使木材经营者获得合理利润，不受林地级差收入的影响。为此，应就具体林区及采集运条件来确定木材采运成本。

其次，木材成本中的采集成本应按林木所在地采集条件的平均现时成本确定；运输成本应按林木运出的运输方式及运输距离的平均现时成本确定，也就是既要考虑具体的采运条件，也要考虑采用合理的成本水平。

成本资料的选取和调整，一般用以下方法：

（1）将采运成本统一划分为伐区成本、运材成本和贮木场成本等3段，各段成本应该是包括直接费用和间接费用的完整成本。

（2）利用地区的成本汇总资料或生产条件近似的中等管理水平的企

业资料，区别不同生产方式的成本，以集运材距离作为主要的调整因素，计算伐区采运的每立方米千米成本，以及不同运输方式的每立方米千米成本和贮木场的每立方米平均成本。

（3）以评估对象的集运材方式和距离计算森林采运成本，即：

伐区成本＝预计产量×集材距离×采集立方米千米成本

运材成本＝预计产量×运材距离×运材立方米千米成本

贮木场成本＝预计产量×每立方米平均成本

评估对象的采运条件特殊，不适宜采用平均成本，也没有参照企业的成本资料时，也可由申请评估的单位提供成本概算，报评估机构审定。

在林木资产评估中，要准确测算木材生产成本是很困难的，评估人员要进行详细调查，利用当地林业生产的有关指标，结合评估时的具体情况，考虑林分的作业条件等因素来进行修正和运用财务成果资料。

从以上财务成果的核算中可以看到，企业利润的形成是相当复杂的。在林木资产评估时，要运用会计核算资料，至少有 3 个方面的问题要加以解决：

（1）企业利润是一个综合性指标，就主营业务利润来说，有主营产品利润、综合利用产品利润、多种经营产品利润，而木材只是主营产品中的一种，这就需要将木材利润从利润总额中分离出来，这又涉及一些共同性收支的分配问题。

（2）从利润的组成内容来看，扣除成本的范围应从林木资产评估的角度加以分析取舍，明确哪些项目应该作为评估依据，哪些项目不应列入，从而使评估依据更为合理。

（3）单一企业的核算资料不能完全作为评估的依据，因此，还要解决数据的代表性问题，使评估结果能基本上符合公允的原则。

三、与企业利润有关的几项指标的说明

（一）关于预计木材销售收入的确定

预计木材销售收入等于预计木材产量乘以木材销售价格。企业实际的现行木材销售价格可取明细账记载，即以当期的木材的销售收入除以木材销售数量（元/立方米）。这个数字是现时木材的交易价格。按企业销售木材的价格结构（不同的树种、材种质量的木材价格都不同）综合计算的平均价格，这个数字如果与被评估林分预计的木材结构很相近，则可使用；如果木材结构有较大差异，或市场价格有明显变化，则应作相应的调整。最后，根据确认的木材平均价格和预计木材产量计算主营业务收入数额。

（二）关于木材营林成本

木材经营成本是从评估角度给成本所下的广义概念，包括森林采运成本（即制造成本法下的木材生产成本）、营业费用、管理费用、财务费用以及有关税费等，是木材生产的完全成本。

（1）森林采运成本资料的运用已在前面叙述过，就成本范围来看，森工企业列入生产成本的育林费（林价）应予以扣除。因为育林费与林木成本是重复的。同样，国有场圃列入损益的育林费也应予以扣除。

（2）营业费用是为主营业务而发生的费用，应该在主营业务收入中扣除。营业费用与管理费用和财务费用的区别在于，营业费用的产品对象比较明确，如林业保护建设费，所以凡是能够区分产品对象的费用应该分析计入，不能区分产品对象的共同性费用可以按销售收入的比例在有关产品间分配，从而取得木材营业费用的资料。

某种木材营业费用 = （某种木材销售收入/木材销售总收入） × 共同性营业费用总额

（3）管理费用一般不能区分产品对象，所以，管理费用应按各种产

品的成本费用占总额的比例进行分配，从而获得各种木材的管理费用资料。

某种木材的管理费用 =（某种木材成本/木材成本总额）×管理费用总额

（4）财务费用由银行借款利息和金融机构手续费所组成，西方国家的一些研究人员不主张将利息列入评估内容，因为利息影响利润率，同时负债经营是只有在借款能获取更多利润的情况下才会被采取的措施，可以不予考虑。如果财务费用仍列入经营成本，则能区分对象的（如营林借款利息）应直接计入，不能区分对象的（如森工借款利息）按合理的分配方法进行分配，从而获得各种木材的财务费用资料。

如按照某木材成本占木材总成本比例进行分配，可以有以下公式：

某种财务费用 =（某种木材成本/木材成本总额）×财务费用总额

（5）销售税费是在销售收入中扣除的支出，一般都能区分产品对象，不存在费用的分配问题。木材销售税费可直接根据预计的销售收入或预计木材产量及相关的适用税率或费率计算而得。

（三）关于营业外收支

营业外收支是与企业生产经营活动无直接关系的收入和支出。其偶然性、可避免性和社会性的因素很大，也无规律可循，在评估时可不予考虑。

以上组成利润的各个费用项目的资料，均可从会计核算资料中查得。其费用水平，根据评估时计算现值的需要，均以近期资料为准。为了使资料具有更大的代表性，可以取地区汇总会计报表中的资料，汇总资料未能细分的，可根据利润率的情况，取上、中、下三类企业的资料，分析对比后，取其中间数。

（四）关于利润的计算

组成利润各项目的数据确定后，即可进行利润的计算。各段合理利润的确定可以采用成本费用净利率法。

第四章 林木、林地资产价格评估方法

第一节 林木资源资产价格评估概述

林木资产是森林资源资产中产权交易最为频繁的部分，是森林资源资产价格评估中最主要的内容。在集体林区的森林资源资产交易的大部分是林木资产的交易。

林木资产也称立木资产。一般来讲它是指站立在林地上尚未被伐倒的树木（包括死的和活的），即活立木和枯立木的总称。但在实际的评估中通常也将风倒木或新近砍倒、尚未加工成原木或其他林产品的林木包括在内。在森林的经营中，立木的交易是森林商品交易中最频繁的交易。在集体林区，一些乡村集体经济组织将其“青山”，即立木卖给采伐承包商，由采伐承包商采伐后，再流向市场。近年来林区内的“青山”买卖，除国营林企事业单位购买了部分中幼林外，大多数都是上述情况的立木交易。

在这类“青山”交易中必须由林业中介机构，对其立木资产作评估，以此为基础进行招标。林木资产评估的目的是估算特定时间和地点的立木价格。但立木价格估算涉及的因素多，准确地确定较为困难，必须从林木资产的特点出发，选定评估的方法，分析评估的结果，找出科学、合理的结论。

一、林木资产的特点

林木资产是生物性资产，和一般资产相比有许多特殊性。

（一）生产周期的长期性

林木资产是生物性资源资产，其生长周期较长，从种子到成材少则数年，多则数十年、上百年。这样长的生长周期给林木产品供求关系的调整带来困难。当价格较高、有着较大的超额利润时，由于林木产品的供应缺乏弹性，无法大幅度调节供给以满足有效需求，尽管采伐量可以进行调整，但一方面法律规定不准超限额采伐，另一方面立木蓄积的总体水平和木材产量都不可能在短期内得到改变。

由于经营周期的长期性，森林的经营投入的造林投资将要过很长的时间才能取得回报，经营的资金被长期占用，森林经营成本中利息占总成本的比重很大，利率的高低对其经营成本起着很大的影响。

（二）经营的再生性

林木资产是生物性资产，有再生的能力，即有更新和生长的能力。这是生物性资源资产的共性。在林木资产的经营中这种特性起了很大的作用，尤其是在异龄林林木资产中，只要经营得法，它可以永续不断地经营下去，因此，这种再生产的能力应该给予估价。

（三）效益的多样性

林木资产经营的目的主要是木材和其他林产品，但在森林的经营中林木同时发挥生态的效益，如释放氧气、防风固沙、保持水土，改善人类的生存环境。因此，在林木资产评估中，对木材、林产品的经济效益进行评估的同时，有时还需对其生态效益的经济价值进行评估。由于森林资源资产的生态效益高，社会对森林的采伐有一定的限制，这种限制将影响评估的结果。

（四）结构的复杂性

林木资产的结构是复杂的。尤其是在天然林中，一个林分就有几十种甚至上百种树种，树种间的价值更是相差悬殊，径级的大小、林层的高低、年龄的长短都不一样，在一个经营单位就更复杂了。结构的复杂性增加了评估测算的难度，使评估方法、评估的结果更为复杂多样。在一个经营单位内通常要将森林划分为不同的林种、树种，树种内再分为不同的龄组，在评估时不同的龄组可能采用不同的方法。

（五）分布的地域性

森林资源分布在辽阔的地域上，特别是在山区，其自然条件、经济条件往往差异很大，森林资源的结构复杂、类型多样，给调查和评估带来了更多困难。

（六）产品的非标准性

林木资产的产品是立木蓄积，立木蓄积是非标准化、非规格化的产品。一片林分中立木的大小交错各异，没有统一的规格。在不同的林分中即使其平均胸径相同、平均树高相同，但内部立木的树高结构、径级结构也不可能完全相同，其材质、出材率都有一定的差异。立木资产的非规格化给立木资产的估价带来了许多困难。

（七）成本影响的滞后性

商品的价格主要由供需关系和生产成本决定，林木资产生产的营林成本，由于林木生产经营的周期很长，而营林成本的发生主要在造林的初期，距离木材销售很远，营林成本对木材价格的影响十分滞后，要很长的时间后才能反映。

二、林木资产价格评估的性质

林木资产评估的目的是估计特定区域内的林木在特定时间的价格，为林木的转让、抵押贷款、合股经营或拍卖等多种森林经营活动以及为森林保险确定保额提供依据，其评估的结果具有公证性质。

林木资产的评估结果对买方和卖方都是极为重要的，尽管两者的出发点不同。对于卖方，关心的是营林生产的成本和一定的利润，也必须计算这些林木对于买方有多大价值。对于买方，要考虑买下这些林木花多少钱，采伐后或继续经营下去能否得到满意的利润。买方希望价格尽可能低，而卖方希望价格尽可能高，买卖双方对同一批林木作出不同的估价是正常的。但作为中介的价格评估机构的评估，则必须根据市场的惯例，充分考虑买卖双方的经济利益，确定双方都能接受的、依据充分的价格，以作为成交价的基础。

林木资产有两种类型，一种是成熟的可立即采伐的林木资产，另一种是未成熟的近期不可能进行采伐的林木资产。

成熟的可立即采伐的林木资产是目前森林资产市场交易次数最多、但每次的交易额较小的林木资产。从大的框架看，这类资产的估价问题相当简单。成熟林木的估算值是林木产品的售价总和与林木进入市场所花的成本总值（包括采伐运输、销售的成本及对应的风险与利润）之间的差额。

成熟林木的价格是关系到森林经营企业存亡的一项报酬，但其计价仅作为一项剩余项来计算。林木估价遵循着与其他任何原材料估价相同的总模式。从根本上来说，是原材料所生产的产品派生而成的。木材的产品多种多样，这些产品的价格及其生产的成本决定了木材的价格。如造纸材的价格，就是由纸张的价格及造纸生产的成本所决定，不考虑木材是从何处运来、生产的成本是多少，但必须考虑木材的供求关系。如果市场景气，木材的需求很强，供少于求，则木材的价格上涨，森林的经营企业可获得可观的报酬。如果市场不景气，有效需求很小，木材价格下降，森林的经营企业出售木材则可能亏本，前期的营林成本难以回收，但为维持企业的正常运转，又不得不出售。一个企业的生产成本在任何情况下都不可能直接和立即对其产品市场价格产生影响。但从长期运行的角度来看，育林的成本确能影响市场的木材价格，因为立木的价格低，营林生产成本难以回收，造林的积极性下降，长此以往，木材的供给减少，需求相对增加，立木的价格也能增加。但由于林木生长的长期性，这种影响要到很久的将来才会出现，这就是林木生产成本影响的滞后性。立木的现行价格只能由木材价格和木材生产的成本来确定，无论天然林还是人工林都是一样的。

未成熟林木的评估则比成熟林木资产的评估更为复杂。未成熟的林木，由于不能立即进行采伐，用现行的木材价格来估算较为困难，尤其是幼龄林的林木如用现行木材价格来估算，则要以长达数十年的收获预测为基础，将预测的主伐收入折为现值，其涉及的因素多，尤其是收获预测，幼龄林的生长发育尚未稳定，预测十分困难，准确性相对差，测算的结果难以让人信服。但幼龄林的林木，其营林的主要投资已投入，而且投入的时间不久。幼龄林林木的卖方，关心的是已投入的营林生产成本能否收回并获得一定的利润，而买方关心的是买这片林子花的钱是否比自己营造更合算。因此，在幼龄林林木的评估中通常采用的是造林成本加上利息和一部分利润来估算。中龄段的林木评估较为困难，用重置成本法要推算十几年的成本及利息；用木材价格倒算，它们又尚未达到可采伐的年龄。不过由于这类林分林木的生长已较为稳定，收获的预测较为容易，估算的结果较为可信，而林木的木材市场价倒算法与市场较接近，因此，中龄林多采用预测未来（在若干年后采伐时）的收益，然后扣除期间发生的成本将其折为现值的方法，并经常采用成本加利息、利润的方法对其结果进行验证。近熟林与中龄林类似，要等一个龄级后才能采伐，大多采用预测未来的收益，然后将其折为现值的方法测算。

总之，成熟林木资产的价格由原木的价格和木材生产成本加上木材生产者应得的利润及应承担风险间的差额来确定。森林的经营者对成熟林木立木价最感兴趣，因为立木价包括了培育和经营森林所能得到的报酬，并决定企业是否能获得利润。幼龄林林木资产的评估价直接由造林培育的营林成本加上投资的利息及一定的利润构成。中龄林的林木资产的评估较为复杂，既可以用成本加利息、利润的方法计算，也可用预测收获效益折现法计算。

三、影响林木资产价格评估值的有关因素

林木资产的评估在应用上是十分复杂的，因为木材不是一种标准化的产品，它以各种各样的大小、形态和等级出售。在现实森林中，没有两个林地质量、地利等级完全相等的林分。林木资产的价格受各种因素的影响，因此，在研究林木的评估方法前，必须考虑评估中的一些基本问题。

（一）评估的目的

林木资产的评估和其他任何资产评估一样，评估的目的决定了评估的价值类型，不同的价值类型其评估的思路、评估依据、作价的标准均不相同，评估的结果也完全不同。

评估中价值类型可分为市场价值类型和非市场价值类型，非市场价值类型有投资价值类型、在用价值类型、清算价值类型和残余价值类型等。

林木资产评估的目的可以是林木资产的拍卖、转让、联营或股份经营，也可以是以林木资产作为抵押、担保或者是企业的清算。对购买者来说，对购买的林木资产也有多种计划。可以是立即采伐，出售原木，收回资金；也可以继续经营，待林木长更大时再采伐利用。针对不同的评估目的，选用的评估方法、精度要求和评估结果是不相同的。

对于出售、转让成熟龄的林木资产，购买者收购这些林木并立即采伐的这类评估，评估的精度要求最高。对出售者（即森林的经营者）来说，采伐是木材生产过程中的一项重要的活动，必须和各种经营目的

一起加以考虑。这时立木的价格关系到整个森林经营的收益。对森林经营的投资必须从这里得到，并获得一定的利润。他们努力要求达到市场上最好的价格。对购买者来说，则考虑采伐、加工、销售中扣除木材生产成本和各项税费后，有可能获得多少利润。同时在估价各生产成本时必须充分考虑经营者提出的必须遵循的立木销售条件。在原木售价一定的情况下，他们要求立木价尽可能低。在现实生活中，购买者通常比出售者精明得多。为了使所评估林木价格合理，买卖双方都要求对待评估的林木资产进行较为详尽的调查。这类评估的评估价值类型是市场价值类型。评估时主要考虑市场的交易价格，按市场成交价比较法和木材市场价倒算法进行评估。而且要求较高的精度，通常要求进行作业设计调查，作出伐区的工艺设计，并按设计书的结果，按市场价倒算法进行评估。

对于林木资产进行抵押、担保这类评估属于清算价格类型。这类评估结束时并未发生直接的现金交易。抵押资产的接受者主要考虑该林木资产的价值是否能抵上其所放贷出去的资金、在快速变现时能否将其收回，要求较高的保险系数，评估的结果一般比实际价偏低。

但现实评估中，银行一般要求评估出市场价值类型，然后自行打折，通常只贷给林木资产价值40% ~60%的贷款，而资产的所有者强烈要求高评，这时评估出的市场价格经常比正常价格稍高。

对于大型林业企事业单位的出让、转让，特别是部分股权的转让，投资者考虑的是其投资价值，其评估的价值类型是投资价值类型，评估时主要考虑企业资产的实际收益，其评估的结果往往比资产切零进行评估结果低。

（二）销售的条件

对于成熟的林木来讲，一旦签订了出售立木的合同，买主就可以采伐林木所有者的林木。采伐是一种破坏性作业，对土地、植被及周围的环境都会造成严重的影响。林木的所有者和森林的经营者除了对采伐的林木想要高价外，常常还需要控制采伐活动以满足其他的目的。森林的经营者通常对采伐的地点、采伐的林木、采伐的时间、采伐的方式、集运材的方式及伐区清理方式作出许多限制条件和要求，以保护林地、林木，防止侵蚀，便于森林的更新，使遭受的损失降到最低的限度。

例如，在异龄林的采伐中，伐倒的成熟的大径林木要压坏许多附近的中、小径木，集材的过程也对周围的植被有很大的破坏，甚至可能造成地表的侵蚀。因而，在林木出售时，森林的经营者通常要指定采伐的和必须保留的林木，采伐时倒木的方向必须避开这些指定的保留木，并在集材上采取一些防护措施，这将增加采伐成本。

在皆伐作业中，为了保证天然更新的成功，森林的经营者经常提出采伐中保护幼苗、幼树的要求。为了便于人工更新，而对伐区剩余物的处理提出一定的要求，如采用火烧、堆集或截短等方法处理。这些限制所增加的生产成本在估价时必须考虑在内。一般来说，由于满足销售条件而增加的木材生产成本，应由条件的提出者（林木的所有者）承担。

（三）产品售价的估计

立木价（这时特指成熟林的价格）是林木制成的产品价值与生产这些产品的成本、一定的利润及税收的差额。因此，木材产品的售价是估算立木价的起点。产品的售价必须以在该地区能够实际生产和销售的产品为基础。对于一般的木材经营者来说，出售的是原木和非规格材，原木和非规格材的价格随着原木和非规格材的口径和长度而变化，用出材率表测算原木和非规格材的木材数量是可行的，但要测算各个口径的木材的数量则很困难。因此，必须根据历史资料确定该地区原木的平均规格和非规格材的平均规格，进而确定其综合价格，根据综合价格作为评定估算的基础。

木材产品的销售价格是由市场的供求关系确定的，在市场经济的条件下，这一供需关系的变化由许多木材生产者无法控制的因素所制约，而且经常发生变化。必须收集评估基准日的木材产品市价，计算其综合价格，进而确定立木的价格。对于某个小班的产品售价要根据小班林木的生长状态来确定该小班原木的平均规格和非规格材的平均规格，进而确定其综合价格。

（四）木材生产成本的确定

生产成本的确定是立木价确定过程中的一项重要的工作。与产品的生产直接相关并且是产品生产的必不可少的一切成本，即生产成本都应进行估算，主要包括采伐设计成本、采伐的成本、集材成本、运输成本、仓储、检尺等销售成本、立木销售及产品销售中的税费、财务费用、管理费用及木材生产中的不可预见费等费用。但它不含培育立木的成本和投资的收益。生产成本的投资收益在确定适当的利润率时考虑。生产成本的增加将使林木资产评估值下降。

精确计算生产成本是困难的。在现实森林中，不同地块的林分，林木的大小、林分的质量、采运的难易程度、地利等级等因素都可能有很大的差异。另外，木材生产者所用的机械设备不同，人员素质、管理水平的高低也会使生产时的成本发生很大的差异。在测算木材加工成本时也会遇到类似的问题。成本的测定是以特定的生产者为标准，还是以最高效率的生产者为标准或者是以平均效率的生产者为标准，测算出的结果是不相同的。从林木所有者的角度出发，最好以生产率最高的生产者为标准进行成本的测算，以获得最高的立木价。但在立木资产的评估中，一般应以当地平均效率的生产者为标准进行评估。这样有利于生产者通过更新设备、提高人员素质和管理水平来提高效率，得到合理的回报。

在林木资产的评估中准确地测算木材生产的成本是很困难的，评估人员要花费相当多的时间进行较为详细的调查。通常可利用当地林业生产的定额指标（各类的平均生产水平），结合评估日的基本工价，再根据山场的具体条件进行修正、测算。

（五）林木出材率的确定

林木出材率是计算立木价格的一个重要的技术经济指标。出材率主要由林木的直径、树高、干形和缺陷所决定。在我国，立木出材率表的编制和应用一直未能规范化、系统化和标准化。出材率的误差一直是严重影响我国伐区作业设计中出材量精度的因素。通常由数表直接查出的出材率要比实际的偏高，因为编表的材料一般较为规范，病、腐、结疤、分叉等缺陷较少，而实际生产时，病、腐、结疤、分叉这类木材的缺陷严重影响了木材的出材率。比如根兜附近长一米的心腐，就使原木少了最粗最好的一米长的一段，原木的出材率大约要下降百分之十。因此，在确定出材率时，通常先按林分的平均胸径和树高用出材率表查出相应的林分的出材率，然后再根据林分生长的状况、病腐情况等，确定一定比例的折扣。

由于木材不是标准化的产品，它有原木、非规格材，在原木和非规格材中还有大小、长短之分，各种规格的木材价格不同。因此，在测算出材率时，还必须分别种类及大小确定其出材率。实际上，要准确地确定各径级各长度的出材率来计算其出材量是不可能的，但可以把它们按价格的水平分为几类，最简单的是把其分为原木和非规格材两大类，或更细一点在原木中分大、中、小三类，计算出各类的出材量，再根据过去采伐类似林分的资料，计算各类材种的平均规格，以作为确定平均综合价格费用的基础。

（六）营林生产成本估算

在采用收益现值法和成本法进行林木资产评估时，需要对营林生产的成本进行测算，营林生产成本包括清杂整地、挖穴造林、幼林抚育、除草劈杂、施肥、地租等直接营林生产成本以及护林防火、病虫防治、管理费用等按面积分摊的间接成本。营林成本的估算必须根据营林等生产的原有经营水平和技术标准，按资产评估基准日的价格和工资标准进行估算。

精确地计算每片林分的营林生产成本是困难的，也是不必要的，通常是按照当地的平均生产水平计算平均的营林生产成本，然后再根据各林分的林木生长的状态进行调整。

（七）利润确定

利润率是林木估价中的一个关键数字，它的结果对立木价格的影响很大。利润率一般按社会平均利润率或林业平均投资收益率确定。如福建省 1993 年在森林转让参考价格中建议森工生产利润率定为 20%，营林生产为 16%，这在当时是合理的，如通货膨胀率较低的话还可降到 15% 或更低。利润率确定后还有一个测算利润的基数问题。利润 = 生产成本 × 利润率。这个生产成本的基数，是否包括立木的价格是一个重要的问题。如果林木的出售者在林木采伐前仅收部分订金，整个结算在木材出售后进行，则这个生产成本基数不包括立木价，而仅是直接按木材生产的成本加订金；而林木出售者在合同订立后，即收取全部林木款，则立木价应包括在木材生产成本基数中。木材销售时收缴的税费原则上不应包括在生产成本基数中。但我国有的地方执行伐前交税费，即在办理采伐证时，就按伐区设计的资料收缴税、金、费。有的按 90% 预收，有的按 60% 预收，这时预收的税、金、费也应列入木材生产的成本基数，因为木材的生产者在取得收入前已付出了这些投资。

（八）投资收益率确定

在采用重置成本法和收益现值法进行林木资产评估时，林木培育成本的投资收益率将对林木资产的评估值产生极大的影响。经营成本的投资收益率是投资的货币资金的经济利率加上投资的风险率及通货膨胀率。在林木资产的评估中，所采用的成本均为重置成本，其投资与收益是同一时点的价格，两者间不存在通货膨胀。因此，在林木资产评估中的收益率仅含经济利率和风险率，在正常情况下它要低于一般的投资收益率。投资者的利润实际上是与风险值联系在一起的，高风险意味着高利润，高风险而低利润的行业是无人愿意投资的。在不同的森林经营类型中投资者对经营的预期回报是不同的，对于用材林中的短伐期工业原料林、经济林中的名优新品种，经营的风险相对较高，投资者也希望有较高的回报，其投资收益率要定得高一些。

（九）树种的价值差异

在许多情况下，待销售的立木是由若干不同树种组成的，不同的树种价值相差极大。同样规格的木材（大径材），马尾松大约是一般阔叶材价格的1.2倍，杉木又是马尾松价格的1.2倍，而一些珍贵树种如楠木、红豆杉等则又是杉木的2~5倍。一般的阔叶树与珍贵树种价值可相差3~8倍，如何处理多树种价值差异是经常出现的问题。不同的树种加工成不同的产品，有些作为纸浆材，有些作为锯材原木，当这些产品分别加工处理时，其采伐成本可以分开。但实际上并非如此，它们的采伐运输是同时进行的，采运成本是归在一起的，因此按树种分别计算成本是困难的，但售价却很容易分开。

当估价表明某些树种的立木价很低或为负值时，而卖主又想采伐掉这些树种，这就给估价带来了困难。如果某树种的价值能够补偿所有的采伐和加工的可变成本，且与售价相比其收益为正时，它将对固定成本产生影响，买主也从中获利。如果不是这样，这个树种只有在必须满足某人要求的情况下进行采伐，要由卖主补贴部分采伐作业费用。因为通常卖主将林木整体出售，而不是仅仅出售其中价值高的树种，通过这种方式伐去不值钱的树种。

（十）资源调查精度问题

林木资产由于其固有的性质其各种指标均不易测定，尤其在山区，山高路陡，交通困难，采用高精度的调查方法是不可能的（成本无法承受）。森林资源的二类调查总体精度为90%，小班精度仅为80%～85%，调查精度最高的三类调查小班精度也仅能达90%。三类调查的调查成本是二类调查的数十倍。森林资源调查的质量将对评估的结果产生巨大的影响，在评估中只能在成本可以接受的条件下追求合理的精度。

（十一）时间的影响

对林木进行估价时，林木还没有被采伐，因此，立木价格的评定基本是一种预测。如果条件不变，且出售到采伐的时间较短或商业条件稳定，现实的成本和价格都较为适合，其测算的结果较为合理。但如果是长期的销售，所买的立木要在数年后采伐，而且预测价格会有一个较大的变化。这种情况下，一个有价值的正确预测对买卖双方都非常重要。

评估机构收集销售的价格和成本数据用于评估。平均售价经常以价格指数的形式来表示，并通常以一个公历年为单位编制。评估时必须把其价格和成本调整到评估的基准日水平，以作为该期评估的依据。如果长期销售合同要维持数年，就有必要为立木价的重新测定作好准备。基本评估实际上是根据平均的现时成本和销售价进行的，估计的价格在现时是真实的，但随着时间的推移，可能产生偏差，所以必须根据市场行情的变化，对基本估价进行调整。

在价值变化中风险的分配影响立木的价值，一次性付款购买十年木材供应的立木，与购买同样的立木但在采伐的同时分期付款的情况完全不同。一次性付款的林木购买者，要承担十年里的木材采伐、销售和立木保护以及其他的所有风险，因此，其所付的立木价相对较低；而分期付款的购买者的情况则不同，其承担较小的风险，因此，应当承担更高的立木价。

第二节 林木资产价格评估的基本方法

依据林木资产的评估目的和被评估林木资产的特点，林木资产的评估方法主要有市场法、收益法和成本法，同时在此基础上还发展和衍生出了一些其他方法，如清算价格法，以适应不同林木资产评估的需要。主要评估方法如下。

一、市场法

市场法是指利用市场上同样或类似林木资产的近期交易价格，经过直接比较或类比分析以估测被评估林木资产价值的各种评估技术方法的总称。在林木资产评估中，具体包括现行市价法、市场价倒算法等。

（一）现行市价法

现行市价法是以相同或类似林木资产的现行市价作为比较基础，估算被评估林木资产评估价值的方法。其计算公式为：

$$E_n = K \cdot K_b \cdot G \cdot M$$

式中：E_n——林木资产评估值；

K——林分质量调整系数；

K_b——价格指数调整系数，可以用评估基准日工价与参照物交易时工价之比；

G——参照物单位数量的交易价格（元/立方米）；

M——被评估林木资产的数量。

该方法的应用前提是被评估森林资源资产所在地区有一个相对成熟、完善的市场，且可以获得与被评估林木资产具有可比性的类似林木资产的市场交易价格。在实际操作过程中，应注意我国林业市场区域性强、市场发育不充分对林木资产评估值的影响。

（二）市场价倒算法

市场价倒算法是用被评估林木采伐后所得木材的市场销售总收入，扣除木材经营所消耗的成本（含有关税费）及应得的利润后，剩余的部分作为林木资产评估价值。其计算公式为：

$$E_n = W - C - F$$

式中：E_n——林木资产评估值；

W——销售总收入；

C——木材生产经营成本（包括采运成本、销售费用、管理费用、财务费用及有关税费）；

F——木材生产经营合理利润。

此方法为市场法的衍生评估方法，它是假设被评估的林木资产于评估基准日一次性全部采伐销售为前提的，在实际操作过程中，应注意被评估林木的实际情况、我国林业经营管理政策等因素对评估价值的影响。

二、收益法

收益法是指通过被评估林木资产未来预期收益的现值，来判断林木资产价值的各种评估方法的总称。在林木资产评估中，具体包括收获现值法、收益净现值法、年金资本化法等。

（一）收获现值法

收获现值法是通过测算林木资产在主伐时的纯收益（采伐收入减成本费用）的折现值，扣除评估基准日到主伐时所支出的营林生产成本、地租等折现值的差额，作为林木资产评估价值的方法。其计算公式为：

$$E_n = K \times \frac{A_u + D_a(1+p)^{u-a} + D_b(1+p)^{u-b} + \cdots}{(1+p)^{u-n}} - \sum_{i=n}^{u} \frac{C_i}{(1+p)^{i-n+1}}$$

式中：E_u——林木资产评估值；

K——林分质量调整系数；

A_u——标准林分 U 年主伐时的纯收入（指木材销售收入扣除采运成本、销售费用、管理费用、财务费用、有关税费、木材经营的合理利润后的部分）；

D_a、D_b——标准林分第 a、b 年的间伐纯收入；

C_i——第 i 年的营林生产成本；

u——经营期；

n——林分年龄；

p——投资收益率。

（二）收益净现值法

收益净现值法是通过估算被评估的林木资产在未来经营期内各年的预期净收益按一定的折现率（投资收益率）折算成为现值，并累计求和得出被评估林木资产评估价值的一种评估方法。其计算公式为：

$$E_n = \sum_{i=n}^{u} \frac{A_i - C_i}{(1 + p)^{i-n+1}}$$

式中：E_n——林木资产评估值；

A_i——第 i 年的年收益；

C_i——第 i 年的年成本支出；

u——经济寿命期；

p——投资收益率（根据当地营林平均投资收益状况具体确定）；

n——林分的年龄。

采用收益净现值法时应科学合理地预测各年度的收益和支出，并正确确定投资收益率。该方法通常用于有经常性收益的森林资产，如经济林资产。

（三）年金资本化法

年金资本化法是将被评估的林木资产每年的稳定收益作为资本投资的

收益，按适当的投资收益率估算林木资产评估价值的方法。其计算公式为：

$$E_n = \frac{A}{p}$$

式中：E_n——林木资产评估值；

A——年平均纯收益（扣除地租）；

p——投资收益率（根据当地营林平均投资收益状况具体确定）。

年金资本化法主要用于年纯收益稳定的林木资产的评估，它的使用有两个前提条件：一是待评估林木资产年收入稳定；二是待评估林木资产永续经营。

三、成本法

成本法是指首先估测被评估林木资产的重置成本，再估测被评估林木资产已存在的各种贬值因素，并将其从重置成本中予以扣除而得到被评估林木资产价值的各种评估方法的总称。在林木资产评估中，具体包括重置成本法、序列需工数法等。

（一）重置成本法

重置成本法是按现时的工价及生产水平重新营造一块与被评估林木资产相类似的资产所需的成本费用，作为被评估林木资产的评估值。其计算公式为：

$$E_n = K \times \sum_{i=1}^{n} C_i \times (1+p)^{n-i+1}$$

式中：E_n——林木资产评估值；

K——林分质量调整系数；

C_i——第 i 年以现时工价及生产水平为标准计算的生产成本，主要包括各年投入的工资、物质消耗、地租等；

n——林分年龄；

p——利率。

（二）序列需工数法

序列需工数法是以现时工日生产费用和林木资产经营中各工序的平均需工数估算林木资产重置价值的方法。其计算公式为：

$$E_n = K \times \sum_{i=1}^{n} N_i \times B \times (1+p)^{n-i+1} + \frac{R[(1+p)^n - 1]}{p}$$

式中：E_n——林木资产评估值；

K——林分质量调整系数；

N_i——第 i 年的需工数；

B——评估时以工日为单位计算的生产费用；

p——利率；

R——地租；

n——林分年龄。

序列需工数法是林木资产评估中特殊的重置成本的方法。因为林木的培育属于劳动密集型的行业，林木培育的投入主要是劳动力的投入。将少量的物质材料费和合理费用打入工价中，直接用工价来求取除地租以外的重置成本。

四、清算价格法

清算价格法主要用于林木资产的快速变现清算评估，先按现行市价法或其他评估方法进行估算，再按快速变现的原则，根据市场的供需情况确定一个折扣系数，然后确定被评估林木资产的清算价格。该方法适用于企事业单位破产、停业清理的林木资产评估。其计算公式为：

$$E_o = D_o \times E_w$$

式中：E_o——林木资产清算价格；

D_o——折扣系数；

E_w——林木资产评估价值。

第三节　单株林木资产价格评估

确定单株林木价格是一个具有普通意义的问题。在珍贵的特大的单株木的立木交易和异龄林的经营中，意义更大。在异龄林的经营体系中的经营效果，直接依赖于单株林木的物理和经济的测定知识。在同龄林经营中，同样需要单株林木生长和林木经济价值两方面的知识。在森林经营过程中，所有的采伐（如间伐时间与间伐强度的确定、择伐强度的确定)，都无法回避单株木的价值问题。在以单株林木为资产的情况下，如一些散生的或孤立的珍贵的大径木、特大径木，它们以单株进行计价交易，这时单株木资产价的评估更为重要。因此，在森林资产的评估中，确定单株木资产价格的知识是森林资源资产评估人员不可缺少的专业知识。

单株木资产评估是整个林分立木资产评估的基础，也是立木资产评估的精炼，它是从林木中所包含的木制品出发估测单株木的价值。对于立木的购买者说，林木相当于原材料的储备，一株树是一大块木材，是一定数量的原木、制浆材、电杆、桩材和其他可销售产品的总和。他们用这些产品的总收益减去采伐、加工和市场上销售所必需的费用来测算确定单株木的价格。

对于森林的经营者来说，树木不仅表现为可销售的商品，而且也是立木蓄积的资本，这是森林资产的特性。他们必须评定树木产品的现值，把现在的收益同假如树木继续生长未来蓄积的价值进行比较，权衡利弊。这是一个包括财政、生物和时间的综合性问题；他们必须预测蓄积和价值的增长，以此为基础制订有关采伐的计划。

单株木资产的评估实际上是用市场价倒算过来测算林木的价格。在单株木的评估中，关键在于市场价的确定、生产成本的确定和转换收益的分配（即成本利润的确定）。这些问题在前一节均有涉及，但单株木的评估中又具有特殊之处。在林分整体林木资产的评估中，这些都要求确定其综合的平均值，但在单株木资产的评估中，则要求单独计算。由于林木的采伐、造材、制材加工以及它们的产品都是非标准化的，树木直径、树高、形状各异，所处地理位置不同，采伐造材的成本也各不相同。随着出售的成品和半成品的尺寸、形状和等级变化，它们的价格也随之变化。成本和价格的变化使它们之间的关系变得十分复杂。

单株木资产评估的对象是即将采伐的单株树木。它距营林资本投入的年代很长，而且也无法测算单株林木的营林投资，因而不可能采用成本费用法进行评估。即将采伐的树木，砍倒即可变现。因此，也不存在未来的收获，无需使用收益现值法，可用市场价格法进行评估。

采伐作业和原木加工的研究，通常以一些采伐作业和加工作业为例，详细测定和鉴别某一树木的采伐和加工，获得一系列的数据。在任何情况下都是在伐倒树木之后进行核对，然后把这些原木单独投入造材的各步骤，随之制成初级生产者所需的各种形式的产品，合计各个步骤的售价和费用，估计出每一原木的价值，最后推算出整株树木的价值。

一、评估步骤

在国外，遵照立木估价的一般程序，估价的起点是市场销售的制材价格。通过这些价格确定不同直径、长度和等级原木锯成的制材售价，扣除制材加工成本和采运成本，就得到活立木原木的净转换价。但在国内，大多数情况下，木材的生产者是以原木出售，而不是以制材出售。因此，大部分立木的估价起点是不同尺寸的原木的价格，对应单木价格的估价过程有三个主要步骤。

（1）确定原木达到制材厂（或其他以木材为原料的工厂）时分树种、直径、长度和等级的每立方米的价格。

这类价格对于数量大的普通的材种规格来说，市场价是非常明确的。但对于特殊的材种、树种其价格的变化就很大，各木材经销单位间的价格可能相差数倍，这要根据他们的货主的特殊需要而定。对于这类特殊树种和规格的原木价格，评估者必须广泛地收集木材交易信息，以免出现确定价格的重大失误。

（2）确定森林立木中分直径、长度、等级的每立方米和每段的原木立木价。

这必须从加工点的原木价扣除采、集、运的成本并进行原木材积的测算。

① 运输费用的分析。一般按立方米和运输的距离计算。但特大径材的装卸费和特大材的运输费要单独计算。因为我国伐区木材的装车大多为人工，特大径材的装卸很困难，成本较高。山区的道路弯道多、半径小，特种材运输较困难，车速慢，成本增加。

② 采、集工序费用分析。确定采伐、造材、集材各工序中不同口径和长度所需要的生产费用。

③ 将不同直径、长度、等级的原木价格扣除采、集、运成本得到每立方米原木的立木价。

④ 以原木材积为基础，将每立方米的原木价换算为每根原木的立木价。

（3）根据上述数据确定单株的立木价。

二、估测杉木单株立木价值的实例

一个完整的实例能够很好地说明估测单根原木的树木价值的技术。这里以杉木这种价值很高的家具和建筑用材树种为例。杉木在我国南方林区一般以原木形式出售，其原木等级分为等外材、三等、二等、一等四个等级，并在木材的交易中广泛使用这些等级。但杉木的等外材、三等材很少，大多为一、二等材。现要求用原木法估测一株直径为32厘米、树高24米的杉木立木价格。

1. 确定各规格的杉原木价格

杉原木的一般长度为4米，按福建省南平市2005年1月份的平均售价如表4－1所示。

表4－1　　杉原木价格表

单位：元/立方米

尾径	4	6	8	10	12	14	16	18	20	22	24	26	28	30
价格	580	620	710	760	820	890	930	1040	1190	1370	1450	1540	1670	1860

备注：非规格材为400元/立方米；这些价格均为铁路边货场价。

2. 确定不同规格的每立方米和每段原木的立木价

（1）税、金、费分析：根据福建省的政策，木材生产的税、金、费约占木材销售价15%。

（2）运输费用分析：该立木距货场20千米，每立方米千米为0.9元；装车费10元；平均运输费用为每立方米30.0元。

（3）木材生产成本分析：包括伐区设计费用每立方米10元，采伐费用每立方米60元，集材费用每立方米30元，共计每立方米100元。

（4）经营利润确定为销售价的5%。

（5）管理费占木材销售价的5%。

（6）销售费用、不可预见费及财务费用计为销售价的5%。

确定每立方米原木的立木价：

立木价＝原木价格－税金费－生产成本－运输成本－经营利润

根据上述分析求得杉原木立木价格表，如表4－2所示。

表 4-2　　杉原木立木价格表

单位：元/立方米

尾径	4	6	8	10	12	14	16	18	20	22	24	26	28	30
价格	248	276	339	374	416	465	483	570	675	801	858	920	1011	1144

（7）计算每段原木的立木价。

每段原木的立木价 = 每立方米立木价 × 单根材积

表 4-3　　杉原木每段的立木价格表

单位：元/根

口径	4	6	8	10	12	14	16	18	20	22	24	26
单价	2.73	5.52	10.51	16.83	25.79	38.60	51.20	75.24	108.00	152.99	193.05	241.04
材积	0.011	0.020	0.031	0.045	0.062	0.083	0.106	0.132	0.160	0.191	0.225	0.262

3. 确定单株的立木价

根据现地判定该株 32 厘米的杉木，可造 4 米材几段并估计各段的尾径。将各段的价格相加即得到该株立木的立木价。现估计结果如单株立木价表所示（见表 4-4）。

该株胸径 32 厘米、树高 24 米的杉木价约为 467.58 元，其立木蓄积为 0.8191 立方米，生产经济材 0.6241 立方米，出材率为 76%。

表 4-4　　单株立木价表

尾径	材积	单价（元）
26	0.262	241.04
22	0.191	152.99
16	0.106	51.20
10	0.045	16.83
6	0.0201	5.52
合计	0.6241	467.58

第四节　林地资产价格评估概述

林地是林业生产的基础，通过生产木材和其他林产品来实现其价值。林地资产是森林资源资产的主要构成之一，也是森林资源资产中的基础性成分。没有林地，就不会有森林，也就无所谓森林资源资产。林地资产既是森林资源资产的一个组成部分，又是可以单独经营的商品。在我国，林地资产是所有权禁止买卖而经营权可有偿转让的特殊商品。

随着森林经营水平的提高与林业企业的发展，人们对林地生产力和林业再生产基础这一价值逐步有了更深的认识，许多企业不断扩大经营范围，要求经营更多的林地，并愿意对林地作更多的投入。改革开放以前，我国对天然林地管理松散，随意占用林地、长期无偿使用的现象比比皆是，造成了林地资源资产的大量流失，使国家在经济和环境上都蒙受了巨大损失。20 世纪 80 年代以后，很多地方都用出租或出让林地经营权的方式实现了林地资源资产的有偿使用。随着我国社会主义市场经济的不断完善和林业的多元发展，林地资源资产已得到广泛的重视，林地资源资产评估和林地产权的规范，成为当前林业工作的一个焦点。在这种趋势的促动下，林地资产的界定、评估和评估方法的实际应用，都成为当前森林资产化管理中亟待解决的问题。

一、林地资产的特点

林地资产是土地资产的一部分，它主要具有以下特点：

1. 有限性

土地是不可再生的资源，且在地球上其数量总是有限的，作为资产的林地更为有限。

2. 差异性

林地的差异性极大，除了其本身内在的生产潜力差异外（即立地质量等级），还存在着地利等级即生产运输成本上的差异。这些差异比农地大得多，给林地资产的评估带来了许多困难。

3. 固定性

林地资产也和所有的土地资产一样，其位置是固定在地球的某一地理坐标上，无论是买进还是卖出，林地资产都不可能移动。

4. 易变性

林地范围的界定是人们根据土地的植被、用途，参照有关政策和法规界定的，因而是人为规定的。随着林地上植被的变化，林地很容易变为其他地产。如毁林开荒，把林地变为农用地，修建房屋变为房地产。因此，在林地资产评估中，首先必须界定林地资产的范围。

5. 依附性

林地资产是基础性资产，它的资产是通过在其上生长的植被来确定的。传统上采用的林地价值几乎完全是用现实林地上林分的转换值作为依据。因此，林地资产的评估，脱离不了林地上的树木。

二、林地资产价格评估的性质

林地资产的评估实质上是对林地使用权价格的评估。林地使用权是林地使用者依法对林地进行使用或依法对其使用权进行出让、出租、转让、抵押、投资的权利。根据有关法律规定，我国的林地部分归集体所有，其余的归国家所有，使用者无土地所有权。

林地资产评估的目的是估计特定区域内的林地在某段时间内的使用权的价格，为林地使用权的出让、转让、出租、抵押、投资、合股经营、拍卖提供依据。林地的使用权可以单独作为无形资产进行评估，也可以和其上生长的植被一起作为森林资产进行评估，还可以随整体林业企业的资产进行评估。

《中华人民共和国森林法实施条例》第二条规定："林地，包括郁闭度0.2以上的乔木林地以及竹林地、灌木林地、疏林地、采伐迹地、火烧迹地、未成林造林地、苗圃地和县级以上人民政府规划的宜林地。"在这些林地中具有资产属性的均为林地资产。由于林地资产的依附性，对林地资产的评估（林地使用权的评估），实质上是根据经营林地上植被产生的超额利润，作为林地的收益，以此为基础进行林地资产的评估。在一些无立木的林地上如采伐迹地、火烧迹地、国家规划的宜林地，则必须为其选择最适用的植被，按照平均的经营水平来进行评估。

由于林地的依附性和林木资产的多效益性，林地资产产生的直接经济效益是较低的，尤其是防护林和用材林的林地使用权价格十分低下，是各类土地使用权中价格最低的一种。在南方的集体林区，交通较方便，水热条件较好，林地的使用权价格是由地方政府的地方性法规，或由经济组织的合同、契约所规定。

比如20世纪80年代初期，福建省人民政府规定山价（一个经营周期的用材林林地使用权收益）为林价（立木价）的10%～30%。按福建现行的生产水平和有关技术经济指标，其年地租为50～150元/（公顷·年），十分低下；而在福建南部的经济林经营中，年地租一般为150～1200元/（公顷·年），两者的差异较大。

三、影响林地资产价格评估的因素

林地是通过生产木材和其他林产品来实现它的价值。因此，在估计这种价值时必须对这些森林的收获进行长期的测定，即对林地未来的收益（林地本身的贡献）进行预测。

（一）林学质量

林学质量通常也称为立地质量，它是指狭义的立地质量，主要从林木生长的角度来反映其经济价值，一般由下列因子所决定：土层厚度、腐殖质层厚度、土壤质地、海拔高度、坡位、坡向。

由于影响林学质量的因素较多，且这些因素多有交叉，因此，在调查中经常简单地把立地质量分为三种立地条件类型：Ⅰ，肥沃类型；Ⅱ，中等肥沃类型；Ⅲ，瘠薄类型。一个类型对应于一些地形、地势和土壤因子，但若干类土壤、地形因子的配置多种多样，三类型等级很难包罗。《辽宁林地资产动态价位数表》将每个类型划成三个等级即Ia～Ⅲc。在具体评定时，还要根据调查人员的经验进行判断确定。

林学质量是从生长的角度来反映林地的生产力。通过研究发现，树木的高生长对林地生长潜力的反映最为敏感，因此，在调查中也常用以林分平均高和平均年龄关系编制的地位级表，或者以林分优势高和年龄关系编制的地位指数表进行评定。用这种方法确定立地质量时，先要测定林分平均高或优势树种高及林分的年龄，而后再查相应的地位级表或地位指数表。这种方法虽然排除了主观因素对评定立地质量的影响，但只能评定同龄林的立地质量，而对异龄林及天然林却无法应用。在幼龄林阶段，由于树高生长尚未稳定，用这种方法也会产生较大的误差。

为了克服以上方法的缺点，一些学者分析了影响立地质量的各因子与树高生长间的关系，利用数量化理论将各环境因子数量化，编制了数量化立地指数表。但是该法的编表工作量大，且一个表适用的范围又较小，从而使得该方法的应用受到了一定限制。林学质量确定后，即立地条件类型、地位级或地位指数确定后，就可据其进行林木生长的预测，确定其未来的生长收获，作为林地资产评估的基础。

（二）经济质量

经济质量主要是指林地的经济位置，通常以林地交通运输条件作为主要指标，以道路的可及度（可及、将可及、不可及）来衡量。

可及度是最粗放的地利级划分，它从道路修筑的投资出发直接决定了森林资源是否能成为资产及资产价格的高低。不可及的资源由于近期内无法开发利用，无法体现出其经济价值，因此，在近期内暂时还不能作为森林资产，而只能作为潜在性的资产。可及林资源已具备了采集运输条件，其开发利用基本不需要道路的投资，木材生产的成本低、经济效益高，其资源性林地资产的价格也高。

对经济质量的评定仅考虑以道路修筑的投资费用的可及度是不够的。评定林地的经济质量，除考虑可及度外，还必须根据木材运输的成本来划分地利害级。

区位等级也是反映土地经济质量的一种重要指标，它是根据林地类型和立地条件进行系统诊断，依据同地同价原则，最后编制林地的评估系数数查表，以该系数来修正林地的价格。

首先将立地条件等级分为三类：Ⅰ级肥沃类型；Ⅱ级较肥沃类型；Ⅲ级一般类型。通常依据地形地势、土壤、植被三大因子判断。

表 4－5　　　　立地条件类型划分表

类型名称	地形地势	土壤	植被	备注
Ⅰ. 肥沃型	山坡的中下腹，平坦地带、地势隐蔽，阴坡或半阴坡	A＋B 土壤层＞80 cm，腐殖质 A1＞20 cm，松散，潮湿，壤土或森林暗中壤	种类丰富，阔叶或针阔等群落，植被覆盖度 0.8～1.0，高度 2 m 以上	适宜更新，发展速生丰产林和林下经济，经济价值高
Ⅱ. 较肥沃类型	山坡的中上腹，短坡下部或全部，地势较开阔	A＋B 土壤层 40～80 cm，腐殖质层 A1 为 10～20 cm，较紧，湿润，壤土或轻壤黏土	种类较丰富，针阔叶、软杂灌木等群落，植被覆盖度 0.8 左右，高度 1.5 m 以上	适宜更新，为重点林业多种经营用地，社会价值高

续表

类型名称	地形地势	土壤	植被	备注
Ⅲ. 一般类型	山坡上腹或顶部，短坡全部，山脚脊部，地势开阔	A + B 土壤层 < 40 cm，腐殖质层 A1 <10 cm，紧，干，多石质壤土或中黏土	种类单一，硬杂阔，硬杂灌木，植被覆盖度 0.5 以上，高度 1m 以下	难开发利用，植被破坏恢复难，生态价值高

表 4－6　　林地地价区位系数数查表

林地 类型		公益型			公益商品兼用型			商品型		
		Ⅰ级	Ⅱ级	Ⅲ级	Ⅰ级	Ⅱ级	Ⅲ级	Ⅰ级	Ⅱ级	Ⅲ级
1	风景林	12.0	9.6	6.0	6.0	4.8	3.0	4.0	3.2	2.0
2	有林地	3.0	2.4	1.5	1.5	1.2	0.75	1.0	0.8	0.5
3	灌木林	2.4	1.92	1.2	1.2	0.96	0.6	0.8	0.64	0.4
4	疏林地	2.1	1.68	1.05	1.05	0.84	0.53	0.7	0.56	0.35
5	未成林	1.5	1.2	0.75	0.75	0.6	0.38	0.5	0.4	0.25
6	宜林地	1.2	0.96	0.6	0.6	0.48	0.3	0.4	0.32	0.2
7	难利用	0.9	0.72	0.45	0.45	0.36	2.25	0.3	0.24	0.15

应用该方法的关键是制定地域系数和基准地价，这两个指标制定合理与否，与评估结果关系极大。另外，在一个县内，木材生产的运输距离仍可达数十公里，因此，在县内仍必须编制地利等级表。

（三）森林经营的方式及强度

林地的价值主要靠生长在其上的林木生产的木材和其他副产品来实现的。一切特定的林地，可以让其自生自灭，而不采用任何经营利用措施，使其资产的价值最低；也可以采用集约经营，利用各种技术措施，如良种壮苗、抚育施肥、适时间伐、病虫害防治、及时主伐利用等，使它的生产量达到或接近土地生产能力的最大值，从而提高林地的经济效益，并提高林地的价值。

从经营方式看，经营不同的林种如经营用材林或经济林，其经营的目的不同，经营的经济效益有很大的差别；从经营的树种看，不同的树种，经济价值相差也较大，其林地的资产价格也将发生变化。

（四）林产品的市场价格

林地资产的价值与林产品的价格息息相关，它经常是以林地上林产品的产值扣除了成本、税费后的纯收益为基础进行测算的。林产品的市场价格提高，对应的林地资产的价格也高。

（五）生产周期及利率

林木的生长需要时间。在林业生产中生产的周期很长，短则数年，多则数十年、上百年，因此，在测定林地价值时必须考虑时间——间隔生产周期的影响。由于森林经营的生长周期长，在复利计算中，利率高低对评估的结果将产生极大的影响。

（六）有林地与无林地的差别

如上所述，林地的价值与经营的方式、种类、强度有关。在有林地上，在本周期内的经营树种、经营方式和强度均已确定。在本周期内的土地收益必须根据现有状态确定，只有在下一轮伐期后才能改变其经营的种类与方式。而无林地从评估时就必须为其确定较适合的经营树种、经营方式和强度。此外，对有林地的更新，其成本一般要低于无林地的造林。这些因素都使有林地的价值产生差别。

（七）评估时间与交易案例时间的差异

在森林资源资产的评估中使用现行市价法时，经常无法寻找到近期的交易案例，这样使用的案例的交易时间与评估时间有较长的时间间隔，不同的时期市场的价格水平不同，也许是涨了（通货膨胀），也许是跌了（通货紧缩），这样相同的林地在不同时期其价值是有所不同的，利用不同时期的交易案例，必须根据市场的价格水平进行调整。

（八）作林地使用还是改变林地的用途

林地由于其上生长着的林木对改善人类的生存环境有着巨大的作用，其生态、社会效益较大，而经济的收益相对较低。因此，在林地评估时，是否改变林地的用途对林地的价值影响极大。改变用途的林地一般增值较大，必须用改变后的用途来计算其收益，评估其价值。

（九）林地交易的迫切性

林地交易是否迫切，林地的出售有否竞买者，这对林地的价格有一定的影响。在通常情况下，林地出售的竞买者很少，而林地所有者对林地的出售也不迫切。如果有较多的竞买者，林地价格可能升高，而如果林地所有者对交易要求迫切，则林地价可能下降。

第五节　林地资产价格评估的基本方法

林地资产的价格评估实质上是对林地使用权价格的确定。依据林地资产的评估目的和被评估林地资产的特点，林地资产的评估方法主要有市场法、收益法、成本法，同时在此基础上还发展和衍生出了其他一些林地资产评估的技术方法，以适应不同林地资产评估的需要。

一、市场法

市场法是指利用市场上相同或类似条件林地资产的近期交易价格，经过直接比较或类比分析以估测被评估林地资产价值的各种评估技术方法的总称。在林地资产评估中，具体包括现行市价法等。

现行市价法是以具有相同或类似条件林地的现行市价作为比较基础，估算林地评估值的方法。其计算公式为：

$$B_u = K \cdot K_b \cdot G \cdot S$$

式中：B_u——林地评估值；

K——林地质量综合调整系数；

K_b——价格指数调整系数；

G——参照物单位面积的交易价格（元/公顷）；

S——被评估林地的面积。

二、收益法

收益法是指通过被评估林地资产未来预期收益的现值，来判断林地资产价值的各种评估方法的总称。在林地资产评估中，具体包括林地期望价法、年金资本化法等。

（一）林地期望价法

林地期望价法是评估用材林同龄林林地资产的主要方法。它以实行永续皆伐为前提，并假定每个轮伐期（u）林地上的收益相同，支出也相同，从无林地造林开始进行计算，将无穷多个轮伐期的纯收入全部折为现值累加求和作为被评估林地资产的评估值。其计算公式为：

$$B_u = \frac{A_u + D_a(1+p)^{u-a} + D_b(1+p)^{u-b} + \cdots - \sum_{i=1}^{n} C_i \cdot (1+p)^{u-i+1}}{(1+p)^u - 1} - \frac{V}{p}$$

式中：B_u——林地评估值；

A_u——现实林分 u 年主伐时的纯收入（指木材销售收入扣除采运成本、销售费用、管理费用、财务费用、有关税费以及木材经营的合理利润后的部分）；

D_a、D_b——分别为第 a 年、第 b 年间伐的纯收入；

C_i——第 i 年投入的营林生产直接费用（包括整地、栽植、抚育等费用）；

V——平均营林生产间接费用（包括森林保护费、营林设施费、良种实验费、调查设计费以及其生产单位管理费、场部管理费和财务费用等)；

p——投资收益率；

u——经营周期；

n——轮伐期的年数。

[例 4.1] 某国有林场 2008 年拟出让一块面积为 10 hm^2 的采伐迹地，其适宜树种为杉木，经营目标为小径材（其主伐年龄为 16 年），该地区一般指标杉木小径材的标准参照林分主伐时平均蓄积为 150 m^3/hm^2、林龄 10 年生进行间伐，间伐时生产综合材 15 m^3/hm^2；有关技术经济指标如下所示，计算该林地资产评估值。

有关技术经济指标（均为虚构假设指标）：

1. 营林生产成本

第一年（含整地、挖穴、植苗、抚育等）为 4500 元/hm^2；第二年抚育费 1200 元/hm^2；第三年 1200 元/hm^2；从第一年起每年均摊的管护费用为 150 元/hm^2。

2. 木材销售价格

杉原木 950 元/m^3；杉综合：主伐木 840 元/m^3，间伐木 820 元/m^3。

3. 木材税费统一计征价

杉原木 600 元/m^3；杉综合 400 元/m^3。

4. 木材生产经营成本

(1) 伐区设计：10 元/m^3；(2) 生产准备费：10 元/m^3；

(3) 采造成本：80 元/m^3；(4) 场内短途运输成本：30 元/m^3；

(5) 仓储成本：10 元/m^3；(6) 堆场及伐区管护费：5 元/m^3；

(7) 三费（工具材料费、劳动保护、安全生产）5 元/m^3；

(8) 间伐材生产成本增加 20 元/m^3。

5. 税、金、费

(1) 育林费：按统一计征价的 12% 计；

（2）维简费：按统一计征价的8%计；

（3）城建税：按销售收入的1%计；

（4）木材检疫费：按销售收入的0.2%计；

（5）教育附加费：按销售收入的0.1%计；

（6）社会事业发展费：按销售收入的0.2%；

（7）销售费用：原木10元/m^3，综合材11元/m^3；

（8）管理费用：按销售收入的5%计；

（9）相关税：按销售收入的2%计；

（10）不可预见费：按销售收入的1.5%计。

6. 木材生产利润

杉原木25元/m^3；杉综合15元/m^3。

7. 林业投资收益率

为6%。

8. 出材率

杉原木出材率为15%；杉综合出材率为50%。

解：杉原木每立方米纯收益：

$$950-10-10-80-30-10-5-5-600\times0.12-600\times0.08-950\times(0.01+0.002+0.001+0.002+0.05+0.015+0.02)-10-25=550\text{（元）}$$

主伐杉综合材每立方米纯收益：

$$840-10-10-80-30-10-5-5-400\times0.12-400\times0.08-840\times(0.01+0.002+0.001+0.002+0.05+0.015+0.02)-11-15=500\text{（元）}$$

间伐杉综合材每立方米纯收益：

$$820-10-10-80-30-10-5-5-20-400\times0.12-400\times0.08-820\times(0.01+0.002+0.001+0.002+0.05+0.015+0.02)-11-15=462\text{（元）}$$

评估值为：

$$
\begin{aligned}
B_u &= 10 \times [150 \times (550 \times 0.15 + 500 \times 0.50) + 15 \times 462 \times 1.06^{6} \\
&\quad - 4500 \times 1.06^{16} - 1200 \times 1.06^{15} - 1200 \times 1.06^{14}] \div (1.06^{16} - 1) \\
&\quad - 10 \times (150 \div 0.06) \\
&= 10 \times [49875 + 9830 - 11432 - 2875 - 2713] \\
&\quad \div 1.54 - 10 \times 2500 \\
&= 10 \times 42685 \div 1.54 - 25000 \\
&= 252100 \text{（元）}
\end{aligned}
$$

该小班林地使用权评估值为252100元。

林地期望价法在测算时必须注意以下问题。

1. 主伐纯收入的预测

主伐纯收入是用材林资源资产收益的主要来源，是指木材销售收入扣除采运成本、销售费用、管理费用、财务费用、有关税金费、木材经营的合理利润后的剩余部分，也就是林木资产评估中用木材市场价倒算法测算出的林木的立木价值。

在测算 A_u 时除了按倒算法计算时必须注意测算的材种出材率、木材市场价格、木材生产经营成本、合理利润和税金费外，其应用时的关键问题是预测主伐时林分的立木蓄积量。林分主伐时的立木蓄积一般按当地的平均水平确定。

2. 间伐收入

林分的间伐收入也是森林资源资产收入的重要来源，在培育大径材、保留株数较少、经营周期长的森林经营类型中更是如此。间伐材的纯收入计算方式与主伐纯收入相同，但其产量少、规格小、价格低，在进行第一次间伐时常常出现负收入（即成本、税费和投资应有的合理利润部分超过了木材销售收入）。间伐的时间、次数和间伐强度一般按森林经营类型表的设计确定，间伐时的林分蓄积按当地同一年龄林分的平均水平确定。

3. 营林成本测算

营林生产成本包括清杂整地、挖穴造林、幼林抚育、劈杂除草、施肥等直接生产成本和护林防火、病虫防治等按面积分摊的间接成本（注意在本公式的使用中地租不作为生产成本），管理费用摊入各类成本中。直接生产成本根据森林经营类型设计表设计的措施和技术标准，按照基准日的工价、价格水平确定重置值；按面积分摊的间接成本必须根据近年来营林生产中实际发生的分摊数，并按价格变动指数进行调整确定。

4. 投资收益率确定

投资收益率对林地期望价测算的结果影响很大，投资收益率越高林地的地价越低。在本公式的测算中，由于采用的是重置成本，其投资收益率中不应包含通货膨胀率，而且由于投资的期限很长，其投资收益率应采用不含通货膨胀的低收益率。

（二）年金资本化法

林地资产评估中的年金资本化法是以林地每年稳定的收益（地租）作为投资资本的收益，再按适当的投资收益率求出林地资产的价值的方法。其计算公式为：

$$B_u = \frac{R}{p}$$

式中：B_u——林地评估值；

R——年平均地租；

p——投资收益率。

当林地使用权为有限期时，其公式为：

$$B_n = \frac{R}{p} \times \left[1 - \frac{1}{(1+p)^n}\right] = B_u \times \left[1 - \frac{1}{(1+p)^n}\right]$$

式中：n——使用权的期限；

B_n——林地使用权为 n 年的评估值；

B_u——林地使用权为无限期的评估值。

[**例 4.2**]　东溪林场杉木用材林林地，每公顷出材量为 75 m^3，杉木平均时价为 800 元/m^3，主伐年龄为 26 年，投资收益率为 6%，试计算其林地价。

解：通过查询获知，当地的林地地租占产值 5% 的比例。

$$林地地价 = \frac{R}{p}$$

$$= 75 \times 800 \times 5\% \div 26 \div 6\%$$

$$= 1923 \ (元/hm^2)$$

三、成本法

在林地资产评估中的成本法一般为林地费用价法。

林地费用价法用取得林地所需要的费用和把林地维持到现在状态所需的费用来确定林地价格的方法，其计算公式为：

$$B_u = A \times (1 + p)^n + \sum_{i=1}^{n} M_i (1 + p)^{n-i+1}$$

式中：B_u——林地评估值；

A——林地购置费；

M_i——林地购置后，第 i 年林地改良费；

n——林地购置年限；

p——投资收益率。

林地费用价法主要用在林地的购入费用较为明确，而且购入后仅采取了一些改良措施，使之适合于林业用途，但又尚未经营的林地。在林地资产中，由于林地购入后仅维持、改良而不进行经营的情况极少，因而该法在林地资产评估中用得较少。

林地资产评估方法中，现行市价法适用于各类林地资产评估；林地期望价法适用于用材林、薪炭林、防护林、疏林地、未成林造林地、灌木林地、采伐迹地、火烧迹地和国家规划的宜林地林地资产的评估；年金资本化法适用于林地年租金相对稳定的林地资产评估；林地费用价法一般适用于苗圃地等林地资产评估。

四、其他地类林地资产价格评估

其他地类的林地资产是指有林地以外的各类林地资产，主要包括疏林地、未成林造林地、苗圃地和无林地。灌木林地大多数不具备资产条件，一般不对其进行评估。

（一）疏林地林地资产评估

疏林地是指由乔木树种构成、郁闭度在0.1～0.19的林地。疏林地上生长着少量的树木，其利用主要有两种方式：一是将其上的林木采伐，然后营造人工同龄林；二是保留原有的林木，通过补植或人工促进天然更新加上封山育林，将其培育成异龄林或相对同龄林。因此，疏林地林地评估的方法可以按照用材林的林地资产评估方法，或按无林地的评估方法进行。按用材林的林地资产评估时，可按同龄林林地资产的评估方法，也可按异龄林林地资产评估的方法进行评估，但大多数情况下是按同龄林的林地资产评估方法进行。在采用用材同龄林林地资产的评估方法时，关键是要根据当地的自然条件和经济条件选择最适合的树种，根据培育目的确定一个最适合的森林经营类型，按该类型的森林经营设计，假设在该林永续地进行经营，来评估林地的价格。

按无林地进行评估时，首先要确定适合的林种、树种、经营类型，然后再按相应的评估方法进行评估。具体参阅无林地的林地资产评估。

（二）未成林造林地林地资产评估

未成林造林地是指人工造林后3～5年、飞机播种5～7年、造林保存株数大于或等于80%，尚未郁闭，但有成林希望的林地。未成林造林地上培育的一般是人工用材同龄林，其树种、经营方式、培育的材种、经营的措施都早已确定。因此，未成林造林地上的林木通常按用材林幼林的评估方法进行评估，而其林地资产也是按用材同龄林林地评估的方法进行评估。

（三）无林地林地资产评估

无林地包括采伐迹地、火烧迹地、宜林的荒山荒地、沙荒地等。无林地资产的评估按以下步骤：

首先，要对无林地资产范围进行界定，特别是在荒山荒地和沙荒地的评估时，因为这些林地经常是生态环境差，林地虽可造林，但经济效益极差，形成不了商品生产，而只能起生态防护作用，因此不能全列入资产。其次，在界定为资产的无林地上要确定营造什么林种、什么树种，确定其经营水平和各项技术措施。再次，进行经营的财务分析，预测其收获量，分析各项投入和收入。最后，确定其林地的价格。

无林地的定价通常可用收益现值法、市场价法、清算价格法来确定。

第六节　森林资源资产价格评估中调整系数的确定

在森林经营中，林地的质量差异很大，而林木组成的林分都不是规格化的产品。即使是采用相同经营措施，年龄、树种都相同的林分，它们的平均胸径、平均高、径级的结构、单位面积的产量、林分的地理位置等各不相同，市场价格也随着各种因素的变化而变化。在森林资产评估中各种方法测算出的评估值一般都是在某一特定的状态（如平均水平）立木或林分的价格。要将这些价格核实到各个具体的小班，就必须通过一个林分质量调整系数将现实林分与参照林分（或标准林分）的价格联系起来。

林分质量调整系数的大小对评估结果产生极大的影响。如何合理地确定林分质量调整系数，哪些因子影响着调整系数值的变化，用什么计算公式测算出的系数能将参照林分与现实林分的立木价格联系起来，这些都是森林资产评估中十分敏感但又非解决不可的问题。

一、森林资源资产价格评估中影响林分质量的因子

在森林经营中影响林分质量的因子很多，主要有现实林分的生长状态因子、立地质量因子和地利因子三大类。

林分生长状态指标主要由林分的平均树高、平均胸径、单位面积株数和单位面积蓄积等生长指标构成。在不同的年龄阶段各指标的重要性不同。

在幼龄林和未成林造林地的林木评估中林分的保存株数和平均树高对林木资产评估值的影响最大。根据我国现行的造林验收标准，保存株数超过 85% 的达到造林验收标准，41% ~84% 的要求进行补植，低于 40% 的要求重造。而树高或当年树高则是评定生长好坏的主要指标。

中龄林以上林分质量评定的因子有树高、胸径、株数和蓄积，其中单位面积蓄积量是最重要的因子，它对未来林分采伐出材量的影响最大，因而是首选的确定调整系数的因子。在同样蓄积量的条件下，胸径越大、树高越高、立木株数越少，木材的价格越高。平均胸径、平均树高、单位面积株数都与林分立木的价格有密切关系，但平均胸径的测定较平均树高和单位面积株数容易，而且精度也较高，因此，平均胸径在中龄林以上的林木资产评估中应作为第二个确定调整系数的因子。树高和株数则可不作为确定调整系数的因子。

立地质量等级通常按地位指数级、地位级或立地类型来划分。这些

等级经常是通过树高因子（地位指数级为林分优势高，地位级为林分平均高）或用林分的环境因子，如坡位、坡向、海拔、土层厚度等来确定。不论是地位指数级、地位级、立地类型以及确定它们的树高或环境因子对林木、林地资产的价值的影响都不是直接的，用其确定调整系数是很困难而且不准确的。对林地、林木资产价值起决定作用的是立木的单位面积蓄积量。因此，选用了基准年时该立地等级的单位面积标准蓄积量作为确定立地等级调整系数的因子。

地利等级主要反映了不同地点林地上林木的获利能力的差别。影响立木获利能力的主要因子包括：木材采伐成本、集材成本、运输成本、销售成本（含仓储成本）、税、金、费以及成本利润。其中木材采伐成本、销售成本和税、金、费相对比较稳定，变化较大的是集材成本和运输成本。

集材成本由集材的距离和集材的方式所决定。集材距离是指林木采伐后，运到公路边木材堆头的距离。集材的方式很多，有机械化的索道集材、拖拉机集材，半机械化的板车集材，和原始的人工溜山、拖辗集材等。不同的集材方式对生产的成本有较大的影响。而集材的距离则影响更大。

运输成本由运输的距离和运输的方式所决定。运输的方式主要有公路运输、铁路运输和水运。运输的距离是指路边的堆头运往交货地点的距离，由于铁路运输和水运的成本大大低于汽车的成本，所以交货地点可以是附近的火车站、码头或以木材为原料的工厂。因此，运输距离习惯上是指汽车运输的距离。

集材成本和运输成本决定了地利等级的高低，但集运材成本很难直接求算出一个可以调整森林资源资产的调整系数。为了解决直接求算调整系数的问题，我们借用了不同地利等级的林分主伐时用倒算法求算出的立木价来确定地利等级的调整系数。

二、各调整系数的计算公式

（一）林分生长状况调整系数 K_1 和 K_2 的确定

K_1 和 K_2 通常以现实林分中的主要生长指标（如株数、树高、胸径和蓄积等）与参照林分的生长状态指标相比较后确定。

参照林分在不同的测算方法中其含义不同，在各种成本法的计算中参照林分是指当地同一年龄的平均水平的林分；在收获现值法中参照林分指各种收获表上的标准林分；在现行市价法中是指作为对照案例的原交易的林分。

1. 对幼龄林和未成林的造林地的林木资产评估

以株数保存率（r）与树高两项指标确定调整 K_1 和 K_2。

当 $r > 85\%$ 时，$K_1 = 1$；

当 $r \leqslant 85\%$ 时；$K_1 = r$。

$$K_2 = 现实林分平均树高/参照林分平均树高$$

2. 对中龄林以上的林木资产评估

$$K_1 = 现实林分单位面积蓄积/参照林分单位面积蓄积$$

$$K_2 = 现实林分平均胸径/参照林分平均胸径$$

（二）立地质量调整系数的确定

$$K_3 = \frac{待评估林地的立地等级的标准林分在主伐时的蓄积}{参照林地的立地等级的标准林分在主伐时的蓄积}$$

（三）地利等级调整系数 K_4 的确定

地利等级调整系数 K_4 按现实林分与参照林分采伐的立木价（以倒算法估算）比值计算。

$$K_4 = \frac{待评估林地的立地等级的标准林分在主伐时的立木价}{参照林地的立地等级的标准林分在主伐时的立木价}$$

三、综合调整系数 K 的确定

综合调整系数 K 由各分项调整系数 K_i 的值综合确定。其公式为：

$$K = f(K_1, K_2, K_3, K_4)$$

在正常条件下，调整系数 K_1、K_3、K_4 可直接调整森林资源资产的价格，而 K_2 则必须通过一定的系数使它与价格相连，这样：

$$K = K_1 \cdot K_3 \cdot K_4 \cdot f(K_2)$$

$f(K_2)$ 的关系式必须通过大量的实测资料测定不同树高和胸径的立木价格的影响来求出其参数值后，才能准确地对其进行修正。

四、经济林资产评估中的 K 值确定

在经济林资产评估中，一般以经济林产品单位面积产量作为指标确定其调整系数 K_1。

K_1 = 现实林分单位面积产量/参照林分单位面积产量

由于经济林资产经营的特点，经济林资产从性质上来源近似于固定资产，有一定的使用寿命，每年都可产生一定的经济收入。因此在经济林资产的评估中，如采用重置成本法时，除用上述调整系数 K_1 进行调整外，还要求其成新率 K_2。

K_2 = 1 - 现实林分已收获的年数/林分正常可收获的总年数

在采用重置成本法时：

$$K = K_1 \cdot K_2$$

在采用其他方法时：

$$K = K_1$$

第五章　不同类型森林资源资产的价格评估

第一节　用材林资源资产价格评估

一、用材林林木资源资产价格评估

用材林是森林资源中以生产木材为主要目的的部分，在森林资源中面积最大、蓄积量最多。商品林根据其内部结构与经营方式的不同，可分为同龄林与异龄林两大类，其林木资源资产也分为同龄林林木资源资产和异龄林林木资源资产。

（一）同龄林林木资源资产价格评估

世界上营造的人工林绝大多数为同龄林，而且多是同一树种的同龄纯林。

1. 同龄林的结构与经营特点

（1）同龄林的林分中年龄比较一致，通常要求不相差一个龄级，这是同龄林最根本的也是最重要的特点。

（2）同龄林的生长有一个明显的起点和终点，即林分的蓄积生长是间断性的，每一个周期有一个间断点。

（3）同龄林的经营采用的是皆伐作业或在一个龄级期内分 2 ~ 4 次将其砍完的渐伐作业，采伐作业后形成一个明显的伐区。

（4）同龄林的经营产生的裸露的伐区，对森林生态环境的影响较大。

（5）同龄林的经营对林地上的土壤、阳光和大气的利用并不充分，仅有中龄林段林地的环境因子得到充分的利用。

（6）同龄林的经营措施较为简单。

（7）同龄林蓄积与年龄成正比。

（8）同龄林在正常经营状态下，林木株数按直径分布呈正态的钟形分布。最大直径为平均直径的1.7～1.8倍，最小直径为0.4～0.5倍。

（9）同龄林的更新多采用人工更新，其更换树种容易。

（10）同龄林由于林分中的年龄一致，一般采用龄级法经营。

（11）同龄林经营，由于大多数为同龄纯林，因此存在着地力衰退、生产力下降的问题。

（12）在同龄林的经营中造林的成本较高，造林成本是经营中数量最大、占用资金时间最长的投入。

2. 同龄林林木资源资产价格评估方法及参数的选定

同龄林木资源资产价格评估测算的方法主要有：市价法，即市场法，包括市场价倒算法、现行市价法；收益现值法，包括收益净现值法、收获现值法、年金资本化法；成本法，包括重置成本法、序列需工数法。

（1）市场价倒算法。

市场价倒算法是成、过熟龄林木资源资产价格评估的常用方法。该方法所需的技术经济资料较易获得，各工序的生产成本可依据现行的生产定额标准进行测算，木材价格、利润、税费等标准都较易收集。立木的蓄积、胸径和树高在资产核查中已确定，无须进行生长预测，财务的分析也不涉及投资收益率和折现率等问题。该方法计算简单，测算结果最贴近市场，最易为林木资源资产的所有者、购买者所接受。

该法测算时关键的问题有：

① 合理确定木材的平均价格。

在木材市场上，木材的交易价格是按口径、长度确定的，是规格化的产品价格。而在林木资源资产价格评估中，这种规格化的产品价格必须转化成某种材种或某类材种的平均价格。由于不同的林分所产出的同一材种的规格不同，其同一材种的平均售价将发生很大变化。在单片的成熟龄林分的评估中，必须根据待评估林分的胸径、树高、形数、材质，以单独确定材种的平均价格，而不能直接采用当地的材种平均价格。在大面积的评估中应根据近年来的交易价格和未来森林资源总体状况确定其材种的平均价格。

② 准确确定待评估林分各材种的出材率。

构成立木资产的林木蓄积不是规格化的产品，不同林分的立木由于胸径、树高、形数和材质的不同，其不同材种的出材率有很大的差别。材种出材率的差异直接影响了木材的总售价和税费的测算，使评估结果发生较大变化。

③ 合理计算税费。

在木材的交易中，虽然税费的标准有明确的规定，但各地的计税基价规定可能不同。税费收取的项目、幅度都可能不一样，有些企业可能还有政策性优惠。因此，其税费的数量必须依照当地调查的实际资料确定，而不能参照其他地区的标准进行。

④ 合理确定木材生产经营成本。

木材生产经营成本主要包括作业准备成本（伐区设计费、道路维修费等）、采伐成本（场地清理、采伐、打枝、造材、铲皮等费用）、集运成本（集材、短途运输费用）、销售费用（检尺、仓储）、管理费用、不可预见费、税费等。这些成本的项目多，涉及的范围广，不同的山场成本不同，在单块小班的评估中必须根据小班的具体情况确定其成本，在大面积的评估中要以待评估资产的整体平均水平确定其成本。

⑤ 合理确定木材生产经营利润。

包括采运段利润和销售段利润两部分。实际操作中主要考虑经营者的生产经营管理水平和社会的平均利润率，通过认真细致的调查研究和资料的收集，综合确定每立方米木材合理的生产经营利润。

市场价倒算法主要用于成、过熟林的林木资源资产价格评估，在一般的收益现值法、土地期望价法、收获现值法中，其林分主伐的预期收获的计算均是采用该法进行，它是森林资源资产价格评估中最基本的方法。

成、过熟林林木是可立即采伐或在近期内可采伐的林木，一般采用市场价倒算法或现行市价法。在林木资源资产交易市场发育不充分、买卖交易不活跃及资金交易价格透明度低的地区，市场价倒算法是成、过熟林林木资源资产价格评估的首选方法。

[例5.1] 2008年某个体户拟转让10 hm^2 杉木林分，该林分经营类型为一杉中，年龄为28年，林分平均胸径为16 cm，平均高为15 m，蓄积为150 m^3/hm^2，请评估该小班价值。

据调查相关技术经济指标为：

1. 木材销价

杉原木900元/m^3，杉综合750元/m^3。

2. 税费计征价

杉木原木600元/m^3，杉木综合材300元/m^3。

3. 木材经营成本

(1) 伐区设计费：按蓄积7元/m^3；

(2) 检尺费：8元/m^3；

(3) 直接采伐成本：90元/m^3；

(4) 道路维护费；5元/m^3；

(5) 短途运输成本：15元/m^3；

（6）销售费用：销售价的1%；

（7）管理费：销售价的3%；

（8）不可预见费：销售价的2%。

4. 税费

（1）育林费：按统一计征价的12%征收；

（2）维简费：按统一计征价的8%征收；

（3）森林植物检疫费：按调运木材统一计征价的0.2%征收；

（4）增值税：按不含税价的6%征收；

（5）城建税：按增值税额的5%征收；

（6）教育费附加：按增值税额的3%征收；

（7）所得税：按不含税价的2%征收。

5. 经营利润率

直接木材生产成本的15%计算。

6. 投资收益率

为6%。

7. 出材率

按待评估山场成熟林林木的平均胸径以及当地生产的实际情况，确定杉木出材率70%（其中原木25%；综用材45%）。

8. 林地使用费

按新林价（杉原木160元）的30%计，综用材为原木林价的70%。

9. 平均主伐年龄

杉木中径材平均主伐年龄为26年。

解：根据上述指标计算：

1. 每立方米杉原木纯收入为：$900-7\div0.7-8-90-5-15-900\times(1\%+3\%+2\%)-600\times(12\%+8\%+0.2\%)-900\div1.06\times(6\%\times1.08+2\%)-90\times15\%-160\times30\%=463.3$（元）

2. 每立方米杉综用材纯收入为：$750-7\div0.7-8-90-5-15-750\times(1\%+3\%+2\%)-300\times(12\%+8\%+0.2\%)-750\div1.06\times(6\%\times1.08+2\%)-90\times15\%-160\times30\%\times70\%=409.3$（元）

3. 据此可计算该林分评估值为：$10\times150\times(25\%\times463.3+45\%\times409.3)=450015$（元）

故该林分评估值为 450015 元。

（2）现行市价法。

现行市价法是一般资产价格评估中使用最为广泛的方法。理论上它可以用于任何年龄阶段、任何形式的森林资源资产。该法的评估结果可信度高、说服力强、计算容易。但该方法的评估结果主要取决于收集到的参照案例的成交价的可靠程度。采用该法的必备条件是要求存在一个发育充分的、公开的森林资源资产市场，在这个市场中可以找到各种类型的森林资源资产价格评估的参照案例。

使用现行市价法时关键的问题是：

① 合理选择评估的参照案例。

现行市价法评估时，其评估的结果主要取决于所收集的参照案例的评估价格的合理程度，因此，选定几个合适的评估案例是使用该方法的关键所在。案例的林分状况应尽量与待评估林分相近，其交易时间应尽可能接近评估基准日。

② 正确确定林分质量调整系数与价格指数调整系数。

由于森林资源资产不是规格产品，故其林分的质量差异极大，各参照案例的林分不可能与待评估林分完全一致，必须根据林分的蓄积、平均直径、地利等级等因子进行调整。此外，由于森林资源资产的市场发育不充分，要找多个近期的评估案例十分困难，而利用过去不同时期的评估案例必须根据当时的价格指数以及评估基准日的价格指数进行调整。

③ 合理综合确定评估值。

使用现行市价法时必须选用三个以上的评估参照案例。应用不同评估案例测算的结果可能存在着一定的偏差。因此，必须根据待评估林分的实际情况，以及它与各个参照案例的林分的差异综合确定一个合理的评估值。

（3）收益净现值法。

收益净现值法通常用于有经常性收益，同时具有经济寿命的林木资源资产，如经济林林木资源资产。这些资产每年都有一定的收益，每年也要支出相应的成本，同时具有一定的经济寿命期。收益净现值法的测算需要预测经营期内未来各年度的经济收入和成本支出，其预测较为麻烦，在无法使用其他方法进行评估时才采用此方法。

选用该方法时必须注意：

① 各年度的收益和支出预测。

各年度收益和支出的预测是年净收益现值法的基础，它们决定了评估的成败。因此，必须尽可能选用科学、可行的预测方法来进行预测，以满足评估的要求。预测的收益和成本都应按基准日的价格水平进行测算。

② 折现率的确定。

收益现值法中折现率的大小对评估的结果将产生巨大的影响。一般来说，折现率中不应含通货膨胀因素，一是因为通货膨胀率变化不定，确定困难；二是在未来收益的预测中直接用评估基准日的价格较为方便，预测未来的价格较预测实物量更为困难。所以在收益现值法中采用的收益和成本都按基准日的价格水平进行测算，它们之间不存在通货膨胀率。但如果在未来各年的收益和成本的预测中已包括通货膨胀因素，则其折现率也应包括通货膨胀率。在确定折现率时要注意与预期收益的口径保持一致。

该方法的合理应用应注意两个问题：一是年平均纯收益测算的准确性，要认真测算各项收益、成本及成本的利润，将收益总额减去成本和成本的正常利润，剩余部分才是其纯收益；二是投资收益率必须是不含通货膨胀率的当地该类资产的投资的平均收益率。

(4) 收获现值法。

收获现值法是评估中龄林和近熟林资产经常选用的方法。收获现值法的公式较复杂，需要预测和确定的项目多，计算也较为麻烦。但该方法是针对中龄林和近熟林造林年代已久，用重置成本易产生偏差，而离主伐又尚早，不能直接采用市场价倒算法的特点而提出的。该方法的提出解决了中龄林和近熟林资产价格评估的难点，将重置成本法评估的幼龄林资产与用市场价倒算法评估的成熟林资产的价格连了起来，形成了一个完整、系统的立木价格体系。该法的使用必须注意：

① 标准林分 u 年主伐时的纯收入预测。

主伐时纯收入的预测值是收获现值法的关键数据，其测算通常先按收获表、生长模型或其他方法预测其主伐时的立木蓄积量，然后再按木材市场价倒算法计算出主伐时的纯收入（立木价值）。其采用的木材价格、生产定额、工价等技术经济指标均按评估基准日时的标准。

② 投资收益率的确定。

由于收益和成本测算中均按评估基准日时的价格标准测算，因此，其投资收益率必须是扣除通货膨胀因子的该森林经营类型当地平均收益水平的投资收益率。

③ 评估后到主伐期间的营林生产成本。

评估后到主伐期间的营林生产成本包括直接成本和间接成本。在一般的生产实践中间伐的成本在间伐纯收入计算时已扣除了，因此这一阶段的营林成本主要是按面积分摊的年森林管护成本（V），这一成本相对比较稳定。

④ 主伐时间 u 的确定。

主伐时间 u 通常取该林分所属森林经营类型的主伐年龄的龄级下限。即主伐年龄为 v 级、龄级年限为 5 年时，$u = 21$ 年。

⑤ 间伐时间及间伐纯收入的确定。

林分的间伐时间通常按该林分所属经营类型或经营类型措施设计表所规定的间伐时间设定，其间伐的数量按当地该类型 a 年或 b 年生林分间伐的平均水平，根据木材市场价倒算法计算。但必须注意，一是同一规格的间伐材的价格要低于主伐材；二是间伐的单位生产成本要高于主伐时的单位生产成本。

⑥ 调整系数 K 的确定。

在收获现值法中，调整系数 K 主要是对主间伐的收益值进行调整，依据待评估林分的现实蓄积和平均胸径与参照林分在同一年龄时蓄积和平均胸径（通常是收获表、生长过程表或生长模型上的值）的差异来综合确定。

收获现值法应用于中龄林和近熟林木资源资产价格评估的操作实务中，林分质量调整系数、林分主伐时的蓄积量和小班树种组成比中的非优势树种调整也是影响林木资源资产价值的不容忽视因素，现说明如下：

① 林分质量调整系数。

在中、近熟林林分林木资源资产价格评估中，以单位面积蓄积量和平均胸径两项指标确定调整系数 K_1 与 K_2，最后综合确定总的林分质量调整系数 K，即 $K = K_1 \times K_2$。

在林木资源资产价格评估操作实务中，确定林分质量调整系数的关键是寻找适合评估地区的林分生长过程表或收获表。目前此类数表没有统一的国家或省级标准。林业科技工作者对一些主要树种的林分生长过程表的研制进行了较为深入研究，取得了不少科研成果，这些成果对评估操作有借鉴意义，要注意收集。但因研究工作的局域性和数表的权威性影响了数表的应用，为此，评估地区所收集到林分生长过程表，须进行数表的适用性检验，经检验适用，方可作为参照林分的生长过程。此外，也可收集评估地区近期主要用材树种各龄组或各龄段主要测树因子的数据资料，或者分别森林经营类型收集用材树种各龄组或各龄段森林资源调查数据，结合国家或省级林业主管部门颁发的技术规范中的技术指标资料，运用数学方法构建林分生长过程模型，以此作为参照。

② 林分主伐时蓄积量预测。

林分主伐蓄积量预测的关键是主伐年龄和林分生长模型的确定。主伐年龄在评估实务中一般已有明确规定。可根据评估目的的需要采用其中值、上限或下限。生长模型一般采用适合评估地区的生长过程表或收获表的模型，也可利用森林资源调查数据运用数学方法构建林分生长过程模型。

③ 小班中非优势树种调整。

树种组成比也是影响评估结果的一个因素，在木材交易市场中，不同的树种、材种的市场价格有较大的差异，在林木资源资产价格评估的基础数据中，除三类调查外，在二类调查数据库中所提供的数据是优势树种的各测树因子的平均数据即优势树种的胸径、树高和蓄积量等。由于组成比中各树种的测树因子的实际数据无法获得，因此，在计算林分调整系数时也常常以优势树种的各测树因子生长过程代替小班整体，从而导致以优势树种的生长代替非优势树种的生长，使评估结果在树种组成中非优势树种占比重比较大时会产生较大的误差。在按小班进行资产价格评估时，可对这一因素予以调整。

［**例 5.2**］　现有某国有林场拟转让一块面积为 10 hm^2 的杉木中龄林，年龄为 14 年，蓄积量为 135 m^3/hm^2，经营类型为一般指数中径材（其主伐年龄为 26 年），假设每年的营林管护成本为 90 元/hm^2，由该

地区一般指数杉木中径材的标准参照林分的蓄积生长方程，预测其主伐时平均蓄积量为300 m^3/hm^2，现实林龄（即14年生）标准参照林分的平均蓄积量为150 m^3/hm^2，该林分已经过间伐不再要求间伐。请计算该林分的林木资源资产价格评估值。

有关技术经济指标（均为虚构假设指标）如下：

（1）营林生产成本：从造林第五年起每年的管护费用为90元/hm^2；

（2）木材销售价格（参照成过熟林而得）：杉原木900元/m^3，杉综合材750元/m^3；

（3）两费统一计征价：杉原木600元/m^3，杉综合300元/m^3；

（4）增值税计征价：杉原木750元/m^3，杉综合550元/m^3；

（5）木材生产经营成本（含短运、设计、检尺等）：140元/m^3；

（6）地租：新林价的30%得杉原木48元/m^3，杉综合33.6元/m^3；

（7）木材生产经营利润：杉原木15元/m^3，杉综合12元/m^3；

（8）林业投资收益率：6%；

（9）出材率：杉原木出材率为25%，杉综合出材率为45%；

（10）育林费：按统一计征价的12%计；

（11）维简费：按统一计征价的8%计；

（12）木材检疫费：按统一计征价的0.2%计；

（13）销售费用：10元/m^3；

（14）管理费用：按销售收入的5%计；

（15）不可预见费：杉原木18元/m^3，杉综合15元/m^3；

（16）增值税：以起征价的6%计；

（17）城建税、教育费附加合计：以增值税的8%计。

解：预测主伐时蓄积量 $M = m_n \times M_u / M_n = 135 \times 300/150 = 270$（$m^3$）

主伐时杉原木纯收入：

$A_1 = W - C - F - D = 900 - 140 - 600 \times 20.2\% - 48 - 15 - 10 - 900 \times$

$5\% - 18 - 750 \times 6\% \times (1 + 0.08) = 454.2$（元/$m^3$）

主伐时杉综合材纯收入：

$A_2 = W - C - F - D = 750 - 140 - 300 \times 20.2\% - 33.6 - 12 - 10 - 750 \times 5\% - 15 - 550 \times 6\% \times (1 + 0.08) = 405.7$（元/$m^3$）

现在至主伐期间的营林管护成本合计 = 755 元/hm^2

由此可计算其总评估值为：

$E = S \times M \times (f_1 \times A_1 + f_2 \times A_2) / 1.06^{(26-14)} - S \times T = 10 \times 270 \times (0.25 \times 454.2 + 0.45 \times 405.7) / 1.06^{(26-14)} - 10 \times 755 = 389821$（元）

故该杉木中龄林评估值为 389821 元。

（5）重置成本法。

重置成本法是按现时条件下重新购置或建造一个全新状态的被评估资产所需要的全部成本，减去被评估资产已经发生的实体性贬值、功能性贬值和经济性贬值，得到的差额作为被评估资产价值的一种评估方法。

在商品林经营过程中，造林成本的投入在短期内得不到回报，营林成本不断投入，所营造的林分在不断生长，林分的蓄积在积累增加，资产的价值在升高。商品林的经营中，在其主伐以前长达一二十年甚至数十年的时间内，森林经营仅有少量的间伐收入，其收入远低于投入，直到主伐时才一次性得到回报。

根据商品林的经营特点，其重置成本法与一般资产的重置成本法有三大区别：

① 森林资源资产的重置成本法必须按投资收益率计算复利。

在商品林经营中其资产的建造期长达数十年，在这期间经营基本上没有收益（或仅有少量收益），只有不断地支出。资金占用的时间很长，资金的占用必然要求支付资金的占用费——利息。在市场经济环境下长期的资金占用必须计算复利。

② 商品林资产的重置成本法不存在成新率的问题。

商品林的经营过程中，资产的使用仅形成资本的累积，使用过程中没有收益或很少收益，资产的价值一直增加，要到主伐时才一次性收回。因此，在商品林的重置成本法中一般不存在着商品林资产的折旧问题，也就不存在成新率。

③ 商品林资产重置成本法中的调整系数。

商品林的林分的质量差异较大，其重置成本是指社会平均劳动的平均重置值。其林分的质量是以当地平均的生产水平为标准。但各块林分由于经营管理水平的不同，与平均水平的林分存在差异，因此，各块林分的价值必须用林分质量调整系数进行调整。

在森林资源资产的评估中，重置成本法主要适用于幼龄林阶段资产的评估。在实际操作中，评估的关键是确定林分质量调整系数和功能性贬值调整系数。

[例 5.3]　某小班面积为 10 hm^2，林分年龄为 4 年，平均高 2.7 m，株数 2400 株/hm^2，要求用重置成本法评估其价值。

据调查，在评估基准日时，该地区第一年造林投资（含林地清理、挖穴和幼林抚育）为 5250 元/hm^2，第二年和第三年投资为 1800 元/hm^2，第四年投资为 900 元/hm^2，投资收益率为 6%。按当地平均水平，造林株数为 2550 株/hm^2，成活率要求为 85%，4 年林分的平均高为 3m。

解：已知 $n=4$，$C_1=5250$ 元/hm^2，$C_2=1800$ 元/hm^2，$C_3=1800$ 元/hm^2，$C_4=900$ 元/hm^2，$i=6\%$

因为：该小班林木成活率 = 2400 株/hm^2 ÷ 2550 株/hm^2 = 0.94，而 94% > 85%

所以：$K_1=1$

$K_2=2.7\ m \div 3\ m=0.9$

(6) 序列需工数法。

序列需工数法是林木资源资产价格评估中特殊的重置成本方法。因为林木培育是劳动密集型行业，林木培育投入主要是劳动力的投入。将少量的物质材料费和合理费用计入工价中，直接用工数来求算除地租外的重置成本，这较一般的重置成本法计算更为简单、方便。

在部分地区，林地的地租不是每年交纳，而是在主伐时根据林地上所生产的木材和数量按照规定的林价比例交纳，这时采用重置成本法无须考虑地租成本（经营者在经营过程中未付出地租，待主伐时一次付清）。这时采用序列需工数法计算重置成本更为简单。

采用序列需工数法的关键问题一是确定各个工序的工数，二是确定工价。在确定工价时必须包括各种物质的耗费、管理费和人工费，而不是单纯的工人日工资，而这些费用都是按评估基准日时的价格水平确定的，费用的收集和测算都较为麻烦，故在评估中很少使用该方法。

（二）异龄林林木资源资产价格评估

异龄林是指林分中年龄相差较大的森林，多为多树种混交的复层异龄林。异龄林的结构、经营与同龄林相比有较大的差异，要对其进行评估就必须了解其经营的特点，根据其特点确定评估测算方法。

1. 异龄林结构及经营特点

(1) 异龄林最大的特点是林分中每一个年龄阶段的林木都有。

(2) 异龄林的树种结构一般较为复杂，多为混交林，而且一直在变化。次生的异龄林上层以阳性树种为主，中层是中性树种，下层为阴性树种，而进入较为稳定的异龄林基本以阴性树种为主。

(3) 异龄林的林层结构复杂，至少分三层，多的五六层，甚至是连续的，无明显的分层。

(4) 异龄林林分的生长是不间断的，林地上始终保持一定的蓄积量，林木资产与林地资产无法明确地分割。

（5）异龄林的经营应采用择伐作业。

（6）异龄林的径级结构较不稳定，其株数按径级的分布成递降曲线。

（7）异龄林的林地利用率充分，它没有林地暴露的幼林阶段，也没有全部林木老化的过熟阶段。

（8）异龄林的采伐对森林生态的破坏较小。

（9）异龄林一般不存在地力衰退问题，即可作为一个永续利用的单位进行经营。

（10）异龄林通常用于培育大径优质材，木材质地好，价格较高。

（11）异龄林的人工营造较困难，需要在几十年到上百年时间内进行不断调整、不断间伐补植更新才能形成。

（12）异龄林采伐的成本较高。

2. 异龄林林木资源资产价格评估方法及参数的选定

根据异龄林资源资产特点，异龄林林木资源资产价格评估测算只能用收益现值法和现行市价法，不能用各类成本法和市场价倒算法，因为现有异龄林多数为天然异龄林，其投资成本难以确定；就是人工营造的异龄林，因其营造年限很长，在营造过程中，营林成本、木材生产成本难以分清，更增加了其成本测算的难度，使各重置成本法难以应用。在异龄林中可以采伐的仅部分林木，而大部分是充满生机的中、小径的中龄、幼龄林木，这部分林木是不能应用市场价倒算法进行测算的。

异龄林资源资产的特点，决定了林地和林木的价值无法单独测算。异龄林资源资产中包含有两种永久性的生产资本：一个是林地，就是生长着异龄林的土地及其环境，它是林木生长的基础；另一个是林地上保留的立木蓄积量。异龄林林木根据择伐周期的长短定期产生收获和收入。由于收入是定期取得的，因此，异龄林可按一连续系列的择伐周期的择伐收入计算其资产价值，即一系列择伐收入的净现值。

（1）刚择伐后异龄林林木资源资产价格评估。

对刚择伐后的异龄林林木资源资产价格评估的收益现值法计算公式为：

$$E_b = \frac{A_u}{(1+p)^u - 1} - \frac{V}{p}$$

式中，E_b——刚择伐后异龄林资产（林地、林木）总评估值；

A_u——择伐的纯收入；

V——年管护费用；

u——择伐周期；

p——折现率。

（2）择伐 n 年后异龄林林木资源资产价格评估。

在异龄林中，择伐后随着林分逐渐接近下一次择伐，林分的蓄积量在增长，林分的价值在增加，其林木资源资产价格评估收益现值法的计算公式为：

$$E_n = \frac{A_u \times (1+p)^n}{(1+p)^u - 1} - \frac{V}{p}$$

在异龄林中由于林相较同龄林复杂，在评估中其林分质量调整系数的确定应考虑树种结构、径级分布、蓄积量和地利等级，测算公式与同龄林中使用的公式相同。

择伐周期可用择伐强度与择伐后林分蓄积量的平均生长率计算，其公式为：

$$A = \frac{-\mathrm{Ln}(1-S)}{\mathrm{Ln}(1+p)}$$

式中：A——为择伐周期；

S——为择伐强度；

p——为蓄积生长率。

择伐强度以20%～30%为宜，不应超过40%。

3. 异龄林林木资源资产价格评估中应注意的问题

在异龄林林木资源资产价格评估中，由于异龄林结构与经营特殊性，必须注意下列问题：

（1）择伐周期的确定。

在异龄林经营中，采伐符合一定尺寸的林木后，林分通过其保留木的继续生长，其蓄积量恢复到择伐前的水平可再次择伐利用的经营期称为择伐周期。择伐周期不同于轮伐期，它的时间一般较短，多在 10 ~ 20 年，少的只有 6 ~ 7 年，其长短主要与择伐的强度和择伐后林木的平均生长率有关。确定林分的蓄积量平均生长率较为困难，因为择伐后林分各年的蓄积量平均生长率是不同的，择伐后头一两年最大，尔后逐年下降。其平均生长率仅能利用调查的材料，求出一个大致的平均数，用来求算择伐周期。

（2）择伐强度的确定。

择伐强度是异龄林经营中重要的技术经济指标，它影响着择伐周期的长短和每次择伐的木材产量、质量及生产成本，直接影响了其评估值。择伐强度是有法规限定其最高值的，在我国择伐强度不允许超过 40%，一般以 20% ~ 30% 为佳。在经营集约的地方，一般择伐强度较小，择伐周期短，生产成本稍高，择伐出的大径木比例大。在经营粗放的地方择伐强度大，择伐周期长，木材生产成本稍低，择伐出的中小径木比例大。

在生产中一般先确定其保留木蓄积，再根据林分的状态确定其择伐强度，允许在一定范围内调整。在评估时择伐强度一般要根据法规的要求、林分生长的实际状态，以及当地的经营习惯和经营水平综合确定。必须注意的是：择伐时主伐的林木必须含损伤部分中小径木，这部分林木也必须进行采伐。因此，择伐强度计算中，择伐的对象不仅仅是符合采伐尺寸的林木，还包括被损伤或其他原因而必须被采伐的小中径林木。

（3）采伐量及出材量的确定。

择伐的采伐量等于择伐时林分的蓄积量乘以择伐强度。因此，在确定了强度之后，择伐蓄积量的预测关键是预测其林分在主伐时的蓄积量。在异龄林经营中目前尚无异龄林的生长过程表、收获表编制的报道，其预测相对比较困难，只能根据当地进行择伐的异龄林的平均水平，再参照林分现实的生长状况，综合进行确定。

（4）主伐木纯收益的确定。

异龄林的择伐中由于所择伐的林木年龄、径级一般较大，而且年轮均匀，木材的质地较好，因而木材价格较高，在评估时必须引起重视。

在异龄林的经营中采伐、集材必然要损伤一些中幼木，其采伐的设计和施工都较同龄林复杂，在采伐设计中既要确定主择伐木，又要确定重点的保留木。在采伐施工中既要伐除主择伐木，又要保证重点保留木在采伐时不受伤害，要求在采伐时严格控制倒木的方向，以保护重点保留木。另外，采伐一般分两次进行，先进行主伐，伐去主择伐木（大径木），然后再进行间伐，伐去受损伤的中小径木和其他必须被采伐的中小径木。异龄林择伐设计和施工要求较高，其木材经营的成本相对也较高，这将影响其立木的价值，在评估时必须测算择伐的生产成本和其主伐木的纯收益。

二、用材林林地资产价格评估

商品林的林地资产的价值是以其上的林木所产生的价值来确定的。在商品林的经营中根据林分的结构和经营特点分为同龄林和异龄林两大经营体系。这两大经营体系的森林采伐方式、更新方式、各项经营措施设计、木材的产量和质量均不相同，其林地资产的评估方法和参数的选用也不相同。

（一）同龄林林地资产价格评估

同龄林是林分中林木年龄相对一致的森林。同龄林结构单一，经营措施易于实施。其林地资产的评估方法相应比较成熟，主要方法如下。

1. 林地期望价法

林地期望价法是以实行永续、皆伐为前提，将无穷多个轮伐期的纯收入全部折为现值的累加求和值作为林地价值的方法。根据林地经营的实际情况，也可以分为正常状态下的林地期望价法和异常状态下的土地期望价法。

（1）正常状态下的土地期望价法。

正常状态是指林地每个轮伐期的长度都相等，而且每次轮伐期的纯收入都相等。其计算公式为：

$$B_u = \frac{A_u + D_a(1+p)^{u-a} + D_b(1+p)^{u-b} + \cdots - \sum_{i=1}^{u} C_i(1+p)^{u-i+1}}{(1+p)^u - 1} - \frac{V}{p}$$

$$= \frac{A_u + D_a(1+p)^{u-a} + D_b(1+p)^{u-b} + \cdots - C(1+P)^u}{(1+p)^u - 1} - \frac{V}{p}$$

式中：B_u 为林地评估价格，A_u 为主伐时的纯收入；D_a，D_b 第 a 年、第 b 年的间伐纯收入；C_i 为各年度的营林直接投资（大多数情况下仅有前四年才有）；p 为利率：V 为造林直接投资（头几年的折现为第一年的投资）。

[例 5.4]　南方某国营林场杉木林地，根据该地区国营林场 1994 年主要技术经济指标，杉木人工林投资，第一年 2250 元/hm^2，第二年 600 元/hm^2，第三年 450 元/hm^2，第四年 300 元/hm^2。每年管护费用为 45 元/hm^2，30 年主伐的产量 180 m^3/hm^2，出材率 60%，其中原木 38%，非规格 22%。第 10 年进行第一次间伐，产非规格 6 m^3，扣除成本、税费后，纯收入为 600 元/hm^2，第二次间伐为第 15 年，产材 12 m^3，纯收入 2025 元/hm^2（已扣除成本，税、金、费及木材生产利润）。其中杉原木价格 650 元/hm^2，生产及销售成本 72 元/m^3（含生产段利润），税、金、费 222.4 元/m^3，非规模材价格 350 元/m^3，生产及

销售成本 72 元/m^3，税金费 119.7 元/m^3；年均管护费 45 元，利率按 6%计。计算其地价及地租。

解：根据以上资料，该地区杉木主伐的纯收入为：180 × 0.38 ×（650 − 72 − 222.4） + 180 × 0.22 ×（350 − 72 − 119.7） = 30591.72（元）

管护费用前价为 45/0.06 = 750（元）

其他各项因子的支出、收入及计算见表 5 − 1。

表 5 − 1　　杉木林地地价计算表

收支项目	每公顷价	利息公式	投资利润	后价
主伐收入	30591.72	1.06^{0}		30591.72
10 年时间伐	600	1.06^{20}		1924.28
15 年时间伐	2025	1.06^{15}		4853.03
第一年造林投入	2250	1.06^{30}		12922.85
第二年造林投入	600	1.06^{29}		3251.03
第三年造林投入	450	1.06^{28}		2300.26
第四年造林投入	300	1.06^{27}	231.47	1446.70

$$地价 = (30591.72 + 1924.28 + 4853.03 - 12922.85 - 3251.03 - 2300.26 - 1446.7) / (1.06^{10} - 1) - 750 = 21336.31（元）$$

地租 = 21336.32 × 0.06 = 1280（元/hm^2）

根据以上计算，林地的地价十分低廉，分析其原因，主要有：

其一，木材生产的税金费偏高，不合理。仅林业的育林资金和更改资金就占木材产值（售价）的 20%，这部分国营林场可分到 68%，林农生产的则分不到。如将该部分的 68% 扣除，则地价可上升近 70%。

其二，生产成本和收获预测的准确性问题。该例中生产成本是按

1994 年实际各生产工序的成本，但收获是按现有成熟林的产量。20 世纪 90 年代以来，林业生产的集约度提高，生产成本增加，相应林木生长也较好，到主伐时的产量也相应增加。而现有成熟林是 60 年代营造的，经营较粗放，因此，预测的收获可能偏低。

其三，利率问题。国际上林业的利率一般较低，尤其是项目评估中（因不含通货膨胀）一般以5%计算（甚至更低）。为了安全起见，例中取了高限，按6%计算，这样相差1%的利率，可能使价格下降了30%。

（2）特殊情况下的土地期望价值。

同龄林经营中存在着一些特殊的问题，这些问题主要有：

① 因地力衰退而需要轮作。相当部分的同龄林经营会出现地力衰退、生产力下降的情况。以杉木纯林为例，第二代生产力下降 30%，第三代下降 50%，因此在杉木林采伐后，最好进行轮作，种植一些带有菌根的树种如马尾松，或豆科的有固氮能力的一些树种。在这种情况下，计算的公式将发生变化，必须将主要树种的轮伐期与轮作树种的轮伐期两者相加，形成一个大的经营周期，将所有收支折算到经营期末，其地价计算公式为：

$$B_u = [A_n(1+p)^m + A_m + D_A(1+p)^{m+n-a} + D_b(1+p)^{m+n-b} + \cdots - \{C_1(1+p)^{n+m} + C_2(1+p)^m\}]/[(1+p)^{m+n} - 1] - \frac{V}{p}$$

式中：n 为第一代树种的轮伐期；m 为第二代树种的轮伐期；A_n、A_m 分别为第一代、第二代树种主伐纯收入；C_1 为第一代树种的造林成本；C_2 为第二代树种的造林成本。

② 第一期造林成本与第二期造林成本不同。一些经营较集约的同龄林，第一期造林时需要开水平带、修建营林道路等，而第二期造林时，水平带已有，林道现成，这样其造林投资将大幅度下降，因此其公式改为：

$$B_u = \frac{Y_n + D_a(1+p)^{n-a} + D_b(1+p)^{n-b} + \cdots - C}{(1+p)^n - 1} - C_0 - \frac{V}{p}$$

式中，C_0——第一期造林投资；

C——第二期以后的造林投资。

③ 第一期的收益和轮伐期与以后各期的收益和轮伐期不同。

在森林经营中经常出现因社会经济条件的改变而改变目的树种的情况。如造纸林基地中现有的杉木幼林，在它们主伐后，将长期转为经营马尾松造纸工艺林，这时它们的收益值与轮伐期与第一期的杉木都不相同，此时计算公式应该为：

$$B_u = \frac{A_n + D_a(1+p)^{n-a} + D_b(1+p)^{n-b} + \cdots - C_n(1+p)^n}{(1+p)^n} + \frac{A_m + D_a(1+p)^{m-a} + D_b(1+p)^{m-b} + \cdots - C_m(1+p)^m}{(1+p)^n[(1+p)^m - 1]} - \frac{V}{p}$$

式中：n 为第一期造林树种的轮伐期数；m 为第二期造林树种的轮伐期数。

2. 林地市价法

林地市价法就是以与被评估林地类似条件的其他林地的实际买卖价格为标准来评定林地的价格。这是资产价格评估中的一种常见方法，但由于林地的市场交易较少，而且林地本身的差异又很大，实际上不可能找到与被评估林地完全相同的林地买卖案例，采用市价法通常要根据被评估林地与原买卖林地的差异进行调整。在同龄林林地评估中主要有立地质量调整系数和地利等级调整系数。

林地市价法的公式为：

$$B_u = K_1 \times K_2 \times K_b \times G$$

式中，B_u 为林地评估值；K_1 为林地质量调整系数；K_2 为林地地利等级调整系数；K_b 为价格指数调整系数；G 为评估案例的交易价格。

市价法的应用关键是要找到与被评估林地类似的买卖案例，而且其买卖案例的价格必须是真实、合理的。当前森林资产市场较为混乱，森林资产的买卖中，腐败现象时有发生，它使资产的价格发生了偏移。因此，在选用案例时，尤要慎重。对原价格的修正，应在收集大量的社会经济和自然条件资料的基础上对其进行综合分析、判定。

3. 同龄林林地评估中必须注意的问题

（1）同龄林林地评估的计算方法有两大类，即期望价法与市价法。各方法又因具体的情况不同而有着若干种计算公式，在进行林地资产价格评估时，必须广泛收集当地的自然、经济以及经营方面的资料，在占有大量资料的基础上，分析、选定适合于评估对象的计算方法。也可做多种方案的计算，然后通过分析比较，从而确定林地的资产价值。

（2）同龄林经营的周期（轮伐期）一般较长，因此在评估中利率的确定十分重要，它对评估的结果将产生极大的影响，一般利率越高，林地的价格越低。在各个计算公式中通常采用的成本是重置成本，其选用的利率应是不包括通货膨胀的低利率。

（3）土地期望价法是各种方法中理论上较为完美的方法，但这种方法是建立在若干假设和预测的基础上。如收获的预测不准确或假设的条件不合理，则可能导致评估结果的严重偏差。因此，在采用该方法时必须对收获预测和假设条件进行详细的分析，与林业企业的经营状况进行比较，并将其测算的结果与市价法等其他方法进行比较分析，以修正偏差，得到科学、合理的评估结果。

（4）土地期望价法中采用的经营成本应为重置成本，即按现行的劳动价格，重新营造森林的成本。这个成本支出的水平必须与收获预测的经营水平相一致，如收获预测值是以现实成熟林分为基础，则重置成本的技术指标必须是按现实成熟林过去营造的技术指标，而不能用现在采用的技术标准。由于现在的经营水平比过去高，投工、投资量大，林木的生长也相对较好，如用现在标准的重置成本，而预测仍用较粗放经营的过去营造的林分为基础，则其收获量偏低，资产的价值人为下降，使评估结果出现偏差。

（二）异龄林林地资产价格评估

根据异龄林的结构与经营特点，异龄林林地资产的价值测算可以用收益现值法、市场价法来评估，但不能用重置成本法，因为大多数异龄林为天然林，人工林极少，其营造的成本难以确定，加之要培育一片异龄林所需时间长，是营林的成本还是木材生产成本很难分清，更增加了其成本测定的困难，使重置成本法无法使用。异龄林林地价的市场格法实际上与同龄林林地的市场价格法是相同的，因此不再介绍，仅介绍收益现值法。

林地的收益现值法就是将林地今后以至遥远将来的收益，全部折为现值，其计算的方法实质上就是土地期望价的计算方法。但异龄林由于林地始终都有林木，林地的收益能力与林木的收益能力交织在一起，无法细分，其期望价公式计算结果是林地和林地上的林木的综合价格。要确定地价，则必须将其土地的价值与林木的价值分割开。通常分割的方式有两种：一种是比例系数法；另一种是剩余价值法。

1. 比例系数法

比例系数法就是将用期望价公式计算的异龄林的收益现值按当地森林经营的习惯比例分为地价和林价两部分。该方法的关键问题是确定异龄林的收益现值和确定林价与地价的比例系数。现以一个计算实例来说明。

[例 5.5]　设某片 10 hm^2 的阔叶异龄林承包期已满，在新的承包合同签订前要求对其林地资产价格进行评估，并在这一基础上确定新的地租租金。

解：(1) 收益现值计算。

据调查，该片异龄林的择伐周期为 10 年，每次择伐每公顷可出材 45 m^3，其中 50% 是大径原木，30% 为中径原木，20% 为小径材和非规格材。每出材 1 m^3，可获得纯收入 250 元，每年分摊的管护费为 45 元/

hm^2，利率为6%，择伐强度为30%。

$$B_u = \frac{A_n}{(1+p)^n - 1} - \frac{E}{p} = \frac{250 \times 45}{1.06^{10} - 1} - \frac{45}{0.06} = 13475(\text{元}/hm^2)$$

（2）比例系数确定。

比例系数的确定，必须考虑当地森林经营实践中习惯性的林价中的山价（地租）所占份额。据福建省现行政策，林价中的山价（地租）部分所占份额为10%~30%，平均为20%。

（3）计算地价与地租。

地价：$B_u = B_n \times K = 13475 \times 0.20 = 2695$（元/$hm^2$）

地租：$F = B_u \times p = 2695 \times 0.06 = 162$（元/$hm^2$）

2. 剩余价值法

剩余价值法是求出异龄林的收益现值后，将其减去林地上现有林木的价值，剩余的作为地价，其计算公式为：

$$V_0 = B_n - X_n$$

式中：V_0——林地价值；B_n——异龄林的收益现值；X_n——刚择伐完的异龄林林分余下的林木的价值。

［例5.6］　承上例，根据调查，该林分择伐后保留蓄积为165 m^3/hm^2，出材率60%，出材量为99 m^3/hm^2，但木材的口径小，价格较低，经济收益较差，每出材1 m^3，仅有纯收入100元，这样有：

$$X_n = 100 \times 99 = 9900(\text{元}/hm^2)$$

$$V_0 = 13475 - 9900 = 3575(\text{元}/hm^2)$$

由此可见，该例中按剩余价值法计算该异龄林的林地价为3575元/hm^2，占收益现值的26.5%，大于比例法计算的结果，其主要原因是未成熟中小径木不是用生产潜力来计算其价值，而作为成熟的林木采伐后的木材计算，这样降低了林木的实际价值，提高了林地的价值，产生了偏差。

第二节 经济林资源资产价格评估

经济林是森林资源的重要组成部分，经济林的经营是林业生产的重要内容之一。许多经济林树木的果实、种子、花、叶、皮、根、树脂、树液等可加工提炼成油料、淀粉、香料、漆料、配料、树脂、单宁、药物等物质。这些物质都是社会经济建设和人民生活所不可缺少的。

经济林是经济效益较高的林种。根据原林业部《森林资源调查主要技术规定》，经济林林种可分为四个二级林种：

（1）油料林。以生产油料为主要目的的林木，如生产食用油的油茶、油橄榄、油棕等，生产工业用油的油桐、乌桕及山苍子、文冠果等。

（2）特种经济林。以生产工业原料、药材为主要目的的林木，如生产工业原料的橡胶林、黑荆林等栲胶原料林，黄檀等紫胶寄主林，漆树林，生产药材的五味子、杜仲林、厚朴林、银杏林、黄柏林等。

（3）果树林。以生产各种干鲜果品为主要目的的林木，如生产鲜果的柑、柿、桔、苹果、梨、山楂、荔枝、龙眼、桃、李、香蕉、葡萄等，生产干果的红松、板栗、锥栗、核桃、榛子等。

（4）其他经济林。生产其他副特产品的林木，如茶树林、桑树林、刺龙芽、刺五加、香椿等。

经济林资源资产是以经济林资源为内涵的财产，包括所有以经济林要求进行经营的经济林资源。经济林资源资产主要由三部分构成，即经济林的林地资产、经济林的林木资源资产和经济林产品资产。

经济林经营的经济效益见效快、受益的时间长、经济效果好，是山区农民脱贫致富的重要途径。经济林资源资产是农村村民和乡村集体经济组织的重要资产。这些资产应如何界定、如何进行评估也是当前森林资源资产化管理中的重要问题。这些问题的解决，必须从经济林经营的特点出发，分析其资产的性质，从而确定经济林资源资产界定和资产价格评估的方法。

一、经济林资源资产的经营特点

1. 种类繁多，资源丰富

我国有经济价值的经济林树种约1000种，仅木本油料作物就有200多种，木本粮食树种近百种，木本鞣料植物200余种，木本药材树种近百种，果树近百种，资源非常丰富，一些种类已形成较大的生产规模。各个种类的树种特性、经营要求、栽培技术、加工利用技术均不相同。

2. 栽培的历史悠久，生产经验丰富

经济林的栽培历史是和农业发展历史同时开始的，如栗、枣、柿、油茶、核桃等都有数千年的栽培历史。在长期栽培经济林的生产实践中，劳动人民创造积累了丰富的栽培管理经验，在三千年前就创造了嫁接的方法，积累了一系列林农间作、以农养林、以耕代抚、筑埂修台、开沟引水等栽培措施，培育出许多有栽培经济价值的优良品种。

3. 利用的形式多样，培育技术复杂

经济林产品利用的形式多样，有的是花，有的是果，有的是树叶，有的是树皮，有的是枝条、树根，有的是树脂、树液，有的甚至是寄生昆虫的分泌物。提高经济林产品的数量和质量是经济林栽培的主要目的。针对不同的经济林产品，有不同的技术措施；针对多种多样的经济林产品就产生了复杂的培育技术。

4. 经济林经营见效快、收益时间长

经济林树种大多数培育三五年就可获得收益，而且获得收益的时间很长，少则十年八年，多则几十年上百年。在这样长的时间内，每年都可以相对稳定地收获经济林的产品，经济效益十分可观。

5. 经济林的经营需要较高的投入

经济林的经营属于高投入高产出的作业方式。许多果树造林时开带挖穴、施肥喷药，每公顷的投资都在万元以上，产果以后每年的施肥、修剪、疏果、防病、治虫每公顷的成本也要数千元，甚至上万元。但其经济效益可观，每年每公顷的收益都在万元以上，高的可达数万元。如果降低经济投入，其产量将明显下降，甚至出现负效益。如我国南方，相当部分的油茶林管理粗放，每年仅除一次草，其产油量仅30～40千克/公顷，收益仅够供采集和加工的费用。

6. 经济林的成熟期不明显，且差异大

经济林的生长阶段通常分为四个阶段，即产前期、初产期、盛产期和衰产期。林木至衰产期就已达成熟，必须进行更新换代。经济林的衰产期差异很大，不同树种衰产期不同，相同树种、不同品种间差异也很大，就是品种相同但经营措施不同，其变化都很大。像龙眼树一般衰产期为60～80年，但经营得好，一些上百年的古树还是硕果累累，不见衰败。又如油茶衰产期为60～70年，但不少百年油茶林，仍高产稳产。

二、经济林资源资产的界定

经济林是人工培育的植被，是人工林。经济林的产出较高，且年年有产出，因而投入也高，年年都有投入。在我国改革开放以后，经济林绝大多数为分户经营，或联户经营，或承包经营。其产权关系是所有林种中最为明确的，实施控制也是十分有效的，根据森林资源资产的概念，可以用货币进行度量，可作为商品进行交换。绝大多数的经济林资源都可作为经济林资源资产，仅有少量失管接近无效益的经济林（实际上这些林分已不再作为经济林进行经营，但因其林地上有一定数量的经济林树种，在森林调查中可能列入经济林资源）暂不能列入资产。

经济林资源资产是以经济林资源为内涵的财产，包括所有以经济林要求进行经营的经济林资源。经济林资源资产主要由三部分构成：

1. 经济林的林地资源资产

经济林林地资源资产就是指承载着经济林林木的土地。这类土地的地利等级一般较高，多属于低山、矮山、近山，交通条件较方便，其地租一般要高于其他林种。地租的测算一般以其上面的经济林种类、经营方式、收益和成本为基础。

2. 经济林的林木资源资产

经济林的林木资源资产就是经济林的林木。它们具有生产经济林产品的能力，其价格与其生产能力有关。

3. 经济林产品资源资产

经济林产品即经济林林木上生长着的产品，是半成品，长成采收之后，其林中经济林产品资源资产为零，尔后随着产品的形成，其价值又逐渐增加。

三、影响经济林资源资产价值的主要因素

1. 经济林的树种和品种

在经济林中不同的树种其利用的形式不同，其经济价值也不同，即使相同的树种，品种不同其经济价值相差也很大。好的品种产量高、质量好、市场售价高，其价值可能是差的品种的数倍。

2. 经济林品种生长阶段的划分

经济林树种的生长发育分产前期、初产期、盛产期和衰产期。

产前期：是指经济林树木从栽植或嫁接成活开始，至进入开花结果的时期。在这一阶段，树木主要是完成高生长和粗生长，时间在 3 ~ 6 年不等，是树木的营养生长阶段。

初产期：是指经济林树木开始进入开花结果的时期。在这一阶段，树冠基本形成，树木从营养生长逐渐过渡到生殖生长。这一阶段时间较短，类似于工厂生产线的试投产期。

盛产期：这是经济林林木大量生产经济林产品的时期。这一阶段维持时间较长，一般在10~50年，产量大而相对比较稳定。

衰产期：这一时期的林木开始老化，继续经营已失去意义，必须考虑进行更新。

3. 经济林品种的经济寿命

经济林品种的经济寿命就是经济林的经济成熟期，即在经济林经营中经济林产品的年平均收益开始下降的时间。在这个时间后产量明显下降，土地资源不能充分利用，通常应进行更新。经济林的经济寿命是测算经济林资源资产价值的重要时间指标，它决定了经济林的培育周期。

4. 经济林品种的产量

经济林的产量是经济林资源资产价格测算的主要依据。经济林的产量不仅需要预测当年的产量，而且要求预测各个生长发育阶段的平均产量。求出其平均产量的水平，再根据本地区的经营水平进行适当修正以作为评估的基本资料。

5. 经济林的经营成本

经济林的经营成本也是经济林资源资产价格评估的重要基础资料。经营水平分为一般和集约两个层次。分别层次确定其基本的经营措施投资、投工量。这些资料需要从产区的财务档案中查出，进行分析、整理后使用。

6. 经济林产品的价格资料

在评估中是根据该产品的价格变化趋势，预测评估基准日时的价格，以这一价格为基础进行经济林资源资产的评估。

7. 社会平均利润率

社会平均利润率是确定经济林经营利润率的重要参考数据。社会平均利润率必须通过大量的社会经济调查资料分析而得到。

8. 地利等级

地利等级对经济林来讲不仅和产品的采运成本有关，还和肥料的运输、上山劳力工资等生产成本有关，主要以坡度和离销售点的远近距离为评定的主要依据。

四、经济林资源资产清查和评估资料收集

在森林资源调查中，其调查的重点是林木的蓄积量和林地的面积，对于经济林资源的调查是十分粗放的。在森林资源的调查中通常对经济林仅提供树种、面积、年龄、株数、树高，有时甚至只提供树种和面积。在大多数的森林档案中也只能提供与森林调查同样的资料，这些资料对于评估经济林资源资产是远远不够的。因此，在进行经济林资源资产价格评估时，必须组织一次较为详细的经济林资源资产的清查。

（一）经济林资源资产清查的主要项目和内容

为了使清查成果能满足经济林资源资产价格评估的需要，在经济林资源资产清查时需查清下列项目。

1. 经济林的树种和品种

经济林树种的调查是容易的，但在经济林资源资产的评估中仅有树种是不够的，相同树种不同品种间经济价值的差异是极大的。相同经营水平、相同年龄阶段的经济林树木，好的品种树木的价值可能是差的品种树木的数倍。因此，在清查中必须查清待评估的经济林林木是哪一个树种、品种。

2. 经济林树种的年龄和生长阶段

调查经济林树种年龄的主要目的是要确定经济林树种所处的生长发育阶段。

由于经济林的生长发育阶段因树种、品种和经营水平而异，在查得

林木的年龄后，应对林木生长的状况、产品的产量进行分析，确定林木的生长发育阶段。

3. 单位面积产量

单位面积产量是经济林评估的重要基础资料。单位面积产量在现地进行调查是较为困难的，通常是通过财产档案，以获得上一年的经济林产品的产量。

4. 待评估资产的面积

经济林林地资源资产的面积也是评估的主要基础资料。必须调查清楚各个品种、各个年龄的面积，并分别进行统计，绘制待评估资产的基本图。

5. 密度

密度可用郁闭度或单位面积株数来表示，郁闭度直接反映林木对土地利用的程度；株数也可间接反映林地利用状况。

6. 直径与树高

直径和树高反映了林木的大小。对于以果实为目的的经济林树种，其产量与直径和树高关系不密切，但也能反映林木的生长状况；而以树皮、树脂、树液为产品的经济林，其产量与直径和树高紧密相关。

7. 立木蓄积量

对于灌木状的经济林树种无需调查其蓄积量，对于一些高大乔木的经济林树种，立木蓄积量就有调查的必要。因为木材生产也可作为一个产品，特别是在接近衰产期的乔木树种。

8. 立地质量

立地质量直接决定了林地的生产潜力，并影响着林地的价格。好的立地投工投资少而产量高，差的立地要获得同样的产量则要额外增加投资。经济林的立地质量一般以环境因子法进行评定，标准和用材林不完全相同。用材林一般在地形隐蔽的阴坡、半阴坡生长较好，而许多经济林则在地势开阔的阳坡、半阳坡产量高。

9. 地利等级

地利等级对用材林来讲，主要影响产品的采运成本，而对经济林来讲不仅和产品的采运成本有关，还和肥料的运输、上山劳力的工资等生产成本有关，其影响比用材林更为显著。经济林的地利等级主要以坡度和离销售点的远近距离为评定的主要依据。

10. 权属

经济林资源资产的权属一般较清楚，尤其是林权。因此，调查时主要是搞清土地的权属，山林权必须以县以上人民政府发的权属证书为依据。

（二）经济林资源资产核查方法

经济林资源资产核查的方法很多，根据《森林资源资产评估技术规范（试行）》的规定，森林资源资产的核查方法主要有抽样控制法、小班抽查法和全面核查法。评估机构可按照不同的评估目的、评估种类、具体评估对象的特点和委托方的要求选择使用。

1. 抽样控制法

以评估对象为抽样总体，以95%的可靠性，布设一定数量的样地进行实地调查，要求总体蓄积量抽样精度达到90%以上。在经济林资源资产中可采用随机抽样或机械抽样的方法进行调查。在资产面积大又有一定的档案材料时，也可采用分层抽样的方法，用这种方法调查能有一定的精度保证。

2. 小班抽查法

采用随机抽样或典型选样的方法分别不同的经济林品种、林龄等因子，抽出若干比例小班进行核查。核查的小班个数依据评估目的、林分结构等因素确定。对于产量高、经营状态良好、处于盛产期的经济林资源资产小班应重点进行核实。对抽中的小班进行实地调查，以每个小班中 80% 的核查项目误差不超出允许值，视为合格。

核查小班合格率低于 90%，则该资产清单不能用作资产价格评估，应通知委托方另行提供。

3. 全面核查法

对资产清单上的全部小班逐个进行核查。即对待评估的资产进行全面调查。这种方法费工，但能全面掌握经济林各小班的经营状况及生长发育阶段，在缺乏资源调查材料和档案资料时经常采用。

核查小班内各核查项目的允许误差按小班抽查法的规定执行，对经核查超过允许误差的小班，通知委托方另行提交资产清单或直接采用核查值。

核查时一般应由资产所有者提供经济林资源资产的簿册（资产清单）和图面材料，根据所提供的资料确定核查的方法，由资产所有者和评估人员共同组成核查小组，进行核查。

（三）评估有关资料的收集

在经济林资源资产价格评估中除了需要有关经济林资源资产状况外，还需要收集有关经济林资源资产的一些基础资料。这些资料主要有：

1. 待评估经济林品种的经济寿命

经济林品种的经济寿命就是经济林的经济成熟期，即在经济林经营中经济林产品的年平均收益开始下降的时间。在这个时间后产量明显下降，继续经营下去的经济收益将明显下降，土地资源不能充分利用，通常应进行更新。经济林的经济寿命是测算经济林资源资产价值的重要时间指标，它决定了经济林的培育周期。每一个品种都有大致相同的经济寿命时间表，但在不同地方、各种经营水平下有较大变动。因此，必须收集待评估经济林资源资产所在地区或附近地区有关该品种栽培的资料，通过分析论证，确定其经济寿命期。

2. 待评估经济林品种的生长发育阶段划分

经济林的生长发育阶段对经济林的评估方法选用、产品产量的测算都有着密切的关系。要正确确定待评估经济林所处的发育阶段，就必须掌握该地区该品种各个发育阶段的大致时间。该资料要在本地区范围内收集，如本地区没有则可将收集的范围扩大。

3. 待评估经济林品种的产量资料

经济林的产量是经济林资源资产价格测算的主要依据。经济林的产量不仅需要预测当年的产量，而且要求预测各个生长发育阶段的平均产量。这些资料在资源调查的材料中无法得到，必须通过各个产区统计部门的统计资料或单位部门财务档案中查取，求出其平均产量，再根据本地区的经营水平进行适当修正以作为评估的基本资料。

4. 经济林的经营成本

经济林的经营成本也是经济林资源资产价格评估的重要基础资料。经济林的经营成本随着其经济水平而变化。通常将经营水平分为一般和集约两个层次。分别层次确定其基本的经营措施投资、投工量。这些资料还需要在产区的财务档案中查出，进行分析、整理后使用。

5. 经济林产品的销售价格

经济林产品季节性强，大多是一年一次出售的，即一年中仅在某一个季节有产品出售，而其他季节就没有这种产品。因此，经济林资源资产价格评估中经常得不到评估基准日的产品销售价格，评估所用的价格大多利用最近时期的产品销售价格。在市场经济条件下，产品的价格变化较频繁。因此，在评估中应根据该产品的价格变化趋势，预测评估基准日时的产品销售价格，以这一销售价格为基础进行经济林资源资产的评估。为预测其销售价格的变化趋势就必须调查历年来该品种的市场平均价格。这一资料的收集可查阅评估地区统计部门的统计年鉴。

6. 社会平均利润率

社会平均利润率是确定经济林经营利润率的重要参考数据。社会平均利润率必须通过大量的社会经济调查资料分析而得到。

五、经济林林木资源资产价格评估的测算方法

经济林资源资产的评估方法在总体上仍是市场价格法、重置成本法、收益现值法和清算价格法。但由于经济林经营的特点，各种方法的计算又有其特点和使用范围。处于不同生长发育阶段的经济林资源资产的经济效益和经营特点均不相同，选择的评估方法也不一样。在征收和灾害中，一般采用整周期收益现值法。

计算公式为：

$$E_n = K \times \sum_{i=1}^{n} \frac{A_u \times [(1+p)^{u-n} - 1]}{p \times (1+p)^{u-n}}$$

式中：E_n——资产价格评估值；

$\sum$——各产期之和；

A_u——各产期内纯收益值；

u——经济寿命期；

n——当前林木年龄；

K——产量调整系数；

p——利率。

以下分别各个生长发育阶段进行讨论。

（一）产前期的经济林资源资产价格评估

产前期即经济林从造林到刚开始有产品产出的时期，也是经济林的幼龄阶段，这一阶段林木的生长以营养生长为主。从经营上，这一阶段是投资投工最多的时期，要进行劈山除杂、开带挖穴、定植、施肥、防虫、防病、修剪等大量的工作，但没有产品产出。在这一阶段成本非常清楚，因此，多采用重置成本法进行测算。在经济林交易市场公开、活跃、发育完善的条件下，也可使用现行市价法。采用现行市价法评估时

应合理选取三个以上参照案例进行测算后综合确定，并应正确地确定林分质量调整系数与价格指数调整系数。

1. 重置成本法

$$E_n = K \times \sum_{i=1}^{n} C_i \times (1+p)^{n-i+1}$$

式中：E_n——第 n 年的经济林资源资产价格评估值；

K——林分质量调整系数；

C_i——第 i 年以现时工价及生产经营水平为标准计算的生产成本，主要包括第 i 年度投入的工资、物质消耗和地租等；

n——经济林年龄；

p——投资收益率。

在重置成本法中对成本的投入必须达到预期的效果，即一定的成活率、株数、高生长和树冠生长。有些经济林已投入足额的成本，但由于经营管理不善，如除草、防病、治虫不适时等人为的原因，或由于干旱、冻寒等客观原因造成其经济林林分未能达到预定的效果，这些损失必须由经济林资源资产的原占有者承担。因为在测算的投资收益率中已包含了风险利率。此外，重置成本多以社会平均成本为基础测算的，而对于某块地，由于增加了一些成本，或者由于管理水平高，气候条件好，其实际效果要优于平均水平，这样资产的价格就应比同年的经济林资源资产价格高，因此经济林资源资产价格评估就必须根据其实际效果对原计算的结果进行修正。

在实际评估工作中，经济林林分质量调整系数是根据经济林林分的实际生长状况与预定平均效果的差异来确定的。常按现实林分平均高、冠幅、株数与同龄参照林分平均高、冠幅、株数的比值来确定。

由于经济林第一年的投资很大，而第二年后各项投资相对稳定，故设 C_1 为第一年的造林成本，C_2 为第二年以后的年平均费用，则该公式简化为：

$$T_n = K \times \{C_1 \times (1+P)^n + C_2 \times [(1+P)^n - 1]/P\}$$

[例5.7] 某林果场拟以锥栗林进行抵押贷款（2007年），该锥栗林为2002年春天营造的幼林，面积为10 hm^2。目前锥栗林生长良好并已全部经过嫁接，平均每公顷420株，平均树高3.3 m，冠幅3.0 m，试对其价值进行评估。

据调查有关经济技术指标如下：

1. 锥栗林营林生产成本

（1）新造锥栗林

① 劈草、炼山、修路：1500元/hm^2；

② 挖穴整地：3000元/hm^2；

③ 施基肥：2100元/hm^2；

④ 锥栗苗费：600元/hm^2；

⑤ 栽植：450元/hm^2；

⑥ 第一年抚育（2次）、施肥：1800元/hm^2；

⑦ 第二年抚育、施肥：1800元/hm^2；

⑧ 第三年抚育、施肥：1800元/hm^2；

⑨ 前三年每年病虫害防治费：900元/hm^2；

⑩ 嫁接、修剪（第三年）：1350元/hm^2。

（2）第四年起锥栗林正常营林生产成本

① 抚育施肥：1500元/hm^2；

② 病虫害防治费：900元/hm^2；

③ 修剪：300元/hm^2。

2. 投资收益率：8%

3. 林地地租：年地租600元/hm^2

4. 参照林分平均生长指标：当地同年龄锥栗林平均树高3.5m，平均冠幅3.2m

解：锥栗林为新造5年生幼林，选用重置成本法评估其资产价值。

林分质量调整系数：088

锥栗林评估值为：

$10\times 0.88\times[(1500+3000+2100+600+450+1800+900+600)\times 1.08^5+(1800+900+600)\times 1.08^4+(1800+900+1350+600)\times 1.08^3+(1500+900+300+600)\times 1.08^2+(1500+900+300+600)\times 1.08]=297876$ 元。

2. 现行市价法

现行市价法的使用与用材林林木资源资产价格评估相同，要求有发育充分、制度健全的交易市场，且具有可选案例三个或三个以上方能实施。产前期经济林林木主要是营养生长，因此交易案例的调整系数除考虑待评估经济林资源资产与交易案例的时间差异外，主要考虑待评估经济林资源资产与交易案例中经济林资源资产在林分质量上的差异以及林木年龄的差异。在评估实践中，以价格调整系数修正待评估经济林资源资产与交易案例的时间差，以现实林分株数和冠幅的大小与参照林分的株数和冠幅的比值的乘积为林分质量调整系数，从而实现对经济林资源资产案例的修正。最后综合平均，确定待评估经济林资源资产价格评估值，计算公式为：

$$E_n=\frac{S}{n}\sum_{i=1}^{n}G_i\times K_i\times K_{i1}$$

式中：G_i——第 i 个案例经济林资源资产单位面积交易价格；

K_i——价格调整系数；

K_{i1}——林分质量调整系数；

S——待评估经济林资源资产面积。

质量调整系数应按现实林分平均高、冠幅、株数与同龄参照林分平均高、冠幅、株数的比值来确定。

（二）初产期的经济林资源资产价格评估

初产期是经济林开始有一定数量产品产出到产品产量稳定的盛产期之间的发育阶段。在这一阶段中营养生长和生殖生长两者并重，树冠在逐渐增大，经济林产品的产量从小到大迅速增加。从经营上看，这一时期生产成本基本稳定，开始有了一定的纯收益，而且收益在迅速增加。这一阶段的经济林资源资产价格评估可用重置成本法或收益现值法或现行市价法进行评估。

1. 重置成本法

经济林资源资产价格评估中重置成本的全价应计算到经济林资源资产年收益值大于年经营投资的前一年，这时重置成本值达到最大值。初产期阶段，经济林林分的产品产量和创利能力迅速发展以至达到稳定，进入盛产期，其资产价值达到最高，因此在初产期不应考虑折耗，应通过经济林林分质量调整系数来修正重置成本值以确定经济林资源资产价格评估值。其计算公式为：

$$E_n = K \times \sum_{i=1}^{n} (C_i - A_i)(1 + p)^{n-i+1}$$

式中，E_n——经济林资源资产价格评估值；

K——林分质量调整系数，应按现实林分冠幅、产量与参照林分冠幅、产量的比值来确定；

C_i——第 i 年生产成本现值；

A_i——第 i 年经济林产品收入；

n——经济林资源资产年收益值大于年经营投资的前一年；

p——利率

2. 收益现值法

初产期阶段采用收益现值法应明确该品种经济林的经济寿命和待评估经济林林分距盛产期的平均产量，并分段计算。

$$E_n = K \times \left\{ \sum_{i=h}^{m-n} \frac{B_i}{(1+p)^{n-i+1}} + E_m \times \frac{(1+p)^{u-m} - 1}{P \times (1+p)^{u-n}} \right\}$$

式中，B_i——初产期各年的纯收益；

E_m——盛产期的平均年纯收益；

u——经济寿命年数；

$u-m$——盛产期年数；

$m-n$——待评估林分距盛产期的年数；

n——林分的年龄；

h——初产期的开始年；

m——盛产期的开始年；

K——质量调整系数，应按现实林分产量与参照林分产量的比值来确定。

3. 现行市价法

现行市价法的计算与产前期的一样，但林分质量调整系数应以产量为标准进行调整，而不应以冠幅大小和株数为标准来调整。

（三）盛产期的经济林资源资产价格评估

盛产期是经济林资源资产的产品产量最高、收益多而稳定的时期。这一时期的年数较长，长的可达 70－80 年，一般占其经济寿命期的三分之二以上，经济林的经济收益绝大多数在这一时期产生。在这时期的经济林资源资产价格评估可用收益现值法、重置成本法和现行市价法。

1. 收益现值法

盛产期是经济林资源资产获取收益的阶段，在这一阶段林木生长主要是生殖生长，经济林产品产量相对较为稳定，其资产的评估值可用下式表示：

$$E_n = A_u \times \frac{(1+p)^{u-n} - 1}{p \times (1+p)^{u-n}}$$

式中：E_n——经济林资源资产价格评估值；

A_u——盛产期内每年的纯收益值；

u——经济寿命期；

n——经济林林木年龄。

[例5.8] 太善林果场欲转让一片锥栗林30年的经营期，面积5 hm^2，年龄9年生，平均冠幅4 m，平均树高3.5 m，每公顷株数600株，已进入盛产期，相关技术经济指标附后，试评估该片锥栗林的转让价。

(1) 锥栗价格。

根据周边现有品种询价结果，结合当地收购情况，确定锥栗产地交货价为6元/kg。

(2) 产量预测。

咨询周边和当地多家种植户的产量情况，根据评估对象的亩株数、树冠、年龄情况，预测产量为2250 kg/hm^2。

(3) 经营成本。

① 采果费：1.5元/kg；

② 管理费（含销售费用）：销售价的1.5%；

③ 化肥、农药：2700元/hm^2；

④ 抚育工资：675元/hm^2；

⑤ 施肥工资：600元/hm^2；

⑥ 病虫防治工资：675元/hm^2；

⑦ 修剪工资：375元/hm^2；

⑧ 清园工资：450元/hm^2；

⑨ 其他：150元/hm^2。

(4) 经营利润：直接生产成本的15%。

(5) 投资收益率：10%。

解： 该锥栗林已进入盛产期，30年后还未退出盛产期，可用收益现值法进行评估。根据以上指标可计算出每年每公顷的净收益：

$$A_u = 2250 \times (6 - 1.5 \times 1.15 - 0.09) - 2700 - 675 - 600 - 675 - 375 - 450 - 150 = 3791.25(元/hm^2)$$

该锥栗林的评估值：

$$E_n = 5 \times 3791.25 \times [(1 + 10\%)^{30} - 1]/[10\% \times (1 + 10\%)^{30}] = 178700(元)$$

2. 重置成本法

在经济林林分盛产时期，林木年龄日趋逼近经济寿命，其经济价值渐渐开始下降，对其资产进行评估应考虑其折耗系数（即成新率）。在经济林资源资产价格评估中，根据进入盛产期的年数计算资产的折耗系数，从而确定成新率，用成新率乘以重置全价得到经济林资源资产在盛产期内的重置成本。其计算公式为：

$$E_n = K \times K_\alpha \times \sum_{i=1}^{m} (C_i - A_i)(1 + p)^{m-i+1}$$

式中：K_α——经济林资源资产成新率；

K、C_i、Ai、n 与始产期经济林资源资产价格评估的重置成本法中相同。

其中成新率的计算式：$K_\alpha = 1 - \frac{n - m}{u - m} = \frac{u - n}{u - m}$

式中：n——林分年龄；

m——林分始产期的最后一年；

u——林分的经济寿命。

林分质量调整系数应按现实林分年单位面积平均产量与参照林分年单位面积平均产量的比值来确定。

3. 现行市价法

经济林林分盛产期采用的现行市价法与始产期的相同。

（四）衰产期的经济林资源资产价格评估

衰产期经济林的产量明显下降，一年不如一年，继续经营将是高成本低收益，甚至出现亏损，因此应及时采伐更新。在这个阶段的经济林资源资产可用剩余价值法进行评估。特别是乔木树种的经济林中，其剩余价值主要是木材的价值。

六、经济林林地资产价格评估方法

由于经济林林地经营方式不同于商品林，其资产价格评估的方法也不同于商品林。经济林林地价格评估的方法主要有林地期望价法、现行市价法和年金资本化法等。

（一）林地期望价法

经济林是将经济林在无穷多个经济寿命期的纯收益（扣除了正常成本利润）全部折为现值作为林地的价格。在计算时先把各年的收入和支出（含成本利润）折算为经济寿命期末的价，然后再根据无穷递缩等比级数的求和公式将其求和，其公式为：

$$B_u = \frac{\sum_{i=1}^{u} A_i(1+p)^{u-i+1} - \sum_{i=1}^{u} C_i(1+p)^{u-i+1}}{(1+p)^u - 1}$$

式中：B_u——林地价值；

A_i——各年销售收入；

C_i——每年的经营成本（含税、费及合理利润）；

u——经济寿命期；

p——利率；

B_u——林地期望价。

该公式必须预测各年度的收益和经营成本，计算较困难。为了便于计算，可假设造林的成本相同，盛产期收入相同，盛产前期的销售收入相近，每年的经营成本大体相同。

这样该公式可简化为：

$$B_u = \frac{A_n[(1+p)^n - 1](1+p)^{u-n}p^{-1} + A_m[(1+p)^m - 1]p^{-1} - C(1+p)^u}{(1+p)^u - 1} - \frac{V}{p}$$

式中，B_u——林地价值；

A_n——始产期的平均年收益；

A_m——盛产期的平均年收益；

C——造林时的投资；

V——年平均营林生产成本；

n——始产期的年数；

p——利率；

m——盛产期的年数。

该公式分盛产前期和盛产期两段计算经济林的收益，其资料收集较为容易，计算也大为简化，是经济林林地资产价格评估中常用的方法。

（二）年金资本化法

林地地价的年金资本化法是以林地每年的平均纯收入（地租）作为投资的收益额（利息），以当地该行业的平均投资收益率作为利率，来求算其本金—地价的方法。其计算公式为：

$$B_u = R/p$$

式中，B_u——地期望价；

R——年平均地租；

p——投资收益率。

该公式简单易算，关键问题是确定年平均地租和投资的收益率。在经济林林地资产价格评估中，由于林地上的经济林木在较长的时间内每年有稳定的收入，其地租也较稳定并经常每年定期付给，这样在每年支付地租的经济林资源资产价格评估中经常采用该方法。

（三）现行市价法

在所有林种的林地资产价格评估中现行市价法的公式都相同，但在经济林林地资产的评估中比商品林更为复杂。其考虑的因子除了立地质量和地利等级外，还应考虑其上经济林树种、品种、年龄和经营年限。最好能找到3个以上与被评估资产的立地质量、地利等级、树种和品种、林木年龄相近的评估案例作为参照物，然后进行综合的评价。

经济林林地资产的评估与经济林林木资源资产价格评估一样，必须注意经济林的产量预测、造林成本的预测、经济寿命期的确定、经营风险的确定及投资收益率的确定。

七、经济林资源资产价格评估中必须注意的几个问题

经济林林地资产的价格评估与经济林林木资产的价格评估一样，都必须注意经济林产量的预测、经济林成本的预测、经济寿命期的确定、经营风险的确定及投资收益率的确定。

1. 经济林产量的预测

经济林产量预测是经济林资源资产价格评估中极为重要的数据，也是用收益现值法评估经济林资源资产的难点。因为经济林的年产量随经营水平、气候条件、品种均发生较大的变异，而且产量调查均有季节性，给调查和资料的统计分析带来了困难。因此，为全面展开经济林的评估工作，必须组织力量编制经济林各树种各品种的收获预测表。特别需要摸准大、小年各自的平均产量预测。

2. 经济林有关资料的收集

经济林有关资料的收集也是评估中的一个关键问题。由于过去国营林业单位都是以用材林为主，对经济林不重视，经济林的档案管理极为粗放，许多基础数据均未填入档案，造成许多资料收集很困难。另外，评估所需的有关技术经济指标收集工作量大，涉及面广，而且对评估的结果影响极大，必须下大力，认真收集。

3. 经济林资源资产的调查

在森林资源调查中，经济林资源的调查多处在从属地位，不受重

视。经济林资源的家底多数不清，调查的方法不完善，项目不齐全，这也给经济林资源资产的评估带来了许多困难。因此，在经济林资源资产价格评估前，应专门组织一次经济林资源资产调查。

4. 经济林资源资产的评估方法

经济林资源资产的评估方法目前尚不规范，特别是经济林产品纯收入的测算，更是五花八门，给评估的结果带来了混乱。经济林的产品形式多样，测算的计量单位，收获的时间间隔各不相同，必须对其进行系统的研究，制定一套针对不同产品形式的计量方法，并对经济林资源资产的评估确定相应的计算方法。

第三节　竹林资产价格评估

竹子根据其有无竹鞭，可分为散生竹、丛生竹和混生竹三大类。我国竹子中以散生竹的分布最广、数量最多。散生竹中仅毛竹一种就占了全国竹林面积的70%，经营毛竹林成为我国农村脱贫致富的重要途径。

竹林的产出多，相对的投入也高，在改革开放后，经营性的竹林大多数分户经营，其产权关系比较明确，实施的控制较为有效。因此在竹林的资源中人工经营的部分，均具有资产的属性，都可列为竹林资源资产。这些资产中最重要也是面积最多的是毛竹林资源资产。其次是散生竹中的篓竹，丛生竹中的麻竹、绿竹、藤枝竹及混生竹的茶杆竹等。这些竹林资源资产是许多农户最重要也是最大宗的资产。我国竹林资源资产的市场正在逐步形成。同时，乡村集体经济组织对竹林的地租收取标准、竹林承包上交金额的标准也急需修订，这些工作都离不开对竹林资源资产的评估。

一、竹林资源资产的特性及经营特点

竹林是一个特殊的林种，在森林法中，竹林归入用材林，但由于竹林调查和计量的特殊性，在《森林资源调查主要技术规定》中，它独立为一个林种。竹林资源资产不仅调查方法与用材林不同，而且在经营上和资产本身的性质上也有其特殊的地方。它主要的特点有：

（一）竹子生长快，周期短

竹子生长速度极为迅速，其竹笋从出土到长成时间很短，如毛竹这样的大径竹种最长也仅需 50～60 天，一些小径竹种仅需 15～30 天，生长快时一昼夜可长 1 米左右，这以后竹子的高径就基本上不发生变化，仅是内部竹材质地发生变化。竹林的成熟期短，成熟期较长的毛竹也仅 6～8 年，而其他小径竹多为 3～4 年，是林业中经营周期最短的树种。

（二）竹林资源资产的产量高，经济效益好

竹林资源资产都是一些高产量、高效益的竹林。以毛竹为例，经营好的毛竹林每公顷可年产竹材 20～30 吨，笋 25～30 吨，仅竹材产量就大大超过速生丰产标准，加上笋的产量、竹枝竹箨的利用，经营最充分的毛竹林年产值高达 3.0 万～4.5 万元/公顷，其他竹林如麻竹、绿竹经济效益也极为可观，经营得法仅竹笋每公顷可达 15 吨以上，产值也可达每公顷 2 万～3 万元。通常，一般竹林只要稍加管理，其每公顷收入均可超过 4500 元。年投入和产出比一般都在 2 以上，大大超过了其他林种的产值。

（三）竹林的采伐对生态破坏小

竹林一般都采用单株择伐，要求砍老留幼，砍密留稀，砍小留大，砍弱留强。它分为连年择伐或隔年择伐。以毛竹为例，连年择伐一般采伐强度不超过 16%，隔年择伐一般不超过 30%，都属于中、弱度的择伐。而且竹子的口径较小，小径竹的胸径不过 2～3 厘米，大径竹最大

的也不超过20厘米，树冠也小。竹杆及枝条柔韧，采伐时不易压坏相邻竹和地被物，择伐后林相仍很完整，地被物无显著变化，对生态环境破坏小。有些竹种不仅根系发达，护土能力强，而且耐水淹，耐冲击，是护岸林的最好树种。

（四）竹林的更新能力强，垦复容易

竹子的根系有很强的分生繁殖能力。散生竹林如毛竹有在土壤中横向生长的穿透能力很强的竹鞭，竹鞭既是养分贮存和输导的主要器官，又是有很强分生能力的器官。采伐后，无需人工更新，只要护笋养竹，就有足够的新竹形成。在有竹种的地方，仅须稍加垦复，就可迅速成林。丛生竹没有横向发展的竹鞭，但它的杆基、杆柄具有很强的分生繁殖能力，采伐后也不需要人工更新。然而丛生竹林扩张能力差，它只能缓慢地向四周扩张。一般散生竹造林较难但垦复易，多通过垦复来扩张面积；而丛生竹造林较容易，故应采用造林扩大面积。

（五）部分竹林有大小年的特点

在竹林中一些竹种的大小年十分明显，如竹子中面积最大的毛竹，一年大量发笋长竹，一年换叶生鞭，交错进行，每两年为一个周期，发笋养竹的那一年称大年，换叶生鞭的那一年称小年。在经营粗放的毛竹林中大小年明显，大年挖笋，小年砍竹，笋和竹材的产量波动较大。经营集约的毛竹林，林中的大小年竹的数量相当，林分的大小年不明显，竹林的产量较稳定，称花年毛竹林。其他竹种的竹林大多数没有明显的大小年。

（六）竹林的调查技术和计量单位都较特殊

竹林的调查方法和计量单位与一般的用材林不同，竹林调查大多采用样圆法进行，不仅要调查胸径、树高、株数，还要调查均匀度、整齐度等特殊项目。其数量按百株统计，而出售经常以重量（吨）计，笋产量也是以重量（吨）计。

（七）竹林具有异龄林的性质

竹林是典型的异龄林，它具有异龄林的一些基本性质，如林地资源资产的价值与其上生长着的竹子资产不可分割，无法用土地期望价来计算其土地价格。林地和采伐后留下的竹子共同构成一个具有巨大生产力的固定资产。笋和竹材的产量是以年为单位连续而不间断，其择伐周期为1～2年，一年的称为连年择伐，择伐周期为两年的称隔年择伐。

（八）竹林的经营要求高投入

竹林的产量高，每年从竹林土地上取走的干重多的每公顷达数吨（鲜重数十吨），如此大的地力消耗须补充。在集约经营的竹林中，每年都需要大量地施肥，其成本投资十分高昂，当然也有粗放经营的，低投入、低产出的竹林。

竹林由于有上述种种特点，因此其调查和评估方法都有异于其他林种。

二、竹林资源资产清查和评估有关资料的收集

竹林资源资产的清查是竹林资源资产价格评估的第一个环节。由于竹子生长快，生长的周期短，竹林中结构的动态变化较快，因此，竹林资源资产清查一般不能用竹林档案材料的核查来代替，在评估前要求进行较为全面的竹林资源资产调查。

（一）竹林资源资产清查的项目

竹林资源资产清查除了正常森林资源资产清查中需要调查的平均胸径、平均树高、株数以及各竹林小班的面积、立地质量、郁闭度、地利等级、权属外，还应增加如下项目：

1. 年龄结构调查

竹林的年龄结构（即各龄级的株数分布）的合理与否直接影响竹林的发笋能力。因此，它是评估竹林资源资产价格的一项重要指标。在

森林资源调查中，同龄林一个林分仅一个平均年龄，调查简单；在异龄林中年龄结构主要用胸径结构来反映。在竹林中不同年龄的竹子直径大小是基本一致的，不能通过直径大小来反映。但不同年龄的竹子竹杆的颜色、竹节有一定的变化，竹叶换叶也有一些痕迹，据此可判断竹子的年龄。在大径竹，如毛竹集约经营时，还在每年新竹上标上记号和年份来识别年龄。

在竹林年龄结构的调查中，要求判断样圆内每株竹的年龄，通过若干个样圆的调查，求出各年龄立竹的株数比例，进而推算全林各年龄的立竹株数。在毛竹林的调查中，年龄经常按度计算，毛竹换叶的次数为度数，毛竹新竹当年换叶，其后，每两年换一次叶。因此，毛竹的一度竹仅一年，以后每度为两年。

2. 整齐度调查

整齐度是指立竹胸径大小的整齐程度。丰产的毛竹林不仅要求胸径要大，而且要求直径大小整齐，即整齐度要高。

整齐度定义为林分立竹的平均胸径与林分立竹胸径标准差的比值，该比值越大，立竹胸径的差异越小。据南京林业大学的研究结果，整齐度大于等于7的竹林为整齐竹林，整齐度在5～7之间的为一般整齐竹林，整齐度小于5的为不整齐竹林。丰产林的竹林要求整齐度大于等于7。

根据整齐度的定义，要提高整齐度，一是要提高林分的立竹平均胸径，平均胸径越大整齐度越高；二是减少胸径的变化，即降低平均胸径的标准差，标准差越小，整齐度越大。因此在其他条件基本相同的情况下，整齐度提高，竹材的产量和出笋量也随着提高。

整齐度的测算必须测定样圆内所有样竹的胸径，将一个林分内调查的若干个样圆的资料汇总，计算其平均胸径及其标准差。

3. 均匀度调查

均匀度是指林分中立竹分布的均匀程度。丰产的竹林不仅要求立竹的大小整齐而且要求分布均匀，均匀度高的竹林，竹株受光均匀，营养空间利用合理，光能利用率高，产量也高。

均匀度通常定义为样地株数的平均数和标准差的比值。均匀度大于等于5的为均匀竹林，均匀度3～5的为一般均匀竹林，均匀度小于3的为不均匀竹林。丰产竹林要求均匀度达到大于或等于5的水平。在其他条件基本相同的条件下，随着均匀度的提高，出笋量也增加。

均匀度的调查要求每个资产小班要有一定数量的样圆（至少10个以上），每个样圆计算其株数，按所有样圆计算株数的平均株数及其标准差。

4. 出笋量调查

当年的出笋量是测算笋价值的重要基础数据。出笋量的调查只能在笋期刚结束时进行，既要调查已成幼竹的数量，也要调查已被挖走的笋的数量。对于已挖走的笋的数量和退笋的数量的调查要特别细致，因为笋挖走后笋头有的已被土掩盖了。

过去的出笋量必须根据历史档案材料查找，或询问当地的经营者。

5. 生长级调查

生长级是反映竹类立地条件和经营水平的一个综合性指标。生长级以立竹的平均胸径来划分，立地条件好，经营水平高，立竹的平均胸径大，生长等级就高。以毛竹为例，我国将毛竹林分为5个生长级，胸径12厘米以上为Ⅰ级，10～12厘米为Ⅱ级，8～10厘米为Ⅲ级，6～8厘米为Ⅳ级，6厘米以下为Ⅴ级。

6. 经营级的调查

经营级主要体现竹林的经营水平，不同经营水平的竹林的产笋量和产竹材量相差很大。经营级根据经营措施的配套情况和持续时间划分为三个等级。

Ⅰ经营级：有除草、松土并适当施肥等整套改善土壤理化性质的措施，有一套合理留笋养竹、合理采伐的制度，能及时防治病虫害，并连续实行6年以上。

Ⅱ经营级：每年劈山一次，注意留笋育竹和合理采伐，但不能形成一套科学的留笋养竹和采伐制度，一般能注意防治病虫害，连续这样经营6年以上。

Ⅲ经营级：两年劈山一次，不能做到合理留笋养竹和科学采伐，没有进行病虫害防治，并这样连续6年以上。

经营级的调查要求收集近年的竹林经营档案和财务档案。在未建立档案的地方应向原经营者了解，并根据该地立竹株数、年龄分布、生长等级情况进行核对。

对于已达到Ⅰ或Ⅱ经营级措施，但实施时间达不到6年的，原则上要降等，但必须在备注中详细注明。

7. 采伐情况调查

着重调查最近几年竹林的采伐情况，包括每年的采伐量、采伐的用工量等。

8. 丛数调查

在丛生竹中除了调查株数外，还必须调查丛数和每丛的株数、丛均匀度。在丛生竹的调查中样圆的半径应加大（一般样圆为3.26米的半径，丛生竹调查应扩至5米以上）。

9. 立木蓄积量调查

竹林中尤其是在散生竹如毛竹林中经常混生有一定数量的乔木，在竹林资源资产中，这些立木的资产也必须计算在内，应调查其树种树高、胸径、株数及蓄积量。其蓄积量作散生木蓄积量处理。

（二）竹林资源资产调查的方法

竹林资源资产的价值较高，而且林中的动态变化较快。因此，竹林资源资产通常要求进行全面清查。当竹林资源资产数量很大时，也可考虑采用抽样调查法。

1. 全面清查

竹林资源资产的种类较少，一块竹林中一般竹种单一，而且立竹的胸径、树高的变化也较小，林下亦较干净。因此在竹林资源资产清查中一般采用典型样圆串法调查其胸径、株数和年龄，并测算其整齐度、均匀度。样圆的半径一般为3.26米（33.3平方米），一个调查点其样圆数至少在2个以上，每个资产小班必须有3个以上调查点，测算整齐度、均匀度和立竹年龄的测算样圆必须在10个以上，调查的总面积必须在3%以上。一般样圆仅需要调查立竹株数和平均胸径。

全面清查的竹林资源资产面积原则上应用罗盘仪导线法进行实测。在有万分之一地形图且调查员技术熟练时也可采用对坡勾绘的方法，进行勾绘。

全面清查是竹林资源资产调查中最常采用的方法。

2. 抽样调查

在竹林资源资产面积较大又集中连片而且只要求对总资产进行评估时（不细分各小班资产价格），为节省工作量可采用抽样调查的方法。

抽样调查时，样地一般采用机械布点，每隔一定间距布设一块样地，样地可采用方形样地、样圆串或样圆群等方式设置。样地内进行每竹检尺，并判断每竹的年龄。

3. 小班抽查法

在竹林资源资产面积大，而且有若干种不同的生长级、经营级时，可按原经营者提供的竹林资料，将其按生长级和经营级分为若干种类型，每个类型抽取部分小班进行全面调查，用抽查小班的清查结果来掌握各类型竹林的平均资产状况。

（三）其他有关评估资料收集

竹林资源资产的清查仅提供了资产的资源状态方面的材料，要进行评估还需要收集和调查有关资产经营和经济方面的资料。

1. 价格资料的收集及分析

竹林的价格资料主要是指竹材的价格和笋的价格。竹林的采伐和竹笋的挖掘是有季节性的，错过采集季节便没有这个产品也就没有该产品的现价。因此，竹林产品的价格大多是以最近一次采集季节的平均价格，作为现价的基础。由于市场的价格经常在变化，用上一季（通常是上一年）的价格作为现价是不合适的，因此在确定产品价格时必须根据近年来市场价格的变化趋势和价格指数对上一季的平均价格进行修正，以修正后的价格作为现价。

2. 竹林产量资料的收集

竹林的产量是竹林资源资产价格评估最基础的资料。竹林的产量有竹材产量和竹笋产量两大部分。对于毛竹林来讲，竹笋产量中还分为冬笋产量和春笋产量两大部分。

产量调查的目的是预测未来的产量。竹材产量的调查及预测相对较容易，通常竹林的采伐是纳入采伐限额内，采伐前要进行采伐作业设计，办理采伐证。而笋的产量调查及预测都较为困难，现地调查至多仅能调查到当年的产笋量，有时连当年的笋量都无法调查清楚，如毛竹春季春笋期后进行调查，最多仅能调查到其春笋的数量，而冬笋则无法调查。因此，笋产量主要通过社会调查和科学研究的资料分析得到。

如对某承包户，调查其挖冬笋和春笋的数量，根据其竹林的生长及经营等级，确定该等级的出笋量。另外也可用税收资料来估计当地的笋总产量，再求出单位面积平均笋产量（该方法经常偏低，在笋市场管理较严格的地方可以采用）。

用前人科研的成果评定笋的产量也是较为方便的产量估计方法。如原福建林学院在建瓯房道乡丰产示范林中建立的数量化类目得分表，见表5－2，以此构建春笋产量预测模型，预测春笋产量。

表 5－2　　数量化类目得分表

项目（X_j）	类目（X_{jk}）		因子得分
抚育措施 X_1	X_{11}	深翻	4212
	X_{12}	全锄	4848
	X_{13}	劈草	4219
	X_{14}	仅利用笋竹	4779
立竹度 X_2	X_{21}	＜1500	0
	X_{22}	1500～2100	329
	X_{23}	2100～2700	817
	X_{24}	2700～3300	2037
	X_{25}	≥3300	4
年龄结构 X_3	X_{31}	A	0
	X_{32}	B	－1364
	X_{33}	C	－507
树种组成 X_4	X_{41}	纯林	0
	X_{42}	＜20%	9
	X_{43}	≥20%	28
立地等级 X_5	X_{51}	Ⅰ	0
	X_{52}	Ⅱ	－2219
	X_{53}	Ⅲ	－3440
整齐度 X_6	X_{61}	＜5	0
	X_{62}	5～7	－329
	X_{63}	≥7	－1266
均匀度 X_7	X_{71}	＜3	0
	X_{72}	3～5	－606
	X_{73}	≥5	－144

续表

项目（X_j）	类目（X_{jk}）		因子得分
叶面积指数 X_8	X_{81}	<4	0
	X_{82}	4～6	-467
	X_{83}	≥6	400
大年竹株数百分比 X_9	X_{91}	<0.5	0
	X_{92}	0.5～0.8	1453
	X_{93}	≥0.8	1365
表土层厚 X_{10}	X_{101}	<15	0
	X_{102}	15～20	222
	X_{103}	≥20	948

[例 5.9]　南方某林场的一片毛竹纯林，立竹度每公顷 2834 株，年龄结构不合理，立地等级Ⅱ级，整齐度 7.6，均匀度 4.8，叶面积指数 5.3，大年竹占 60%，土壤表层厚 21 cm，前一年已深翻。试求该毛竹纯林每公顷产春笋的数量。

解：查表 5－2 得：

$$4212 + 2037 - 507 + 0 - 2219 - 1266 - 606 - 467 + 1453 + 948 = 3585$$

则该林地每公顷产春笋 3585 个，平均笋重 2.5 kg；若留笋 600 个养竹，则每公顷产笋 7462.5 kg。

3. 经营成本资料的收集

竹林的经营成本调查通常较为简单。在调整好的竹林中，主要是每年除草、翻土、施肥以及挖笋和砍竹的投工、投资。它们每年的数额大致是相同的，在新造竹林中有劈杂炼山、挖穴整地、种竹、抚育施肥以及母竹的购买和运输费用，每年的费用均不相同，在刚垦复和调整好的竹林，每年的抚育改造费用较相近，但挖笋采伐的成本大不一样，随产量增加而增大。

4. 税费资料的收集

竹类产品上交的税费主要有育林费、植物检疫费，不同地区的税费项目不同，如有些地区需征收增值税、教育费附加等。这些资料从竹和笋的经销部门调查即可获得。

三、竹林资源资产价格评估的方法

竹林资源资产的评估方法和一般资产价格评估一样，可以用重置成本法、收益现值法和现行市价法。不同测算方法适合于不同的竹林。竹林全是异龄林，但择伐周期短，多为1～2年，主伐年龄也较短，大径的毛竹一般为6～8年，小径竹一般3～4年。因此，竹林资源资产主要可分为三种类型：一是新造的未投产的竹林；二是已经成林投产，但由于前期失管或管理不善，年龄结构不合理的未调整好的竹林；三是已调整好的竹林。三种类型的竹林资源资产价格评估的测算方法不相同。

（一）新造未投产的竹林资产价格评估

新造竹林资产投资的成本明确，宜采用重置成本法，也可用现行市价法。

1. 重置成本法

新造竹林第一年的生产成本主要用于母竹的购买、运输及劈山清杂，挖穴整地，施肥定植，除草松土，地租，管护费用分摊等费用支出；第二年以后主要是除草松土、施肥、地租、管护费用分摊等，其成本相对较稳定。竹林资产价值计算公式为：

$$E_n = K \cdot \sum_{i=1}^{n} C_i \cdot (1+p)^{n-i+1}$$

式中：E_n——竹林资产价值；

C_i——第 i 年成本费用；

p——投资收益率；

n——造林后的年数。

重置成本法中成本的计算应以社会的平均成本计算，并应对现在竹林的成活（株数）和生长情况（平均胸径）与参照竹林进行比较，以确定一个调整系数 K，并用这个系数对原测算结果进行调整。

2. 现行市价法

在竹林资产交易市场公开、活跃、发育完善，并有与待评估竹林资产类似的 3 个或 3 个以上已被评估或转让的竹林资产交易案例的条件下，可用现行市价法。其公式为：

$$E_n = \frac{S}{n}\sum_{i=1}^{n} G_i \times K_i \times K_{ij}$$

式中：E_n——竹林资产价值；

G_i——第 i 个案例竹林资产单位面积交易价格；

K_i——价格调整系数；

K_{i1}——第 i 个案例竹林林分综合调整系数；

S——待评估经济林资源资产面积。

综合调整系数 K_{ij} 应用现实竹林株数、平均胸径、运输成本与参照竹林进行比较确定。

（二）年龄结构不理想的竹林资产价格评估

年龄结构不理想的竹林大多是由于缺乏合理的采伐制度和留笋养竹制度及经营粗放造成的，这类竹林年度间的竹材和笋产量变化较大，宜采用收益现值法，也可采用现行市价法进行价格评估。

1. 花年竹林收益现值法

花年竹林即大小年不明显的竹林，其收益现值法是将收益值分为调整期和稳产期两段进行计算。如果幼龄竹数量太少，则调整的年限较长；幼壮年竹数量足够，而成龄竹较少，则调整期较短。调整期最长不应超过 6 年，具体的年数应根据竹林的现有年龄结构确定。花年竹林的收益现值法计算公式如下：

$$E_n = \sum_{i=1}^{n} \frac{S_i}{(1+p)^i} + \frac{S_l}{p \times (1+p)^n}$$

式中：n——调整期的年数；

S_i——调整期内各年的预测纯收入；

S_l——调整期后进入稳产期时预测的年纯收入；

p——投资收益率。

［例5.10］ 湖里村2008年拟转让新垦复尚未进入稳产阶段的毛竹林面积4 hm^2，该地毛竹林为花年毛竹，不存在大小年现象，请根据下述有关经济指标评估其长期（无限期）转让价值。

（1）培育成本（每年）：

① 施肥：新垦复期间每年平均1300 元/hm^2，进入稳产期后每年975 元/hm^2（两年施肥一次，每次施肥的肥料款1350 元/hm^2、施肥工资600 元/hm^2，合计为1950 元/hm^2）。

② 深翻抚育：新垦复期间每年平均1200 元/hm^2，稳产期后四年一次，每次2400 元/hm^2，平均每年600 元/hm^2。

③ 除草：每年750 元/hm^2。

④ 管护费（主要包括护林、病虫防治等费用）：195 元/hm^2。

（2）竹林竹材产量和竹笋产量预测。

根据调查该村评估对象附近稳产竹林近几年来平均年竹材采伐量，预测评估对象稳产成年竹林单位面积年产竹材375 株/hm^2，产笋1950 kg/hm^2。新垦复竹林4年后即从评估基准日后第5年达稳产状态。进入稳产的前4年，每年产竹产笋少且数量不等，其各年产竹材、笋数量预测如表5－3所示。

表 5－3　　　　新垦复竹林竹材和竹笋产量预测表

年度	1	2	3	4	5	6
竹材（株/hm^2）	150	225	300	345	375	375
竹笋（kg/hm^2）	975	1200	1500	1800	1950	1950

（3）竹材价格和经营成本。

① 竹材价格：平均每根价格为 13.5 元。

② 采伐成本：3 元/根（含运输费用）。

③ 税费合计：0.36 元/根（其中育林费 0.35 元/根；检疫费 0.01 元/根）。

（4）竹笋价格和经营成本。

① 价格：冬春笋平均价格为 2 元/kg（其中冬笋 10%，早春笋 25%，晚春笋 65%）。

② 税费：育林费加检疫费：平均为 0.018 元/kg。

③ 挖笋成本（含运输费用）：按售价 30% 计算为 0.6 元/kg。

（5）竹林采伐、挖笋成本利润率确定：竹林采伐、挖笋成本利润率为 20%。

（6）竹林地租：据调查研究，竹林年地租通常为每年 450 元/hm^2。

（7）投资收益率：竹林投资收益率定为 10%。

解：由于竹林尚未进入稳产期，采用收益现值法分段计算。竹林资产未来各年纯收入计算：

竹材销售纯收入 $=13.5-3\times1.2-0.36=9.54$（元/根）

竹笋销售纯收入 $=2-0.6\times1.2-0.018=1.26$（元/kg）

第 1 年每公顷纯收入 $=9.54\times150+1.26\times975-1300-1200-750-195-450=-1235.5$（元/$hm^2$）

第 2 年每公顷纯收入 $=9.54\times225+1.26\times1200-1300-1200-750$

$-195-450=-236.5$ （元/hm^2）

第 3 年每公顷纯收入 $=9.54\times300+1.26\times1500-1300-1200-750-195-450=857$ （元/hm^2）

第 4 年每公顷纯收入 $=9.54\times345+1.26\times1800-1300-1200-750-195-450=1664.3$ （元/hm^2）

第 5 年起每公顷纯收入 $=9.54\times375+1.26\times1950-975-600-750-195-450=3064.5$ （元/hm^2）

4 hm^2 竹林资产价格评估值为：

$E_n=[(-1235.5/1.1)+(-236.5/1.1^2)+857/1.1^3+1664.3/1.1^4+3064.5/(0.1\times1.1^4)]\times4=85571$ （元）

2. 大小年竹林收益现值法

经营大小年明显的竹林，在进入稳定阶段后，大年和小年的竹材和笋的收益均不相同。因此，可将其看成两个以两年为周期进行永续作业的总体，并将其收益现值相加，再加上调整期内的收益现值。其计算公式为：

$$E_n=\sum_{i=1}^{n}\frac{S_i}{(1+p)^i}+\frac{S_{I_1}\times(1+p)}{[(1+p)^2-1]\times(1+p)^n}+\frac{S_{I_2}}{[(1+p)^2-1]\times(1+p)^n}$$

$$=\sum_{i=1}^{n}\frac{S_i}{(1+p)^i}+\frac{S_{I_1}\times(1+p)+S_{I_2}}{[(1+p)^2-1]\times(1+p)^n}$$

式中，S_{I_1}——进入稳产期后大年的年纯收入；

S_{I_2}——进入稳产期后小年的年纯收入；

p——投资收益率。

3. 现行市价法

年龄结构不合理竹林的现行市价法和新造竹林的现行市价法计算公式是一致的，其综合调整系数应根据立地质量和竹林的年龄结构为依据进行确定。

（三）合理结构的竹林资产价格评估

合理结构的竹林是指经过调整，立竹的年龄结构已合理的竹林。这类竹林的经营等级为Ⅰ或Ⅱ级，竹林的产笋量和产竹材量都较稳定，其资产的评估宜采用收益现值法中的年金法（或称资本化法），也可采用现行市价法。

1. 花年竹林的年金法

花年竹林的竹、笋产量稳定，投入也稳定，其资产可直接用年金法测算，其计算公式为：

$$E_n = \frac{S}{p}$$

式中：S——年纯收入；

p——投资收益率。

［例 5.11］　某村 2008 年拟转让已进入稳产的成年毛竹林面积 10 hm^2。该地毛竹林为花年毛竹，不存在大小年现象，请根据下述有关经济指标评估其长期（无限期）转让价值。

（1）培育成本（每年）。

① 施肥：进入稳产期后每年 975 元/hm^2（两年施肥一次，每次施肥的肥料款 1350 元/hm^2、施肥工资 600 元/hm^2，合计为 1950 元/hm^2）。

② 深翻抚育：稳产期后四年一次，每次 2400 元/hm^2，平均每年 600 元/hm^2。

③ 除草：每年 750 元/hm^2。

④ 管护费（主要包括护林、病虫防治等费用）：195 元/hm^2。

（2）竹林竹材产量和竹笋产量预测。

根据调查该村评估对象附近稳产竹林近几年来平均年竹材采伐量和竹笋产量，预测评估对象稳产成年竹林单位面积年产竹材 375 株/hm^2，产竹笋 1950 kg/hm^2。

（3）竹材价格和经营成本。

① 竹材价格：平均每根价格为 13.5 元；

② 采伐成本：3 元/根（含运输费用）；

③ 税费合计：0.36 元/根（其中育林费 0.35 元/根；检疫费 0.01 元/根）。

（4）竹笋价格和经营成本。

① 价格：冬春笋平均价格为 2 元/kg（其中冬笋 10%，早春笋 25%，晚春笋 65%）。

② 税费：育林费加检疫费：平均为 0.018 元/kg。

③ 挖笋成本（含运输费用）：按售价 30% 计算为 0.6 元/kg。

（5）竹林采伐、挖笋成本利润率确定：竹林采伐、挖笋成本利润率为 20%。

（6）竹林地租：据调查研究，竹林年地租通常为每年 450 元/hm^2。

（7）投资收益率：竹林投资收益率定为 10%。

解：由于竹林已进入稳产期又是花年竹，采用年金资本化法计算：

$$\text{竹材销售纯收入} = 13.5 - 3 \times 1.2 - 0.36 = 9.54(\text{元}/\text{根})$$

$$\text{竹笋销售纯收入} = 2 - 0.6 \times 1.2 - 0.018 = 1.26(\text{元}/\text{kg})$$

每年每公顷纯收入：

$$S = 9.54 \times 375 + 1.26 \times 1950 - 975 - 600 - 750 - 195 - 450$$
$$= 3064.5(\text{元}/\text{hm}^2)$$

10 hm^2 进入稳产期竹林资产价格评估值为：$E_n = 10 \times S \div i = 10 \times 3064.5 \div 0.1 = 306450$（元）

2. 大小年竹林的年金法

大小年竹林的收入已达稳定，但大小年的收入差异明显，因此，可看做两年为周期的两个总体的年金相加。

$$E_n = \frac{S_{I_1} \times (1+p)}{(1+p)^2 - 1} + \frac{S_{I_2}}{(1+p)^2 - 1} = \frac{S_{I_1} \times (1+p) + S_{I_2}}{(1+p)^2 - 1}$$

3. 现行市价法

结构合理的竹林的现行市价法与新造竹林的现行市价法计算公式是一致的，综合调整系数应根据产量或纯收入为依据进行确定。

四、竹林林地资源资产价格评估

竹林资源资产价值实质是林地资源资产的价值与其林地中竹鞭更新能力价值之和。竹林是异龄林，具有异龄林经营的特点，其林地和立竹的收益紧密相连，难以分开测算。竹林是高收益的林种，每年都可能获得可观的收益。而且其经营的经济寿命期在正常条件下是无限的，可永续不断地经营下去。因此，竹林林地资源资产价格评估可用收益比例系数法、年金资本化法和现行市价法进行。

（一）现行市价法

现行市价法要求有发育充分、制度健全完善的资产交易市场，且有3个或3个以上的交易案例。在竹林林地资源资产价值测算时必须依成交案例与待评估资产在年龄结构、均匀度、整齐度、立竹度、经营级、生长级的差异，综合确定其调整系数，用调整系数对参照案例的成交价进行修正。通过对3个以上案例的交易价修正，综合确定其待评估林地资源资产的价值。

（二）收益比例系数法

竹林的年经济效益较稳定，收益时间很长，计算其竹林（立竹和林地的综合体）的资产价值较为容易。但竹林是异龄林，其立竹的重置成本测算困难，无法准确划分哪是林地产生的价值，哪些是立竹产生的价值。因此竹林的林地资源资产价格评估和立竹资源资产价格评估一样经常借助比例系数法，即按一定的比例将竹林的总资产价值分为林地的价值和立竹的价值。其比例系数通常选用当地用材林经营中地租收入占经营总收益的百分比。直接用这一比例系数乘上竹林的总价值，就得到竹林林地资源资产的价值。

（三）年金资本化法

竹林林地资源资产的年金资本化法仅在竹林的经营者已明确每年交纳稳定的地租时采用。由于竹林的经济收益大，且每年都有稳定的收益，因此竹林的经营者每年向林地的所有者交纳规定的地租的情况比较多，这样就可以直接用竹林的年平均地租和投资的收益率测算出竹林的林地资源资产的价值。

五、竹林资源资产价格评估必须注意的几个问题

（1）竹林资源资产价格评估的方法和公式有多种，必须根据待评估竹林资源资产的年龄结构和经营方式来确定可采用的评估方法和公式。新造的竹林即年龄序列虽完整，但结构不合理的竹林，一般采用分段计算的收益现值法；年龄结构合理的竹林多采用年金法。现行市价法适用于各种状态的竹林，但其综合调整系数确定所依据的林分生长指标是不同的。

（2）竹林资源资产价格评估的关键问题是竹林产量的预测和年纯收入的计算。竹林的产量，尤其是竹笋产量的调查和预测都是较困难的。预测竹笋产量的模型虽已进行了一些研究，但仅是在局部的区域内进行的，其适用范围有限。因此，为了更好地进行竹林资源资产的评估，必须对竹笋的产量预测模型进行系统的研究，以建立系统的、适应性强的竹笋产量预测模型。

（3）竹林的调查从项目、内容到调查方法都有一定的特殊性，这些特殊的指标对竹林的产量有较大的影响，必须认真组织调查。

（4）竹林是异龄林，林地和立竹资产无法准确地分开，要单独研究测算其地价和地租是困难的。必须先将林地和竹林资源资产合并为综合性的资产进行评估，然后再按一定的比例将其地价和立竹价分开。这个比例目前尚无准确规定，必须根据其他林种的研究结果来确定。

第四节　公益林资产价格评估

公益林是以保护、控制、稳定、改善生态环境为主要目的的森林，包括防护林与特种用途林。

一、公益林资产价格评估的方法

根据公益林资产的特点及其经营的特点，现行的一些森林资产价格评估的方法受到一定的限制。

（一）收益现值法

根据公益林资产性质，它必须要有经济效益，而且其林地和林木资产不可分割，需进行综合性的评估，这决定了收益现值法是公益林资产评估中较为适宜的方法。

收益现值法即将公益林的无穷多个生产周期的木材生产的纯收入、防护效益的补偿费和每年支出的管理费用全部变为现值。其计算公式为：

$$E_t = A_t / [(1+p)^{t-1} - 1] - (V - B)/p$$

式中：E_t——公益林资产的收益现值（含林地、林木及其他收益）；

A_t——择伐或渐伐的木材生产纯收入（已扣除木材生产成本，销售成本，成本的利润税、金、费）；

V——公益林资产年度的管理和保护费用；

B——社会或国家已确定的合理的年度防护效益的补偿费用；

p——年利率；

t——择伐周期或轮伐期。

本公式是假设该公益林资产价格评估基准日后 t 年（一个生产周期）方可择伐或渐伐的。如果可进行采伐的时间不是一个完整的周期（t 年），则公式改为：

$$E_t = A_t(1+p)^{t-k}/[(1+p)^{t-1}-1]-(V-B)/p$$

式中：k——评估基准日至采伐的时间间隔。

如该公益林的面积较大，择伐周期为 t，每年都可择伐总面积的 $1/t$，每年的纯收入 为 A_t，则计算公式可简化为：

$$E_t = (A_t - V + B)/p$$

以上各式均以天然更新为前提，没有考虑造林更新、抚育间伐的费用及收入。如考虑这些开支及收入，则上述各式中的 A_t 值在渐伐作业中为：

$$A_t = Y_t + Y_v(1+p)^{u-v} + Y_r(1+p)^{u-r} + D_a(1+p)^{u-a} + D_b(1+p)^{u-b} + \cdots + C$$

式中：D_a、D_b——第 a 年、第 b 年的间伐收入；

C——造林费用；

u——间伐作业的更新期限；

Y_t——后伐纯收入；

Y_v——预备伐纯收入；

Y_r——下种伐纯收入；

v——预备伐的年龄；

r——下种伐的年龄。

在上式中，因第一期造林费用早已投入，以林木形式存在；第二期以后的造林费用合计为 $C/(1+p)^{t-1}$。上式在净现值公式中为 $A_t/(1+p)^{t-1}$，所以式中的造林费用仅保留 C。

在择伐作业中，因为间伐与主伐同时进行，采伐成本与主伐的收入几乎是同一时刻发生的，所以 $A_t = Y_t - C$

以上各式计算的结果均为公益林林地和林木资源资产的综合价值，如要求得单独的林地资产或林木资源资产，则可采用比例系数法和剩余价值法。

比例系数法即按当地习惯的林木收入与地租的分成比例并参照被评估林地的立地质量和地利等级确定其比例系数，并按该比例分出林木资源资产价格和林地资产价格。

剩余价值法也是将收益现值扣除现有林木的价值剩余项为林地价值。

（二）收获预测法

公益林的林木资源资产价格评估的估算用重置成本法计算困难。因此，要单独估计其林木的资产，可采用收获预测法。收获预测法是根据林分的现实状况，利用有关的经营数表预测其在采伐时的收获，将其收获和扣除地租及从现在到采伐期间的经营成本，并将剩余项折现成该林地上的林木价值。公式表示为：

$$E_n = \frac{A_u + D_a(1+p)^{u-a} + D_b(1+p)^{u-b} + \cdots}{(1+p)^{u-n}} - \sum_{i=n}^{u} \frac{(C_i - B_i)}{(1+p)^{i-n+1}}$$

式中，C_i——年生产经营成本；

B_i——年防护效益补偿费用；

n——林分年龄；

u——采伐年龄；

p——年利率。

二、种子林资产价格评估

种子林指生产优良品质的林木种子的森林，主要包括母树林和种子园。

种子林的经营一般较集约，尤其是种子园的经营强度一般不低于高产出的经济林，而且产权明确，经营和控制完全，因而所有的种子林均为森林资产。

种子林资产与生产果实的经济林相似，由林地、林木及树上的果实（种子）三方面构成。

种子林资产的经营特点与经济林相似，但又不同于经济林，其资产的调查、评估的方法也有自身的特点。

（一）种子林资产的特点

1. 种子林的经营水平差异较大

经营粗放的种子林如一般的母树林，仅比一般商品林稍高一点，而经营水平最高的能达到高产的果树的经营水平。

2. 种子林的地利等级高，立地质量好

种子林一般都选择在交通方便、地势平坦、阳光充足、土壤肥沃的地方，林地资产的地价较高。

3. 种子林的林木价值通常较高

由于其立地条件好，立木株数少，树木的直径大，单株的立木价值很高，在种子林的资产价格评估中要充分评估林木资源资产的价值。

4. 种子林生产的种子遗传增益高，价格也高

遗传的增益高，可以增加木材的产量30%～50%，产生很大的经济效益，要按种子的品质遗传增益计算种子价。

5. 种子林资产经营的风险较大

其资产经营的风险要高于一般的商品林和经济林。

（二）种子林资产清查和评估资料收集

在资产价格评估时，种子林清查的项目主要有种子林的地况，立地、地利、面积、树种、株数、年龄，直径、树高、材积、产量、良种的价格、良种的增益，母树的生长发育周期，建园的成本，经营的成本等。

1. 地况调查

林地面积可精确至0.01公顷，地利等级和立地条件按经济林资源资产清查的要求进行。

2. 林况调查

树种、株数、树高、胸径、蓄积量、年龄、出材率、种子产量，树冠大小、母树的生长发育阶段等。

3. 良种价格调查

母树林种子、高代种子、第一代种子评估时要查清市场上各类种子的价格。

4. 建园成本调查

种子林是需要较大投入的，要详细调查原建园的技术标准，资金、人力的投入，以及现在的标准投入。

5. 种子林经营成本及收益调查

既要查清待评估种子林的经营成本和收益，也要调查社会平均的经营成本与收益，评估时要综合进行考虑。

6. 种子林经营周期调查

目前大部分种子林的经营周期尚未定论。因此必须根据待评估种子林的种子产量及木材生长的标准综合分析、确定。

（三）种子林资产的评估方法

1. 新建种子林资产的评估

新建的种子林一般采用重置成本法进行评估，即按原建园的和经营管理的技术标准，按评估基准日的价格和日工资、评估利率重新进行测算，确定重置价格。

2. 盛产种子林资产的评估

采用收益现值法，计算时必须要有种子林的经营周期的木材采伐的纯收入等，其计算公式为：

$$E_n = B_n[(1+p)^{u-n}-1]/[p\times(1+p)^{u-n}] + A_u/(1+p)^{u-n}$$

式中：B_n——种子林从现在到经营期末的年平均纯收入；

p——投资收益率；

A_u——种子林经营周期末木材采伐的纯收入。

3. 衰产期种子林资产的评估

在衰产期的种子林评估中一般按商品林成熟林的林木资源资产的评估方法进行评估。

（四）种子林资产价格评估中必须注意的问题

1. 必须认真预测种子林的产量并确定其经营周期

广泛收集有关的资料，认真分析研究，采用科学的方法进行预测确定。

2. 必须单独确定种子林木材的价格

种子林评估时必须单独确定其木材的平均价格，不能用一般同一年龄的商品林平均价格。其价格通常比一般商品林同龄林木高 90% 以上。

3. 必须适当提高种子林评估中的利率

由于种子林经营风险率要高于一般的商品林、经济林，在评估中选取的利率要比一般商品林、经济林评估的稍高，一般可提高 0.5～1.0 个百分点。

4. 必须按优质优价的原则确定种子林的种子价格

必须按优质优价的原则分别种子林的类型确定其种子园的种子价，高代种子园的种子增益较前一代的种子园的种子更高，应在原来的基础上提高一定的百分数，这个百分数可参考原测定的遗传增益的百分数来确定。

三、环境保护林资产价格评估

环境保护林是城镇、医院、疗养院、工业区、居民区为净化空气、改善环境、减轻污染、降低噪音为主要目的的森林、林木和灌木林。这些林子大多数是为特定的目的而人工栽培的植被。

环境保护林虽然经济效益低（甚至无经济效益），但由于它们可以得到必要的补偿，因而可以作为森林资产。

（一）环境保护林资产的构成

在现阶段环境保护林资产主要由三个部分构成。

1. 林地资产

环境保护林的林地资产是指城镇、医院、疗养院、工业区、居民区内承载着树木和花草的土地，其价格相当昂贵，但通常都附属在其附近的建筑物价格中。

2. 林木资源资产

环境保护林的林木资源资产包括乔木和灌木。这些林木资源资产的经济效益通常较低，但生态效益较好，它们的价格通常由重置成本法确定。

3. 花草资产

花草资产的价值一般也是由重置成本法来确定。

（二）环境保护林资产的特点

（1）环境保护林的产权关系明晰，服务对象明确。

（2）环境保护林的生态效益高，经济收益少，但已取得了必要的补偿。其经营生态效益的服务对象明确，经营者一般都能从服务对象处获得必要的经济补偿。

（3）环境保护林的建设和发展受到有关法规的严格保护。

（4）环境保护林的地理位置特殊，林地价格昂贵。其土地价格通常按市区或郊区的建筑用地计价，通常是一般商品林林地价格的数百倍，甚至上千倍。

（5）环境保护林的投入多、成本高。环境保护林的经营目的是改善、美化环境，减轻污染等，通常是按绿化、美化的要求进行。采用大苗移植（甚至使大树移栽）、施肥、浇水、修枝、治病、除虫等经营措施，其投入多，成本高。

（三）环境保护林资产调查

1. 林地资产调查

环境保护林林地资产价格昂贵，林地资产调查的面积精度要求很高，其面积通常要求用仪器实测。

2. 林木资源资产的调查

林木资源资产调查一般按三类调查要求进行。在面积较大的环境保护林调查中也可按二类调查中小班调查的要求进行。

3. 花、草资产调查

要求调查花、草的品种、数量、珍贵程度、培育的方法、经营成本等。

（四）环境保护林林木资源资产的评估

环境保护林中林木资源资产的评估一般采用重置成本法和现行市价法进行评估。

1. 重置成本法

因为环境保护林的主要效益是生态效益，这个效益通常要造林后数年才能充分发挥，这几年时间的生态效益的补偿必须在评估价格中有所体现。在实际评估中，在测算了重置成本的价格后，还应乘上一个买卖双方都认可的修正系数，才能作为评估的价格。

2. 现行市价法

选择类似的环境保护林的交易案例，然后再根据不同时间的价格指数和不同地理位置的区位指数将参照案例的价格调整为现行的市场价格。

3. 花、草资产的评估

花、草资产的培育时间较短，调查和计算都较简单，可按一般重置成本法和现行市价法进行。

（五）环境保护林必须注意的问题

（1）环境保护林中的林地资源资产是价格昂贵的资产，必须精确测定其资产的面积，根据当年的土地价格表进行套算，而不能用其他林地资产价格评估的方法计算。

（2）在重置成本价的基础上加上重置环境保护林资产的重置期间的生态效益的补偿，来作为评估的价格。这个补偿值必须由资产的所有者和购买者双方协商确定。

（3）环境保护林资产的重置成本法，必须按照城市绿化的标准进行测算。

第五节　森林生态系统服务功能资产价格评估

森林生态系统服务功能资产价格评估需执行《森林生态系统服务功能评估规范》（LY/T 1721—2008）。

一、森林生态系统服务功能概述

生态系统服务价值评估是指通过一定的技术手段对人类赖以生存的外部环境的生态功能及其提供生态服务的能力水平进行评价和价值判断的行为和过程。通过评估可以了解生态系统功能与服务的固定时点价值，亦可以通过不同时点（不同生态环境状态）间的比较掌握其价值动态变化趋势。

森林是陆地生态系统的主体，是陆地上面积最大、结构最复杂、生物量最大、初级生产力最高的生态系统，其特殊功能决定了森林在维持生态安全、维护人类生存发展的基本条件中起着决定性和不可替代的作用。

森林的生态系统服务价值包括森林的经济价值、生态价值以及社会价值。森林生态系统服务价值是森林价值不可或缺的组成部分。

开展森林资源价值（包括生态价值）评估，是客观测度林业建设成果、及时把握森林资产的存量及其动态、科学认识森林资源的经济与社会福利贡献等的一个客观评价手段，有利于提高公众的生态意识，为政府和部门科学决策提供客观依据，加快森林资源保护和生态环境建设。

二、实施森林生态系统服务功能价格评估的目的

1. 判断林业发展和森林经营的可持续性

林业发展可持续性的实质是资源存量不随时间减少，生态功能不随时间下降。而评估结果则从林地、立木以及生态等资源的存量和流量变化趋势给出判定，定量地、科学地揭示森林的可持续性。

2. 揭示森林对经济的全面贡献

传统上以木材经济总量衡量林业经济的规模，现在扩大到森林的全面价值，有利于揭示森林对于经济发展真实的社会、经济贡献。

3. 揭示森林对相关部门的真实贡献

通过评估森林资源的价值，可以揭示森林效益在不同社会部门之间的分配，区别森林的经济利用和生态利用，区别当地受益、“下游”受益和全球受益，以科学的数据表明评估区森林碳汇服务和生物多样性保护的全球贡献。

4. 为建立森林生态系统服务市场和生态效益补偿提供依据

碳汇、涵养水源、生物多样性等森林生态服务价值评估，有助于建立森林生态系统服务市场，或者帮助达成生态系统服务的交易。这些评估指标还是政府进行公共财政转移用于森林生态系统服务补偿的科学依据。

5. 为林分改造、提高森林质量提供直观依据

林分结构对森林生态服务具有直接影响，通过评估有助于综合考量不同类型林分提供生态服务的能力差异，为提高森林经营水平、促进林分改造、改善森林质量提供较为直观的依据。

6. 提升森林的冲突性用途的取向

人类对森林的总量需求与结构性需求（经济需求和生态需求）已经大于供给，森林评估可极其明显地揭示森林经营目标的最优、次优选择。

7. 评价非林业政策对森林利用的影响

对森林产生影响的政策主要是宏观经济政策和公共政策。森林资源价值评估的详细统计分析资料，可用于分析这些非林业政策的影响。

8. 推进生态文明建设

通过不同时间、不同区域之间的横纵向比较，可以从价值的视角，揭示森林资源的发展变化和未来前景，说明发展森林的重要性，从而有助于社会理解林业、支持林业，有助于形成爱林、护林的社会风气，和形成尊重自然、爱护生态的生态文明观念。

三、森林生态系统服务功能价格评估的体系

传统的森林价值评估对象只包括森林有形的实物资源资产。国家林业局发布的《森林资源资产评估技术规范（试行）》，也仅规范了林地、林木和森林景观三种资产。这已经难以满足社会发展的需求。

由于生态价值评估的特殊性，目前还没有形成统一的评估框架，但相关学者不断跟踪国际进展，开展案例实践，进行深入研究，参考大量国际权威文献制定了森林价值评估框架，已得到国际粮农组织的认可。

森林产品与服务可以分为三类：已市场化的产品与服务、准市场化的产品和服务以及未市场化的产品和服务。对于已市场化的产品与服

务，可直接按其市场价格进行估价；对于准市场化的产品和服务可用类似的市场价格信号进行估价；对于未市场化的产品和服务则用虚拟市场一类的方法。三类情况的估价技术有所不同，表 5－4 总结了森林资产、产品与生态服务的价值评估体系。

表 5－4　　森林资产、产品与服务的价值评估体系

市场化程度	资产、产品或服务的分类	参考性方法
1. 已市场化的（资产及产品）	林业用地的实物量和价值量（含沙地） 立木的实物量和价值量（含竹材） 经济林的实物量和价值量 花卉生产和交易的实物量与价值量 木材工业	市场价值法 生产成本法 用当地市场价格估价 用近似产品的价格估价
2. 准市场化的（产品及服务）	非木林产品的实物量和价值量 林业废弃物	用当地市场价格估价 用近似产品的价格估价 生产成本法
3. 未市场化的（森林生态服务）	涵养水源的实物量和价值量 防护水地和保育土壤的实物量和价值量 固碳制氧的实物量和价值量 净化环境的实物量和价值量 生物多样性的实物量和价值量 农业和住区防护的实物量和价值量 景观游憩的实物量和价值量	生态服务的支付（PES 法） 生产成本法 旅行费用法 享乐价格法 意愿调查法 碳税法 用碳排放许可的交易价格估价 用气候变化的损害来估价 损害成本法 联合分析

近年来，我国相继开展了全国及地区森林生态系统服务功能价值评估工作，如北京、上海、重庆、西藏等二十余省份，都曾开展了相关评估工作。此外，有关中介机构也参与到森林生态价值评估项目中来，如北京中林资产评估公司先后参与了陕西省森林生态价值评估、四川汶川大地震中对森林生态造成的损失评估、南方雨雪冰冻灾害造成的森林生态资源的损失评估等项目。

四、森林生态系统服务功能评估方法

森林生态系统服务价值评估是森林价值评估的难点。森林价值评估包括对存量资产的评估，更为重要的是对森林生产和生态服务的评估，也就是对价值流量的评估。

有几种生态资产，如碳储存，已经可以计量和计价了。但是，大多种类的生态资产，今天还不知道如何计量，如生物多样性资产等（但某些动植物资产可以计量）。对那些未市场化的生态资产的计量和计价是时代课题。

第六章 苗圃的价格评估

苗圃是指固定的林木、花卉育苗用地，也是林地中最小的地类，不包括母树林、种子园、采穗圃、种质基地等种子、种条生产用地以及种子加工与储藏等设施用地。苗木和花卉是苗圃地经营的主体，是生态建设中环境绿化美化的载体。随着我国生态文明建设步伐的加快和绿化事业的蓬勃发展，人工培育苗木、花卉的种类、品种越来越多。当前苗木、花卉种植培育形成自己的特色，不仅种植广泛，而且设施先进。搞好苗圃地和苗木、花卉价值评估工作显得十分必要。

按育苗技术规程要求，种子或接穗从播种和扦插到出圃定植期间的时期称为苗木培育期。它直接关系到苗木在市场上的价格。

第一节 苗圃地的价格评估

一、现行市价法

现行市价法也称市场比较法，它是根据和评估苗圃地相同或类似的林地使用权出让的交易案例，通过比较来确定评估林地使用权评估值的方法。在苗圃地的评估中，其计算公式与一般林地资源资产所用的公式相同：

$$B_u = K_{j1} \times K_{j2} \times G_j \times S$$

式中：B_u——林地资源资产评估值；

K_{j1}——第 j 个案例苗圃地立地质量调整系数；

K_{j2}——第 j 个案例价格指数调整系数；

G_j——第 j 个案例单位面积的交易价格；

S——待评估苗圃地的面积。

在苗圃地的评估中，参照物可以是类似的苗圃地，但由于苗圃地的交易较少，实际评估中经常采用立地质量相似的农地为参照物。林地质量调整系数通常采用影响农地价格的因子，如林地的肥力、林地的排灌条件、平整程度、交通条件、农地的粮食产量等指标，确定各个指标的权重，将待评估的苗圃地与参照的农地之间的各项主要指标的差异进行定量比较，综合确定出调整系数。

由于找到评估基准日时的交易案例是不可能的，在选择不同时期的交易案例时的价格水平发生了变化，必须根据价格指数来求得价格指数调整系数，用价格指数调整系数对评估值进行修正。在苗圃地资源资产的评估中，价格指数调整系数常用不同时期的粮食价格的比值来确定。

确定林地质量调整系数和价格指数调整系数后，根据调整系数和参照农地的市场成交价测算出评估的苗圃地使用权价格。

在采用该法时，由于农地使用权转让的交易案例较多，而且情况各异，因此，要尽量收集有关的材料，对资料中的不合理的因素应予排除；在相互比较时，其各指标要注意一致，进行量化分析。

二、收益现值法

苗圃地的收益现值按育苗收入计算极为麻烦，因为苗圃地上育苗的种类较多，各种苗木的育苗期限不同，经济效益也不相同，而且为了减少病虫的危害，苗圃地上经常要进行轮作，种一季水稻。因此，苗圃地的收益现值经常采用农田粮食生产的收益现值。

资产的评估价值 B_u = 该资产预期各年收益折成现值 E 之和。

式中：E——苗圃地上种植粮食的年纯收入（已扣除劳动工资、生产成本及税金费等费用)。

该法计算简单，资料来源容易，是最简单的评估方法。但在使用该法时要注意：

(1) 年纯收入 (E) 的计算。必须选择与待评估资产立地质量、地利等级类似的农地进行产量、成本及收益值的计算。

(2) 计算年纯收入时，如按当年的会计成本计算其成本，而未将其进行重置时，E 值内含有通货膨胀的部分，这时利率应包括通货膨胀因素，采用商业利率。如果测算 E 值时已对成本进行重置，扣除了通货膨胀因素，则利率不应包含通货膨胀利率。

(3) 如果苗圃地种的是经济林木或绿化苗，其收益值明显高过种粮食的收益值时，可将其地价适当调高。

(4) 如果年地租是明确，而且基本合理的，其承租的合同期又较长，则可直接取 E 为地租，进行测算。

三、林地费用价法

林地费用价法也称重置成本法、成本费用法，它是以取得林地所需费用和把林地维持到现在状态所需的费用，来估算林地评估值的方法。在苗圃地的评估中，取得林地所需的费用是指征占用苗圃地时所支付的成本；把林地维持到现在状态所需费用是指将原购置的土地改为苗圃地时的土地改良费，包括修路、平整、修建排灌设施的费用。其计算公式为：

$$B_u = A(1+p)^n + \sum_{i=1}^{n} M_i(1+p)^{n-i+1}$$

式中：A——林地购置费；

M_i——苗圃地购置后第 i 年投入的林地改良费；

n——购置的年限；

p——利率。

该法一般用于新建的苗圃，其土地购置的成本明确，年设施投入也明确，苗圃生产尚未正常使用。

在使用该法时必须注意：

（1）林地的购置费（A），在有条件时应尽可能采用重置成本；如无法进行重置，而采用历史成本时，其测算用的投资收益率必须包括通货膨胀利率。

（2）如果林地购置后一直在经营，当 A 是重置成本时，不再加算利息。当 A 是历史成本时，其投资收益率含通货膨胀利率（即按通货膨胀重置其购置成本）。

（3）如果林地购置后一直在进行改良而未正式生产，A 是重置成本价时，投资收益率是不含通货膨胀的低投资收益率；A 是历史成本时，则投资收益率可采用市场投资收益率。

（4）K 为苗圃设施的成新率，它等于 1 减去折旧率。在评估时必须确定苗圃中各项设施的使用寿命，计算其折旧率或直接计算其成新率。

第二节　苗木、花卉的价格评估

一、苗木、花卉评估方法

采用市场价法，公式为：

$$B_u = K_1 \times P_1 + K_2 \times P_2 + K_3 \times P_3$$

式中：B_u——苗木评估价值；

$K_1 \sim K_3$——各级苗木生物量；

$P_1 \sim P_3$——各级苗木市场价格。

二、决定苗木、花卉价值的因素

（1）品种：不同品种决定不同价值。名、特、优价值昂贵。常绿高于落叶，彩色植物高于一般绿色植物；珍稀濒危的“活化石”植物更高。

（2）形体：高度、径级的大小、冠幅丰满程度、树木长势以及枝条生长情况和树木健康状况等都直接决定价值高低。奇型植物、造型植物价值大大高于常规植物。

（3）苗龄：苗龄越长，价值越大。绿化用的苗木年龄越大越昂贵。古木、古树由于年限长，文化价值更高。

（4）市场因素：物以稀为贵，市场供求关系对苗木、花卉价格有直接影响，在小规格苗木和新品种上尤为明显。受一次性“建园林”的工程理念影响，大规格苗价值远远高于小规格苗。

（5）本体价：视品种和年限而定。

（6）挖掘费：视当地劳动力的价值而定。

（7）包扎费：视当地劳动力和包装物的价值及包装要求而定。

（8）苗木经营利润：销售收入减去投入成本（苗圃地租用费、种苗费、管理费依据当地林业生产定额）。

（9）苗圃内运输费：视运距而定。

（10）其他费：税检费、装车人力费等。

生产操作标准应按照各地林业育苗技术规程确定。

三、现场勘验中应注意的问题

现场勘验是价格鉴定工作中最为重要的环节。苗木、花卉更是如此。勘验的粗与细直接影响市场价格信息采集的方向，现场勘验应注意四个方面：

（1）带齐勘验工具：数码相机（最好是摄像机）、皮尺（最好是卡尺和测距仪）、胶靴、勘验记录本。有条件的，带上苗木、花卉方面的工程专家。

（2）现场拍摄：拍照（摄像）是现场勘验必做的工作，一是因为请教专家时需要；二是以后复议打官司证据的需要；三是建立内部档案资料的需要。树苗、花卉的拍照要茂密处与稀疏处都拍摄，因为这影响到树苗、花卉每亩数量的确定；对大树特别是名贵的大树要取其全貌，因为这关系到树型好坏的确定。

（3）现场测量：要设定标准样地，测量树苗、花卉株行距、每平方米数量，搞好苗木分级；大树测量其高度、树径、冠幅。

（4）采集标本：名贵树木、花卉要采集标本，供专家鉴定其品种和内部建档案资料。

四、市场信息采集过程中应注意的问题

苗木、花卉市场价格信息的采集是确定其价值的基础，采集的方式、渠道尤为重要。采集过程中要注意以下三个方面的问题：

（1）采集的价格应是现行市场实际成交价格，量大的要咨询批量买卖价格。

（2）凡是本地区有同种品种的要采集本地区的价格，本地区没有的方可采集外地的，但外地的一定要考虑检疫、运杂费等。

（3）采价的方式、渠道：一是通过本地苗木、花卉交易市场调查；二是通过聘请的价格顾问作价；三是通过了解种植大户调查；四是通过网上查询。至少要询问三家以上。

需要特别指出的是，采集价格前，一定要先核准该种植物的名称（包括学名）、规格、价格类型；拿不准的，可请专家鉴定。要以购买者的身份，通过交易市场、种植户和网上采价。

总之，在苗木、花卉的价格评估过程中，第一，要让委托方在委托书上写明该植物的名称、规格、价格类型；第二，在现场勘验中要验明该植物的实际情况（特别是名称、规格中的高度、径级、冠幅、种植年限、树形等）是否与委托书上的内容相一致；第三，在价格信息采集中要尽量采集本地区的市场成交价；第四，在确定价格时，要根据不同的评估目的确定不同的价格；第五，对案值大的在出具正式报告书前，要征求委托方的意见。

五、苗圃评估常用的术语及规格应用

（一）常用术语

（1）苗木，指具有根系和苗干的树苗。凡在苗圃地中培育的树苗不论年龄大小，在未出圃之前，统称苗木。

（2）苗木种类，分为实生苗、营养繁殖苗、留床苗、移植苗、容器苗。

① 实生苗，又称直生苗、播种苗、有性繁殖苗。系用种子播种繁殖培育而成的苗木。

A. 凡以人为的方法用种子培育的苗木叫播种苗；

B. 在野外母树天然下种自生的苗木叫野生实生苗。

以上两种苗经移植过的移植苗都是实生苗。播种苗根系发达，苗木生长整齐、健壮、质量好；野生实生苗密度不匀，分化严重，根系不发达。

② 营养繁殖苗（无性繁殖苗），依据所用的育苗材料和具体方法又可分为：

A. 插条苗，也称扦插苗，用苗干或截取树木的枝条扦插育成的苗木；

B. 埋条苗，用苗干或种条，全条横埋于育苗圃地育成的苗木；

C. 插根苗，用树木或苗木的根，插入或埋入圃地培育的苗木；

D. 根蘖苗，又叫留根苗，是利用地下的根系萌出新条育成的苗木；

E. 嫁接苗，用嫁接方法育成的苗木；

F. 压条苗，把不脱离母体的枝条埋入土中，或在空中包以湿润物，待生根后切离母体而育成的苗木；

G. 组培苗，利用母体上的组织或细胞在营养液中育成的苗木。

③ 留床苗，在上年的育苗地继续培育的苗木。

④ 移植苗，上述各种苗木，凡在苗圃中把苗木移栽到另一块苗床（地段）继续培育的苗木叫移植苗。

⑤ 容器苗，利用容器培育的苗木。

（3）出圃苗，指苗木质量指标已达到造林要求的标准，能出圃用于造林的苗木。

（4）独本苗，系地面到冠丛只有一个主干的苗木。

（5）散本苗，系根际以上分生出数个主干的苗木。

（6）丛生苗，系地下部（根际以下）生长出数根主干的苗木。

（7）珍贵稀有树苗，确定为省级保护以上树种的苗木。

（8）萌芽数，系有分蘖能力的苗木，自地下部分（根际以下）萌生出的芽枝数量。

（9）分叉（枝）数，又称分叉数、分枝数，系具有分蘖能力的苗木，自地下地际部到枝梢萌发出的枝条数量。

（10）苗木高度，系苗木自地际部至最高生长点之间的垂直距离。以“H”表示。

（11）冠丛直径，又称冠幅、蓬径。系苗木冠丛的最大幅度直径和最小幅度直径之间的平均值。以“P”表示。

（12）胸径，又称胸高直径。系苗木自地面至1.30米处，树干的直径。以“ϕ”表示。

（13）地径，系苗木地际的直径，也称地表直径。以“d”表示。

（14）泥球直径，又称球径。系苗木移植时，根部所带泥球的直径。以“D”表示。

（15）泥球厚度，又称泥球高度。系苗木移植时所带泥球底部至泥球表面的高度。以“h”表示。

（16）苗龄，又称培育年数。通常以“一年生”、“二年生”……表示。系苗木繁殖、培育年数。计算年龄以苗木的主干年生长周期为准。即每年从开始生长时起，到当年生长停止时止，完成一个生长周期算作一龄。移植苗的年龄包括移植前的苗龄。

（17）重瓣花，系园林植物栽培，选育出雄蕊瓣化而成的重瓣优良品种。

（18）长度，又称蓬长、茎长，系攀缘植物主茎从根基部至梢头之间的长度。用“L”表示。

（19）匀称度，系球形植物冠丛的稀密程度。通常为球形植物的质量指标。

（20）平方米，系植物种植面积计量单位。以“m^2”表示。

（二）苗木规格的应用

（1）苗木规格的排列以先后次序排列，排在第一位是主要标准，其次均为辅助标准。

（2）确定苗木的实际规格，应先确定主要标准，再确定辅助标准，凡不符合规格的，可按相应标准，降级定价。

第三节　苗木成本的会计核算

苗木成本核算是苗圃经济核算工作的主要内容，如何准确合理地归集和分配生产经营活动所发生的费用，正确计量主客观因素对苗木成本带来的变化，是核算人员所面对的问题。

一、苗木成本的会计核算特点

苗木在未出圃前始终处于在产品状态，不同的费用发生在不同阶段，相同的费用也不会每月均衡发生。从苗前的改土、整地这些准备作业起，到苗前苗后的排灌、施肥及苗期的除草、间苗、用药等一系列田间管理活动，生产费用的发生呈阶段性、季节性，并且大多数费用属于各种苗木共同发生的。这使得苗木成本核算复杂，核算工作量大，成本计算难以做到完全意义上的准确。在进行苗木成本核算时，应统筹考虑其合理性及工作效率，根据职业判断并用经济合理的方式，在适当的时间对苗木成本进行调整。

二、苗木生产成本的确认

1. 苗木的初始计量

（1）外购的苗木成本包括买价、相关税费、运输费、保险费以及可直接归属于购买该苗木的其他支出。

（2）自行培育的苗木，其成本确定的一般原则是按照自行培育过程中发生的必要支出确定。包括种子费、消毒药剂、材料、直接人工、其他直接费用及应分摊的间接费用。

2. 苗木成本的计算期

核算从处理种子催芽、整地、作床、播种、插条、育苗、换床、育大苗发生的材料费、人工费，以及到苗木出圃阶段田间管理发生的人工费、物料费。因此，苗木成本账设土地费、种苗费、人工费、材料费等项目进行明细核算。

三、苗木成本的计算与分配

苗木作为一种特殊存货，在未出圃前始终处于在产品状态，日常的田间管理发生的人工费、材料费及其他杂费很大，如果按月进行苗木成本费用的分配势必会增加核算工作量。根据苗木生产及管理的季节性特点，按季度分配费用比较适合。以树种为对象，采取直接计入和分配计入相结合的方法，将生产费用计入各树种的生产费用明细账，凡是能够区分核算对象的费用应采取直接计入的方法，凡是能够采取适当分配标准进行分配的费用应尽可能采取正确的分配标准进行分配。

可供选择的分配方法有：

(1) 整地、作床、播种、起苗等费用，按实际人工工日数作为分配标准；

(2) 覆盖材料、肥料、药料等，按消耗定额作为分配标准；

(3) 新播苗、换床苗的浇水费按受益系数作为分配标准；

(4) 按苗床的面积平均分配，如受益程度接近的费用。

计算方法：

某品种苗龄苗木成本 = 某品种苗龄种苗费 + 可直接计入的成本费用 + 分配计入的间接费用

材料费按消耗定额作为分配标准，其他费用按苗木面积分配。

四、苗木出圃销售成本的确认

由于苗木生产成本的持续发生性，难以按一般企业所采用的存货发生方式结转成本。为了保证收入与费用的合理配比，同时又不增加太多工作量，可考虑平时按期初该苗木品种成本（定额成本）结转，在苗木成本分配的那个会计期末进行成本调整，即每季度末根据已分配的苗木成本与定额成本之间的差额调整苗木销售成本。

第七章 野生动物资产价格评估

第一节 野生动物资产价格评估概述

野生动物资产是森林资源资产的重要组成部分。《中华人民共和国森林法实施条例》第二条规定，“森林资源，包括森林、林木、林地以及依托森林、林木、林地生存的野生动物、植物和微生物”。《中华人民共和国野生动物保护法》具体界定了野生动物分陆生和水生两部分，陆生野生动物由林业行政主管部门主管。

一、野生动物资产的特点

野生动物作为一种可更新的自然资源，具有极大的经济价值、商业价值和游乐观赏价值，与人类生活息息相关。同时，它还有巨大的生态价值、社会价值和科研价值。

（一）动物的可再生性

由于野生动物具有自我繁殖的特性，所以野生动物具有可再生性，即使被人类利用一部分，或者由于自然灾害、人为破坏而减少一部分，仍然能通过自然繁殖使其数量有所增长而得到恢复。特别是人工驯养繁殖，使很多在野外处于濒临灭绝的野生动物种群都有所恢复和增长，如大熊猫、东北虎、朱鹮等。

（二）物种的珍稀性

在地球上，野生动物资源是相对稳定的，也是有限的。正是由于野生动物的有限性和人类需求的无限性，再加上自然灾害对野生动物的危害，使野生动物种群数量逐年减少，造成野生动物的稀缺性。野生动物对人类的利用价值不同，使得一部分野生动物具有珍贵性。虽然野生动物物种珍贵和稀缺，但只要人类积极保护，做到合理利用，就可以保证野生动物资源的永续利用。

（三）生境的分散性

野生动物的生境分布可以说从天空到陆地，从水里到地下，从野外到城镇，无处不有。正因为野生动物的分布广、空间大，构成野生动物生存环境的分散性，从而对它的栖息、生存环境产生了很强的依赖性，一旦野生动物栖息、生存环境发生变化，就会给野生动物带来影响。环境变化越大给野生动物带来的影响就越大。当前，随着人类对林地、湿地、草原等野生动物栖息地的不断开发，使得野生动物栖息、繁殖和生存环境越来越少，质量越来越差，极易造成野生动物的濒危，甚至灭绝。

（四）栖息的多样性

由于野生动物生存和繁殖方式各异，所占用的空间也各有不同，野生动物在占用自己特定的栖息空间时，不与森林、草原、农田、湿地、水域等自然资源争夺地域空间，只是占据不同的生境，而不是特定的地域空间。如鸟类在森林中繁殖，蛙类在水中产卵，水禽在湿地中栖息，这些并不影响上述自然资源的面积。

（五）用途的广泛性

野生动物作为生物多样性的主体，同时又是宝贵的自然资源，因此，对于人类来说用途非常广泛。几千年来人类对野生动物的利用，主要是食用、药用、工业、国防、科学实验、医用、种源基因、环境监测、皮革、毛皮、乐器，等等。随着科学研究的深入和技术手段的提高，野生动物的用途范围更加广泛，其对人类社会和经济发展的作用也就越来越大。

（六）生命的脆弱性

野生动物虽然种类多、分布广、数量大，但由于受到自然环境影响，野生动物的生命有时显得十分脆弱，特别是有些进化较差、生存能力较弱的物种，非常容易成为濒危物种。在人工饲养条件下，受饲养技术、饲养场地和环境、疫源疫病、饲料等影响，经常会造成一些人工饲养的野生动物大量死亡，给野生动物资源和资产业主带来重大损失。

二、国家对野生动物保护和管理的特别规定

因为野生动物作为生物多样性的主要组成部分，具有维护生态平衡的重要作用，同时又是国家宝贵的自然资源，做好野生动物资源的保护和管理工作尤为重要。因此，1989 年 3 月 1 日实施的《中华人民共和国野生动物保护法》对野生动物的保护和管理做出若干具体规定，其中较为重要的有以下几项规定。

（一）猎捕的特许规定

凡是需要猎捕国家一级重点保护野生动物的，必须由国家林业局批准；猎捕国家二级重点保护野生动物的，必须由省级林业行政主管部门批准。并都要申领特许猎捕证，按照特许猎捕证上规定的猎捕时间、地点、种类、数量、方法和时限进行猎捕。

（二）人工驯养繁殖的特许规定

凡是人工驯养繁殖国家一级重点保护野生动物的，必须经国家林业局批准，并核发驯养繁殖许可证；凡是人工驯养繁殖国家二级重点保护和省级重点保护野生动物的，必须经省级林业行政主管部门批准，并核发驯养繁殖许可证。驯养业户要按照驯养繁殖许可证上规定的地点、种类、数量进行人工驯养。

（三）进出口特许规定

凡是进出口《濒危野生动植物种国际贸易公约》附录Ⅰ、附录Ⅱ

和国家重点保护野生动物及其产品的，需经省级林业行政主管部门审核后，报国家林业局批准。申请人凭国家林业局批准文件，到国家濒危物种进出口管理办公室或其办事处，缴纳进出口管理费，申领进出口许可证明书，凭进出口许可证明书申报检疫后，由海关按照进出口许可证明书规定的种类、货物类型、数量和口岸进行查验放行。

（四）野生动物经营的特许规定

禁止出售、收购国家重点保护野生动物或其产品。因特殊情况需要出售、收购、利用国家一级重点保护野生动物及其产品的，须经国家林业局或其授权单位批准。需要出售、收购、利用国家二级重点保护和省重点保护野生动物或其产品的，须经省级林业行政主管部门或其授权单位批准。凭国家林业局或者省林业厅核发的驯养繁殖许可证，可以出售人工驯养繁殖的国家或省重点保护野生动物及其产品。

（五）征收野生动物资源保护管理费的规定

凡是经营利用野生动物或其产品的，包括驯养繁殖后销售野生动物或产品的，都必须向国家林业局或者省林业厅缴纳野生动物资源保护管理费。具体收费办法和收费标准，按国家林业局和国家发展改革委、财政部的规定办理。

三、野生动物资产价格评估的性质

野生动物作为自然资源，本身具有资产的性质，具有一定的价值。该资产按宪法和野生动物保护法规定，属国家所有，因此，在使用与处置等方面，必须按照国家有关法律法规的规定进行。而对于依法取得使用权和所有权的野生动物资产，一方面仍然要依法进行使用和处理，另一方面按照《物权法》的规定，在依法的前提下，由资产所有者提出使用和处置意见。作为对资产的评估，野生动物价格评估的性质，就是在依法进行处置的前提下，依据市场规则，根据不同种类，按照处置范围和评估目的，实事求是地对野生动物进行价值（价格）认可的过程。

（一）评估目的

一般对野生动物资产价格评估，主要是因为国家和地方政府、企业、集体组织、个人等占用野生动物栖息地、停歇地、繁殖地、人工驯养繁殖野生动物的场地，人为或自然灾害造成野生动物死亡、伤害，案件中涉及野生动物及其产品价值，以及野生动物及其产品在流通领域中的交易价格等，通过评估为有关部门、组织或个人提供有关价值依据。

（二）评估对象

野生动物资产价格评估的对象是指野生动物或其产品。野生动物包括野外生存、繁殖和人工驯养繁殖的活体野生动物。野生动物产品包括野生动物的任何部分及其衍生物，所称“任何部分”，是指野生动物肢体具有经济价值、观赏价值和科研价值的某一部分，如头、角、皮、毛、脏器、分泌物和排泄物等；所称“衍生物”，是指含有野生动物成分的一切制品，如动物标本、工艺品、保健酒、药酒、中成药、皮具、化妆品等。死体野生动物列入野生动物产品。

（三）评估内容

（1）在评估野外的野生动物栖息地、繁殖地、停歇地时，主要依据野生动物种类、数量、繁殖状况和对其种群的影响等，根据这些影响，评估其需要采取的补救措施所需的资金，作为补偿依据。

（2）评估征占人工驯养繁殖的野生动物，主要依据驯养繁殖种类、野生动物数量、种源状况、繁殖状况等，评估运输迁移的风险以及新场地适应对繁殖的影响、笼舍和有关设施设备损失等，核算具体价格。

（3）在评估人为或自然灾害造成野生动物死亡、伤害时，主要依据野生动物种类、死亡数量及伤害程度，依据市场价格，作出赔偿价值。

（4）涉及野生动物案件的价值评估，主要依据国家和地方政府、国家和省级野生动物主管部门的有关野生动物案件处罚价格，并参考市场价格，进行综合评定，提出案值价格。

（5）流通领域野生动物及其产品价值评估，这部分是指国家允许市场交易的野生动物。根据野生动物品种、质量、数量，以市场公允价格评估其资产价值。

第二节　野生动物的分类及保护等级划分

一、分类

所称野生动物主要是指陆生脊椎野生动物，它的分类是按照目前最通行的科学分类方法，即哺乳（纲）类、鸟（纲）类、爬行（纲）类、两栖（纲）类四大（纲）类。在我国2440多种陆生脊椎野生动物中，哺乳类即兽类共分为11目43科有470多种，鸟类共分为24目101科有1330多种，爬行类共分为4目25科有380多种，两栖类共分为2目8科有240多种。

二、保护等级划分

按照《野生动物保护法》规定，我国的野生动物保护等级分为国家重点保护，地方重点保护，有益的和有重要经济、科研价值的野生动物三个名录，其中国家重点保护野生动物分为国家一级重点保护野生动物，如大熊猫、虎、丹顶鹤等；国家二级重点保护野生动物，如马鹿、黑熊、大天鹅等。地方重点保护野生动物则不分级别，统称为××省（直辖市、自治区）重点保护野生动物。《野生动物保护法》所管辖的野生动物，也就是这三个名录上的物种。当然，这些物种的保护级别会根据濒危程度不同，由国务院适时进行调整。目前，我国国家重点保护的陆生脊椎野生动物有320种，其中一级重点保护的有100种，二级重点保护的有220种。在这320种重点保护野生动物中，兽类有87种，鸟类有225种，爬行类有7种，两栖类有1种。

第三节　野生动物资产价格评估的基本方法

一、野生动物资源资产调查

野生动物资源资产的调查，按其生存环境和人为干预程度，通常分为三种类型：野外野生动物资源资产调查、人工状态下野生动物资源资产调查和流通领域野生动物资源资产调查。

（一）野外野生动物资源资产调查

野外野生动物资源资产调查，主要是调查天然状态下的野生动物栖息地、越冬地、停歇地、繁殖地，还有半人工散放养殖野生动物的场地，一般包括森林和林地、湿地、河流、水库、水塘、沼泽地、农田、荒漠等。其中天然状态下野生动物资源资产的调查，主要是调查野生动物种类、估计数量、所处的生态位、珍贵程度、保护和恢复的难易程度、有无保护和恢复措施等。调查方法一般采用样带（线）法、样方法和直数法等。

半人工散放养殖野生动物的场地评估调查，主要是调查其合法性，野生动物的种类、珍贵度、数量、饲养时间以及饲养设施设备状况等。

（二）人工状态下野生动物资源资产的调查

人工状态下野生动物资源资产，主要是指人工驯养繁殖的野生动物，是野生动物资产评估的重点。以经营利用为主要目的的野生动物饲养场，包括专业饲养场，如鹿场、水貂场等；以展览和观赏为主要目的的野生动物饲养场，如野生动物园、城市动物园、公园和森林公园中的野生动物观赏区、马戏团等。对这些场所的野生动物资源资产调查，主要是调查其合法性、饲养种类、珍贵程度、数量和类别、饲养时间、养殖状况，以及现有饲养设施设备状况等。野生动物数量调查按只（头）分别性别（雌、雄）、成体和幼崽以及种用（繁殖）动物调查记载。

（三）流通领域野生动物资源资产调查

主要调查资产来源是否合法，销售国家和省重点保护野生动物产品的，是否有国家林业局或者省林业厅的批准文件，产品包装说明和产品是否一致，市场销售情况，销售种类、数量和类别以及市场价格等。

二、价格评估的基本方法

野生动物资产评估的方法，应根据野生动物资产的特点和评估的目的以及国家对野生动物保护政策要求，选择适宜的评估方法。一般常用的方法有收益法、市场法和成本法。

（一）收益法

此方法适用于可获得经济收益的野生动物资产价格评估。其计算公式为：

$$B = \frac{B_u}{p} \times \left[1 - \frac{1}{(1+p)^n}\right]$$

式中：B——资产价格评估值；

B_u——纯收益；

p——投资收益率；

n——期限。

纯收益的计算公式：$B_u = T \times M - N - F$

式中：T——实际生物量；

M——销售单价；

N——成本；

F——林地承包金。

（二）**市场法（现行市价法）**

此方法适用于国家允许进入市场交易的野生动物资产价格评估，并以市场存在为前提。其计算公式为：

$$E = K \cdot K_b \cdot G \cdot N$$

式中：E——资产价格评估值；

K——质量调整系数；

K_b——价格指数调整系数；

G——市场交易价格；

N——资产数量。

（三）**成本法（重置成本法）**

此方法适用于既无市场交易又没有国家定价和指导价以及培育阶段（幼崽或亚成体）的野生动物资产价格评估。其计算公式为：

$$E_n = \sum_{i=1}^{n} C_i (1 + p)^{n-i+1}$$

式中：E_n——资产评估值；

C_i——第 i 年的培育成本，主要包括幼仔生产费用、人工费、饲料费、设备设施公摊、防病检疫费、场地租金、管理费和税费等；

n——动物年龄；

p——利率。

三、评估中应注意的问题

在野生动物资产价格评估工作中，涉及的面比较宽，政策性和专业技术性比较强。所以，除了运用必要的评估方法和手段外，在实际工作中还有一些应注意的问题。

（一）人工驯养繁殖野生动物的合法性

野生动物资源属国家所有，按《中华人民共和国野生动物保护法》规定，凡是经营、驯养、猎捕、进出口、利用国家和省重点保护野生动物，都必须依法取得国家林业局或省林业厅核发的行政许可证明。在评估工作开展之前，首先应查验评估对象的合法性，对没有合法证明的，评估机构不予受理评估。

（二）野生动物及其产品价格的确定

野生动物及其产品资产价值类型，国家允许进入流通领域交易的野生动物及其产品采用市场价值，国家不允许市场交易的野生动物及其产品采用非市场价值。所谓非市场价值（市场价值以外的价值），是指凡不符合市场价值定义条件的其他资产评估价值的表现形式。在满足各自价值定义成立条件的前提下，市场价值和非市场价值都是合理或公允的价值表现形式。因此，在无市场价格访查的情况下应依据国家定价和政府指导价进行确价（查阅国家和省、自治区、直辖市的相关文件）；在既无市场价格又没有国家定价和指导价的情况下，可由野生动物保护专家根据野生动物种类、珍稀程度、可利用价值以及当地种群多少等具体情况评议定价。在野生动物及其产品的价格确定上还应注意以下两点：

（1）珍稀度。野生动物珍稀程度影响着价格，而珍稀程度则以是否是国家重点保护的、是否是省重点保护的为依据。国家重点保护的一般来说比省重点保护的野生动物价值要高。此外，按照国家林业局的规定，凡是非原产中国的《濒危野生动植物种国际贸易合约》附录Ⅰ和附录Ⅱ的物种，进口到中国后，分别列入我国国家一级重点和二级重点保护物种，按照野生动物保护法的有关规定进行管理。

（2）技术成熟度。为促进野生动物人工驯养繁殖的发展，国家林业局发布《商业性经营利用驯养繁殖技术成熟的梅花鹿等 54 种陆生野生动物名单》的通知（林护发〔2003〕121 号），列出 54 种人工驯养繁殖技术成熟的物种。因此，在评估中，要防止资产业主以人工驯养繁殖技术保密，或者技术高难而提高资产价值的做法。凡是属于54种范围内的，其人工驯养繁殖技术都是成熟的，评估中只按一般人工驯养繁殖技术即可。

（三）评估方法的选择

本章介绍的野生动物资产评估基本方法，是针对活体野生动物资产价值的评估，根据评估的目的、市场交易状况、野生动物生长发育阶段以及国家现行政策对野生动物管理的要求，选择适宜的评估方法。对于野生动物产品价值的评估，由于“野生动物的任何部分及其衍生物”的制品种类繁多，情况复杂，涉及不同的产品制作行业和部门，单一的林业行业难以解决野生动物及其产品整体评估技术问题。因此，应采取由委托单位负责协调，聘请相关部门（或行业）评估专家组成联合评估组，共同研究制定整体评估技术路线，按不同的评估对象选择最优的评估方法。

第八章　森林景观资产价格评估

第一节　森林景观资源资产概述

进入21世纪以来，森林作为陆地生态系统的主体和人类生存的重要环境资源也日益为世人所关注。纵观全球，自1992年世界环境与发展大会提出“可持续发展”的新发展理念后，各个国家都在反省社会生产力发展与资源衰竭、环境恶化、生态失衡之间难以调和的矛盾，都在采取各种有效的措施使社会经济发展从非可持续性状态回到可持续发展的良性轨道上来。同时，森林所特有的改善生态环境和人类生命支撑系统功能也日益为有识之士所共识。越来越多的人已把目光从森林具有林木生产的商品机能转而投向其保健休养、户外教育、水源涵养、固碳制氧等更为重要的社会公益机能，研究森林所赋予人类的“趣”和“味”，研究森林文化的内涵和实质，并以此为目标进行规划设计、合理经营及科学管理，以充分发挥森林的多功能效益。

为了推进我国林业产业结构调整，更好地发挥森林多功能效益，原林业部与国家国有资产管理局起草的《森林资源资产评估技术规范（试行）》中，首次将森林景观资源资产划分为了一类特殊资产。

一、森林景观资源的概念

森林景观资源是以森林资源及森林生态环境资源为主体、其他自然景观为依托、人文景观为陪衬的、对旅游者能产生吸引力的各种物质和因素，主要包括森林自然景观资源（林景、山景、水景、天象景、古树名木、奇花异草、珍稀动植物）、森林生态环境资源、森林人文景观资源（文物古迹、民族风情、地方文化、艺术传统）三大类。其载体主要有：森林公园、风景林场、植物园、生态公园、森林游乐区和以森林为依托的野营地、森林浴场、自然保护区或类似的旅游地等。

我国地域辽阔，从南到北跨越了热带、亚热带、暖温带、温带和寒温带等五个气候带，从东到西横跨了平原、丘陵、山地、高原等多种地貌类型，这些特有的气候和地貌类型形成了不同的水热条件组合，孕育了丰富而绚丽多彩的森林景观资源。

据不完全统计，在全国范围内，具有旅游开发价值的森林景观资源近 3000 处。1982 年以来，林业部门开始开发森林景观资源、建设森林公园。截至 2011 年年底，全国已建立各级森林公园 2600 多处，总面积达 3000 多万公顷，其中经林业部门批准建立的国家森林公园 730 多处，遍布全国 27 个省份。许多地方已经成为闻名中外的旅游胜地，张家界国家森林公园已被列入了世界自然与文化遗产目录。

同时，我国森林景观资源的发展前景也较为乐观。根据中华人民共和国 1996—2050 年全国生态环境建设规划（林业部分），到 2050 年，全国森林覆盖率将增加到 26% 以上。森林面积的增加，尤其是防护林面积的增加，将会形成更多风景优美的旅游胜地，森林景观资源将大幅度增加。

二、森林景观资源资产特点

资源和资产是有原则区别的，只有那些通过法律程序，明确其为某一经济主体拥有并有效控制的能作为生产要素投入经营活动的资源，才称为资产。

从资产评估操作的角度看，森林景观资源是具有游览、观光、休闲等价值的森林资源；森林景观资产则是通过经营预期会带来经济利益的森林景观资源。同时，森林景观资产是通过森林自然景观、生态环境与人文资源互相陪衬、互相烘托产生综合效益，因此，森林景观资产既包括实物资产，也包括无形资产。森林景观资源资产通常具有如下特点：

（1）可持续性；

（2）自然景观与人文景观紧密结合；

（3）珍稀野生动植物品种的多样性；

（4）功能的多样性；

（5）广泛的适应性。

第二节　森林景观资产调查

森林景观资源资产调查是森林景观资源开发利用的基础工作。它包括森林旅游环境调查、开发建设条件调查和森林景观调查三个方面。调查工作的全面、深入、准确与否，直接关系到资源开发利用的成效。森林景观资源调查工作，大体可分为内业准备、现地调查、汇总整理三个阶段。

一、内业准备工作

森林景观资源调查是一项比较新的工作，经验积累不多；同时，其工作环境常在山野丛林，随时可能发生不可预见的情况。这就要求把准备工作做深、做细、做全面、做扎实。

（一）组织准备

一是明确组织领导，确定对调查工作全面负责的单位和人员。二是组织专业调查组织（队或组）。调查人员必须身体健康，一专多能；要求具有林学、生态学、地质学、景观学、气象学、文学、美学、历史学、社会学等方面知识的人员参加。人数按工作需要确定。为行动方便，可每3～5人组成一个小组。

（二）资料准备

（1）文字资料。包括有关调查地区的地质、地理、水文、气象、土壤、生物以及社会经济状况等调查统计资料；地方志及有关诗词、游记等，历史英雄、文化名人，风景名胜，宗教信仰，民俗风情等资料；近几十年编制的有关区划、规划文件资料。

（2）图面资料。主要有1∶25000、最好是1∶10000或更大比例尺的地形图；地方名胜古迹分布图，区域森林资源分布图，国有林林相图，地方交通图，有关区划、规划图及水系图等。

（3）影像资料。包括黑白、彩色照片，航空、卫星相片，有关摄像资料等。

在进行森林景观资源调查时，因为调查范围广阔，为了尽可能减少工作量，可以在专业人员收集资料的同时，由主管本对象区的相关部门召集（或邀请）下一级森林旅游部门或专业单位熟悉情况的人员进行座谈，向他们了解各自辖区内已知的资源情况；也可以将需要了解的情况拟成提纲发给各辖区，请他们按提纲在要求的时间内提供书面答案。这类了解情况的方式，有助于作好各项准备，更好地收到有的放矢的效果。

（三）工器具准备

（1）一般用具：包括办公用品、生活用品、安全用品等。

（2）仪器：包括一般测量仪器，如GPS、卷尺、轮尺、测高器、地质罗盘、海拔仪、照相机、摄像机等。

（3）交通通信设备：中、小型越野汽车，对讲机，电话、手机等。

（四）经费筹措

在开始准备工作时，必须落实经费来源，使资金到位。森林景观资源调查需要的经费，包括人员工资及劳保福利费用、差旅费、野外津贴补助费，必要时聘用临时工或其他人员的报酬，资料收集复制费，工器具设备购置费或租赁费，有关人员人身保险及设备等保险费，座谈、评审等会议费及劳务费，调查报告及图件印制费，其他不可预见费等。

（五）技术准备

（1）制订技术方案。对已收集到的各种资料，进行整理分析，去粗取精、去伪存真，制订技术方案，确定调查方法、调查对象及具体调查内容。

（2）编绘工作用图。将已收集到的图面资料和确定的调查路线、调查重点以及对象区的境界线等内容摘要，简洁地编绘到工作底图上，供外业工作时填注调查资料、校核验证原有图面内容等。

（3）统一标准，培训人员。参加调查人员应在调查工作前，集中学习讨论，统一工作方法，明确调查对象和调查内容，制订调查提纲、调查用表及评价标准。

二、森林景观资源资产调查的方式

（一）踏查

对象区范围较广、对象物（景物和功能环境）数量大而种类繁多的情况下，为了组织好现场调查工作，可以根据内业准备工作所掌握的情况，初步将对象区已知的对象物勾绘串联到某几条线路上。负责人或计划人员先沿这些线路进行一次跑马观花式的调查，以进一步了解调查对象物的分布状况和调查工作路线的合理走向。从形式上看这是一种探路性质的调查，俗话也叫“踩线”，在森林资源调查或林业规划设计中称为“踏查”。从内容来看，是对对象物的分布状况的一次全面摸底，所以又可以叫做“概况调查”或“概查”。

（二）线路调查

在对象物种类不多、分布密度不大，且分布规律明显的情况下，可以按照其分布规律将对象物串联到某几条线路上，调查人员可以沿这些线路对对象物逐一进行调查。

（三）全面调查

在对象物种类繁多、分布密度较大的情况下，可按地形将对象区划分为若干小班，对小班内的每个对象物逐一进行调查。这样做的好处是，对象区缩小，对象区内的调查对象减少，不易发生遗漏。

（四）重点调查

在需要寻找某种特定的调查对象物时，根据其分布规律或其特有的存在条件、特别的表现形式等到现场进行调查。

（五）典型调查

当对象物类型单一、分布面广而且数量较多时，可以选择若干有代表性的个体进行调查，名为“典型调查”。

（六）补充调查

这是一种拾遗补缺式的调查。在进行上述的调查后，发现在对象物或调查因子方面有遗漏或缺项，可针对缺漏进行补充调查。补充调查的工作量较小，但十分重要。因为实际情况的任何缺漏，都有可能影响下一阶段的资源评价工作。所以，当发现调查工作有遗缺时，应该立即进行补充调查。

（七）收集资料

在准备工作中提到过收集资料。这里主要指在现场调查期间向调查对象区的有关单位和民间查阅、收集有关资料。除了文字资料、音像资料外，更要注意收集有关工艺美术品、民族服饰、旅游纪念品、历史文物、革命文物等实物资料。对于一些不便收集的珍贵文物和革命文物，应及时通知有关部门收购和保护。

（八）座谈访问

邀请一些熟悉当地情况的老人座谈，或对老人进行访问，这是调查了解当地民俗风情、历史事件、故事传说以及山水风景的快捷有效的办法。有些老年人不但熟悉当地的民俗民情、历史故事，而且对深山丛林中的深潭高瀑、岩壁洞穴也了如指掌。虚心、耐心地向他们学习，常常会收到事半功倍的效果或有意想不到的收获。

在这里，要特别提醒的是，对于某些景物的调查，一定要耐心细致，全身心地投入。在不同的时间、从不同的角度、用不同的距离反复观察，才能慧眼独具，从腐朽中发现神奇。张华龄先生在新疆那拉提国家森林公园考察中，对山坡上分布的普通岩石，经过多次、反复的观察，发现其在适当的时间、从适当的角度看上去酷似一只蓄势待发、扑向猎物的猛虎。再向前走几十步，回头看，这只猛虎已在悠然地独享它的猎物了。继续前行一段，回头望去，老虎已“酒醉饭饱”，双眼朦胧，侧伸着腿，躺在那里睡着了。又如，甘肃省天水市南郭寺里，有一株枝叶零乱、其貌不扬的龙爪槐，经过该寺导游周藏吉先生的观察发现，从西向东看，树冠中似有一条头角峥嵘的青龙；从北往南看，又有一头双角丫叉、口衔仙草的梅花鹿。几块大石头，一株龙爪槐，多少人从旁走过，多少人在周围看过，但都不以为奇。而这两位老先生却发现了惟妙惟肖的奇景。这说明景物调查是需要耐心细致、反复观察的。

三、森林景观资源资产调查内容

森林景观资源调查的内容，大体可以分为基本情况调查、开发条件调查和景观资源调查三个方面。

（一）基本情况调查

（1）自然条件。包括对象区的地理位置、地质、地貌、气候、水文、土壤、植被、野生动物等。

（2）社会经济状况。包括人口、民族、土地；工农林牧等产业产值、产量，地方经济特点及发展水平；文化教育、宗教信仰等。

(3) 历史文化及民俗风情。包括对象区的历史概况，名胜古迹，民族文化，工艺美术，独特的民俗风情，传统节日、集会等。

（二）开发条件调查

主要调查了解对象区及其附近的旅游历史、旅游协作、内外交通、障碍因素等开发建设条件。

(1) 旅游历史条件。调查了解对象区原有的群众性歌舞、祭祀、朝山、庙会等集会和游览的时间、规模等。

(2) 旅游协作条件。了解对象区周边现已开放的森林旅游区、风景名胜区、重点文物保护单位、佛道寺观，及其他旅游场所的名称、级别、面积规模、旅游规模、服务设施、价格标准、经营效益、经验教训、旅游纪念品产销情况，以及联网协作的可能性等。

(3) 内外交通条件。调查了解对象区内现有各类道路等级、里程、路况、行车密度，对象区到附近大中城市、飞机场、火车站、港口的距离，以及与现有铁路、高等级公路、国道、省道等交通干线连接的距离等。

(4) 障碍因素。主要调查森林旅游地多发性气候灾害，如暴雨、山洪、冰雹、强风暴、沙尘暴、暴雨等灾害天气出现的季节、月份、频率、强度，以及对旅游、交通、居住的危害程度等；突发性灾害，如山崩、滑坡、泥石流、地震、火山、海啸等出现的时间、频率、强度及危害程度等；其他有碍旅游的因素，如有害游人身心健康、危及安全的地质、地理、气候、生物等自然因素，工矿企业造成的大气、水体污染，以及恶性传染病和不利于开发森林旅游的旧俗恶习等社会因素。

（三）景观调查

景观调查的项目应以景区的实际情况按各类景观资源的特点确定，并应在调查开始前，参照各类景观资源编印好调查用表格。为了提高调查人员的现场调查工作效率和质量，需要针对调查对象区的特点，事前编好操作细则，对每一类调查对象物的调查因子的描述用语做出规定。

四、森林景观资源调查对象与记载用语

森林景观资源中使用关于景（景、景物、景素、景观、景观资源、景群、景区等）的专用术语和关于景物景象美和视感品级的定语时采用下列定义。

（一）关于景的几个专用术语的概念

（1）景（scenery）：指由客观存在物的形状、体量、色彩，有时还有声籁等构成的象的总和，或叫景象。

（2）景素（Scenery factor）：指景或景象的载体，即客观存在物，包括自然的和人文的、社会的，动的和静的，虚的和实的，景象在变化的和景象固定不变的。景素是调查、评价的对象。

（3）景物（Scenery body，Scenery spot）：景素经过评价被确定为有观览价值，可以提供给游人观览者，便是景物。

（4）景观（Landscape）：即汉语所说的风景或景色。是由景物及其环境构成的对游人有吸引力的总体景象。

（5）风景资源（Scenery resources）：待开发的景物的总称。

（6）景群（Scenery group）：两个以上的景物的自然组合。

（7）景区（Scenery division）：是根据风景资源类型、景观特征或游人观赏需求而将风景区划分成的一定用地范围。

（二）关于景物景象美类型的用语

调查者在现场调查时，应该根据视感对景物的景象进行归类，供以后资源评价时参考。鉴于景象千变万化，而人们对同一种景象的形容描述又多种多样，为了防止歧义，现对以下11类常见景象给予统一的定义：

（1）奇。景象之世所罕见者。

（2）美。形、态、色、泽等谐调可人者。

（3）丽。色彩浓艳而有光泽者。

（4）秀。绿（青）色为基调，形体清瘦，色泽明亮者。

（5）雅。姿、质秀而意境自然者。

（6）幽。谷之深远、静谧而天籁和谐者。

（7）险。危绝难行，或临之心悸者。

（8）雄浑。山体陡起，高耸绵亘，在视野中虎踞一方者。

（9）雄伟。高耸凌空，气势磅礴，光泽幽暗，望之生畏者。

（10）宏伟。高耸广阔，气势恢弘。

（11）壮丽。景象高大，色泽美丽明亮，气势恢弘，景象万千者。

常见景物景象的类型很多，不可能一一设定。在调查实践中可能不够用，必要时可根据实际情况临时设定。

3. 关于视感品级的定语

在现场调查中，调查者对所记载的景素的景象必然有一种直感的评价。这种一望而产生的评价是以调查者的经验为基础的，宜于简略地划分等级，如划分为上、中、下三等或好、中、差三等，却不能细分等级。

（1）景象绝妙者为上上等，记为“一”；

（2）景象美妙者为上等，记为“二”；

（3）景象优于一般，仍值得观览者为中等，记为“三”。

（四）关于确定景素时的着眼点

森林景观资源调查是以寻找可供开发的、对游人有吸引力的自然或人文风光，以及适于建设功能区的环境为目的。根据这一原则，只有发现某事物具有其任何一种美的形式时才被作为对象，进行审美观察。需要注意的是，当考量某一对象物可否作为景素（即调查记载对象）时，应根据经验对对象物的景象类型和视感质量进行判断。只有视感质量不低于中等的对象物才应作为景素，进行进一步的观察和测计、记载，并进行拍照和录像。

（五）景素测计、记载

森林景观资源分类参考目录所包括的 24 类景观的景素，均应根据下一步资源评价和规划设计的需要，进行必要的测计和记载。记载事项包括该景素所属景观的名称（可用序号代表）、景观种类及特征或特点、视感品级、形状及长、宽、高、深等参数，以及色彩、光泽等。

五、整理总结

调查工作完成后，离开现地前，要及时整理收集到的各种资料，检查、校核野外考察填写的各种图件、表格和记录材料，并进行统计汇总，对整个工作进行全面检查总结。对于调查工作中的缺项、漏项，要及时进行补充调查。对图表、记录中不准确、不清晰的问题要补充修正，全面、准确地完成整个调查工作。

同时，还应对整个工作进行总结，提高认识，积累经验。并做好财务决算、工器具和仪器设备清理等善后工作。

附：调查成果参考提纲

1. 调查报告

调查报告内容应以本节所述“森林景观资源调查内容”为主，还要叙述调查人员组成、工作期限、完成工作量及成果等。

2. 图件、表格

（1）森林景观资源类型分布图；

（2）对象区位置及交通现状图；

（3）对象区森林景观资源一览表；

（4）对象区珍稀濒危动植物名录；

（5）对象区名胜古迹名录。

3. 影像及其他资料

（1）录像带、照片集及底片；

（2）调查日记、资料卡片、座谈访问记录及调查工作用图等。

第三节　森林景观资产价格评估的方法

森林景观资产价格评估是为保护森林景观资源资产所有者和经营者的合法权益，为日趋活跃的以森林景观资源资产为对象的合作经营、股份经营、资产转让等经济活动提供一个客观合理的价格。

森林景观资源资产十分复杂，评估工作中要把握主体资源特点，并结合相关的旅游景观资源、设施进行综合评定估算，同时，还要考虑除经济收益以外的科学的社会价值，在评估实践中不断探索和完善。

一、森林景观资产价格评估应提供的基础材料

森林景观资产价格评估应提供如下基础材料：

（1）评估对象的山林权属分布图、山林权清册、山林权证书等具有法律效力的产权、经营权或管辖权证明；

（2）评估对象基本情况及森林资源清查资料；

（3）森林景观资源调查分类评级资料；

（4）森林景观资源开发与旅游基础设施建设资料；

（5）森林旅游经营现状（一般应提供3年以上财务会计报表）；

（6）其他有关资料。

二、森林景观资产价格评估方法

森林景观资产评估应包括三个步骤：一是根据资产占有方提供的基础资料进行资产核查，以确定其准确性；二是根据评估对象的实际情况，划分森林景观资源资产类别，确定具体评估项目，选择合适的评估方法；三是根据森林景观的质量等级和相关设施条件及社会经济因素，

综合评定森林景观资产的价格。

森林景观资产评估以市场作为主要标准，无论是评估的基础、过程还是结果，都紧紧围绕市场进行。离开市场，森林景观资产评估便失去现实基础，变得毫无意义。评估的内容主要是可获得的经济收益，常用方法有市场法、收益法和成本法等。

（一）市场法（现行市价法）

现行市价法是以相同或类似森林景观资产的市场价格作为比较基础，估算评估对象价值的方法。其计算公式为：

$$E = K \times K_b \times G \times S$$

式中：E——森林景观资产评估值；

K——森林景观质量调整系数；

K_b——旅游消费水平调整系数；

G——参照物单位有效利用面积的市场价格（元/公顷）（即为参照物单位森林景观资产评估值除以参照物单位景观有效利用面积）；

S——被评估森林景观资产的有效利用面积。

森林景观质量调整系数 K 等于评估基准日评估对象森林景观质量等级系数与参照物的森林景观质量等级系数之比。

旅游消费水平调整系数 K_b 等于评估基准日评估对象所在地区游客消费水平（包括食、住、购、娱四个方面）与参照物交易时所在地区游客消费水平之比。

如评估对象森林景观质量等级为二级（见表 8－1），参照物森林景观质量等级为四级，则森林景观质量调整系数 $K = 1.1/0.9 = 1.23$。

表 8－1　森林景观质量等级系数表

级别	一级	二级	三级	四级	五级	六级	七级	八级	九级	十级
系数	1.2	1.1	1	0.9	0.8	0.7	0.6	0.5	0.4	0.3

（二）收益法

该法适用于市场发育较成熟，年均收益相对稳定，景观资源开发、建设和管理已日趋完善的森林景观资产的价值评估。主要包括年金资本化法和条件价值法等。在实际的操作过程中，可根据被评估对象的特点和评估要求选取适当的方法。

1. 年金资本化法

其计算公式为：

$$E = \frac{A}{p}$$

式中：E——森林景观资产评估值；

A——年均纯收益；

p——投资收益率。

运用年金资本化法评估森林景观资产关键问题在于确定年均纯收益（A）和投资收益率（p）。年均纯收益不仅仅是门票收入部分的利润，还包括了景区内的其他设施的超额利润。其确定较为困难，必须通过认真的调查研究分析后确定。

森林旅游业是朝阳产业，其投资收益率 p 一般较高，在森林景观资产评估时，p 值必须根据森林旅游行业的实际情况，参考银行存款利率和证券投资收益率等综合确定。

若未来收益是不等额的，在这种情况下，首先预测未来若干年内（一般为5年）的各年预期收益额，对其进行折现。再假设从若干年的最后一年开始，以后各年预期收益额均相同，将这些收益额进行本金化处理，最后，将前后两部分收益现值求和。基本公式为：

资产评估值（预期收益现值）＝∑前若干年各年收益额×各年折现系数＋以后各年的年金化收益/本金化率×前若干年最后一年的折现系数

应当指出，确定后期年金化收益的方法，一般以前期最后一年的收益额作为后期永续年金收益，也可预测后期第一年的收益作为永续年金收益。

2. 条件价值法

条件价值法（Contingent Value Method）简称CVM，它有多种提法，常见的有自愿支付法（Willingness To Pay）简称WTP调查法、直接询问法和假定价法（Hypothetical Valuation Method），属于直接性经济评价方法。西方经济学的研究告诉我们：对于没有市场交换和市场价值的某些环境效益，可以采用替代市场技术，寻找其替代市场，并用“影子价格”来表达其经济价值。例如，评价森林涵养水源的经济价值时，先计算出森林涵养的水源量，再根据替代市场方法假设这些用于市场交换，并以市场水价作为森林涵养水源量的“影子价格”，最后计算出森林涵养水源的经济价值。但是，对于森林景观，在现实中很难找到替代市场，也难以找到其“影子价格”，那么，可以采用模拟市场技术或假设市场技术，先假设“商品”的交换市场存在，再以人们对该商品的支付意愿（本质上是假设价格）来表达其经济价值。

支付意愿是指消费者为获得一种商品、一次机会或一种享受而愿意支付的货币资金。实际上，人们每时每刻都用支付意愿来表示自己对事物的爱好，支付意愿实际上是“人们行为价值表达的自动指示器”，也是一切商品价值表达的唯一合理指标。目前，支付意愿已被美、英等西方国家的法规和标准规定为环境效益评价的标准指标，并用来评价各种环境效益的经济价值。

在森林景观资源资产评估中运用条件价值法，就是通过对游客进行问卷调查，测算出游客面对景观的平均支付意愿（扣除游览景观过程中的合理开支）后，以该平均支付意愿作为合理的门票价格，从而获得森林景观资产评估价值的方法。其主要步骤如下：

（1）进行游客调查，得出游客对该森林风景区门票的平均支付意愿值。

（2）以该平均支付意愿值作为合理的门票价格，计算出景区的年门票收入，加上其他相关经营项目的年预计收入，得出该景区的年总收入。

（3）年总收入扣除各种成本费用即得景区的年纯收益。

（4）以年均纯收益除以适当的投资收益率即可得出该景区的评估值。

下面对游客量的预测、支付意愿的测算、其他经营项目的收入和成本费用以及景观资产评估值的确定等问题进行说明。

（1）游客量的预测模型的建立。

一般来说，森林景观景区游客量发展变化大体有这样规律，第一阶段：缓慢增长阶段。这个阶段的特点是旅游景区刚刚发展起步，只有零散的游客，数量少且形成不了规模。第二阶段：快速增长阶段。随着游客人数的增多和景点知名度的不断提高，外来投资骤增，交通服务等设施得以极大的改善，旅客数量不断增加，甚至在短期内迅速增长，形成一定的规模。第三阶段：游客巩固阶段。其明显特征是游客增长率增长缓慢、持平或者开始下降，但游客数量仍将小幅增加或保持稳定，游客市场已经形成或形成相对稳定的规模。第四阶段：游客量衰落或复苏阶段。景点旅游市场衰落，游客增长曲线明显下降，景点的吸引力已经不能和新的旅游景点相竞争，旅游设施开始部分或大量闲置，旅游者数量逐年下降，旅游地甚至逐步丧失旅游功能。另一方面，景点也可能进入复苏阶段，要进入复苏阶段，旅游地吸引力必须发生根本的变化，达到这个目标有两个途径：一是增加人造景观吸引力，如果景观选择适当，这种效果有可能很好，如美国大西洋赌城；二是发挥未开发的自然景观资源优势，重新启动市场。德国学者 Christaller. W（1963 年）、美国学者 Stanstield（1978 年）、加拿大学者 Butler（1980 年）先后提出的旅游地生命周期理论，论证了旅游地“发展—繁荣—衰落或复苏”规律的存在，同时也指出了游客量在探查阶段、参与阶段、发展阶段、巩固阶段、停滞阶段、衰落或复苏阶段的变化情况，为此可以借助历史数据，运用理查德方程、逻辑斯蒂方程以及满足旅游生命周期规律的数学方程来预测未来的游客量以及景点的饱和区间。

（2）支付意愿的测算。

支付意愿是从消费者的角度出发，在一系列的假设问题下，通过调查问答、问卷填写、投标等方式获得的。以年均纯收益除以适当的投资收益率即可得出该景区的评估值。很显然，在运用条件价值法对森林景观资产进行评估时，关键在于对游客的支付意愿进行合理、准确的估算。游客的支付意愿大，折算成的门票价格就高，景观的价格也相对高。目前，对于国内外学者游客的支付意愿的测算的偏差来源主要有 4 种：① 起点偏差，回答者可能受到提问者提出的支付意愿起点影响；② 信息偏差，回答者有可能缺少对支付意愿问题的全面信息；③ 策略偏差，当回答者意识到其回答结果将对自己有影响时，回答者常故意提高或降低支付意愿；④ 假设偏差，提问者的假设使回答者无法面对事实，如提问的依据是照片而不是实际的景观。陈鑫峰、邱尧荣（2000 年）和吴楚材（1996 年）等学者认为偏差产生的主要原因有：① 同一内容在不同的问法下可能会得到完全不同的反应，所以如何措词显得很关键；② 有时候，人们在回答问题时所作的选择与面对景观实体或图片时所作选择相互矛盾，如在回答时人们往往偏爱自然景观，但当同一批人对没有见过的实际风景进行评价时却常常偏爱经营过的区域。

通过问卷调查资料对支付意愿进行计算的公式为：

$$\overline{WTP} = \frac{\sum_{i=1}^{n} Q_i \times WTP_i}{\sum_{i=1}^{n} Q_i}$$

用总平均支付意愿作为合理门票价格。

在测算出游客的平均支付意愿以后，景观或景区门票收入与合理的门票价格成正比，也应与景区的年游客数量呈正比，可以表式为：

$$A = \overline{WTP} \times Q$$

式中：$\overline{WTP}$——合理门票价格；

Q——年游客数量；

A——年门票收入。

如果$\overline{WTP}$选用的值是当年的值，则 Q 值也应选用当年的实际人数；若$\overline{WTP}$是通过曲线方程和其他模型预测或模拟出来的，游客量值也应与之相配，即用预测年份的游客量。

（3）其他经营项目的收入和成本费用。

在森林景观区设立各种观光、游览、接待设施或增添人造景点是对景观的一种必要补充，游人在欣赏森林美丽景色中游乐，在游乐中享受大自然的美丽景色，在森林里漫步、游憩、野餐等，充分地与自然环境融为一体，不仅能锻炼身体、陶冶情操，而且可以在景点游玩中增长知识，增进感情，甚至体验一份惊喜与刺激。如在水面上开展摩托快艇、高空降落，在森林中进行体能测试、高速滑道等项目。其效果与景观效益相得益彰、互相补充、互相发展。因此，这些经营项目的收入中往往包含了经营项目依托森林景观效益而产生的超额收益。所以经营项目的收入中包含了三个部分：

① 由经营者或投资者投入经营的成本费用，其可能是固定的，也可能是变化，通常这部分是逐年发生和计算的。

② 由固定资产投入和流动资产投入产生的正常收益构成，这个正常收益可以表达为：

$$A = C \times p$$

式中：C——投资成本；

p——社会平均收益率或是行业平均收益率。

正常收益和平均收益不仅与经营项目投入成本有关，而且与经营项目内容有关。

③ 经营项目的超额投资收益。这常是经营者投资追逐的主要目标，但这种超额收益本质上不是经营项目自身形成的，而是通过对景观的依托享有或垄断而形成的。因此，这种收益应该归属于森林景观资产收益，其与景观资产所有者实得收益的差额，则是项目经营者超额利润的根本源泉。

与景观资产收入、经营项目收入相对应的成本费用，这里应仅考虑从会计学原理上会计账本中体现出来的原始成本与费用，再加上应计利息，就构成总成本费用。

在实际操作实务中，有两种方法可以用以计算这部分景观超额收益：一是如前所述，通过实际收入扣除其他两部分值；二是根据森林景观所有者实际所得的管理费用等来计算。

（4）森林景观资源资产评估值的确定。

根据以上分析，我们可以综合得到森林景观资源资产评估计算公式：

$$E = \frac{\hat{Q} \times \dfrac{\sum_{j=1}^{k_1} Q_j \times WTP_j}{\sum_{j=1}^{k_1} Q_j} + A - B}{p \times (1+p)^n} \times [(1+p)^n - 1] - \sum_{m=1}^{k_2} \sum_{h=1}^{k_3} C_m (1+r) \times (1+p)^h$$

式中：E—评估值；

$\hat{Q}$——年游客数量；

Q_j——以前年度游客数量；

k_1、k_2、k_3——以前某年度；

WTP_j——j 年度游客支付意愿；

A——其他经营项目经营收入；

B——其他经营项目经营费用；

C_m——经营项目投资；

r——社会平均投资利润率；

p——本金化率；

n——森林景观资产经营期限；

h——项目投资距评估的年数。

（三）模拟开发法

模拟开发法也称假设开发法，这是当前森林景观评估中最常用的方法。假设开发法是预测景区未来的开发成本、经营成本、经营收益并将其净收益的折现值之和作为其景观资产的评估值的一种方法。由于目前大部分的森林景观资源资产都处在初步开发阶段，在开发阶段景区需要大量的投资，用来修建道路、护栏、食宿游乐场所、广告等；在这一阶段，景区的名气小，游客较少，门票较低，景区收入很少；随着景区内道路、护栏等安全和游乐设施日趋完善，景区名气日趋提高，游客的人数日趋增加和门票价格提高，景区的收入逐年增加，到了一定的阶段，游客的人数趋于稳定，景区的收入也趋于稳定。因此在模拟开发法中其测算一般分为两段：一是开发与发展阶段；二是稳定阶段。在开发与发展阶段逐年计算其收入和投资成本、经营成本及投资成本利润，并将其折为现值，在稳定阶段，利用年金资本化公式将其超额利润折为现值，将两个阶段的折现值之和作为该景区景观资源资产的评估值。其计算公式为：

$$E = \sum_{i=1}^{n} \frac{A_i - C_i - F_i}{(1+p)^i} + \frac{B}{P(1+p)^n}$$

式中：E——森林景观资产评估值；

A_i——第 i 年的预期经营收入；

C_i——第 i 年的投资成本、经营成本；

F_i——投资成本利润；

B——景区开发 n 年成熟后的年均净收益；

p——投资收益率；

n——预测的开发周期。

该方法的关键是如何科学合理地测算各项景观开发的投资成本、不同阶段的经营成本、门票价格、游客数量、投资成本利润、投资收益率等。

（四）成本法（重置成本法）

重置成本法是指在资产评估中，用现时条件下重新购置建造一个全新状态的被评估资产所需的全部成本，减去被评估资产已经发生的实体性贬值、功能性贬值和经济性贬值，得到的差额作为被评估资产的评估值的一种资产评估方法。其基本计算公式为：

评估值＝重置价值－实体性陈旧贬值－经济性陈旧贬值－功能性陈旧贬值

或　　评估值＝重置价值×成新率

森林的生长过程是一个价值不断增长的过程，用造林成本、抚育成本、管护成本和森林经营管理成本来衡量森林价值，虽然有偏差，却容易为人们所理解和接受。这种方法是对景观资产评估方法的一种必要补充，它有利于提高人们对森林景观的理解与认识，有利于对景观资产价值的认可和确定。但应该明确的是，对于森林景观资产的评估，重置成本法仅仅是一种替代方法，比较方法或是确定资产最低价值、“保本”价值的保守方法，较为适用丁森林景观建设初期，景观资产价值收益体现不明显、不稳定的阶段。

运用更新重置成本法评估森林景观资产的关键在于：一是确定森林景观的重置价值；二是合理估算景观资产的各种贬值损耗额。如果资产的重置价值与各种贬值能够被准确地测算出来，那么景观资产的价值也就可以被计算出来。

重置成本与原始成本内容构成是相同的。因此，利用景观资产形成的原始成本，对比原始成本和现时的价格水平，就可以计算出资产重置成本，其价值内容包括林木、林地和旅游设施的重置价值。林木重置成本价，可以利用原始的历史成本资料查阅而得其原始成本，包括苗木价或树木价、运输费用、人工费用、管护费用等，选择适当的利率计算时间机会成本，综合而得林木重置价。林地重置价是林地资产在现行状态下的重新购置价，由于土地资产的特殊性，不存在贬值性，所以林地重置价即为林地资产的价值。并不是所有旅游设施的重置价值都应计入景观资产的重置成本中，只有那些无法独立收益或收益无法计量，却是对游览森林景观所必须的旅游设施才应该纳入景观的重置价值中，如为了方便浏览的步道，森林中的休憩用的石椅、石凳等。这些设施是在森林景观的开发和发展过程中，由经营者出资投入形成的，是森林景观美的构成部分，其在财务多为基础设施建设的一部分。

从前面分析可知，森林景观有这样一个特点，即随着景观的知名度的增加，森林景观的价值也在不断增长。因此，景观建设初期，其贬值是很少或不存在的。一般来说，森林景观资产并不随着资产的实际使用而发生实体性的损耗。景观资产的功能性贬值只有当景观的建设配置不合理，造成了因为建设投入或改造，而引起资产价值量反而降低的情况，直接的反映就是景观质量下降，景观质量调整系数值降低。经济性贬值主要是由于外部经济环境的变化和同行业的竞争加剧引起的。其主要的表现就是资产的利用率下降。因此，经济性贬值主要通过利用率的下降来表现。

重置成本可以分为更新重置成本和复原重置成本。更新重置成本是指利用新型材料物质，并根据现代标准、设计及格式，以现时价格生产或建造具有同等功能的全新资产所需的成本；而复原重置成本是指运用与原来相同的材料、建造标准、设计、格式及技术等，以现时价格复原购建这项全新资产所发生的支出。复原重置成本与更新重置成本根本的区别在于，更新重置不存在功能性贬值，而复原重置除计算实体性、经济性贬值外，必须计算功能性贬值，因此，在实际操作中较为麻烦。

利用更新重置成本法，可以得出森林景观资产的测算公式为：

$$E = K \times \sum_{i=1}^{n} C_i \times (1 + p)^{n-i+1} + Q \times k$$

式中：E——森林景观资产评估值；

K——景观质量调整系数；

C_i——第 i 年的营林投入，主要包括工资、物资消耗、管护费用和地租等；

Q——旅游设施重置价；

p——利率；

k——设施的成新率。

第九章　整体森林资源资产价格评估

第一节　整体森林资源资产价格评估概述

一、整体森林资源资产价格评估的含义

整体企事业资产评估是对独立的企事业法人单位和其他具有独立获利能力的经济实体的全部资产和负债所进行的评估。整体企事业是由构成它的各个要素资产围绕着的一个系统目标，保持有机联系，发挥各自特定功能，共同构成一个有机的生产能力总体和获利能力总体。作为一个整体企事业的评估并不是构成整体的各要素资产的简单加和。

在以森林经营为主的林业企事业中，森林资源资产占整体企事业资产的绝大多数，在许多情况下森林资源资产可以作为一个具有独立经营获利能力的经济实体的全部资产。作为整体的森林资源资产，它的各个要素资产围绕着一个共同的系统目标——木材生产或林产品的生产，保持着有机的联系，发挥其各自的功能，由所有的森林经营的最小单位——小班共同构成一个有机的具有生产能力和获利能力的总体。整体森林资源资产价格评估是整体企事业资产价格评估的特例，是具有整体企事业资产类似特点的企事业的局部资产价格评估，它是对企事业资产系统中森林资源资产子系统的整体获利能力的评估，而不是各单项森林资源资产的简单加和。在大型林业企事业的资产价格评估中，整体森林资源资产价格评估较单项的森林资源资产价格评估显得更为重要，更为常用。在林业企事

业的整体资产价格评估中，其他的资产可按有关的规定进行评估，而森林资源资产价格评估经常按整体森林资源资产价格进行评估。

根据整体森林资源资产的含义和限定条件，在实际森林资产评估工作中，整体森林资源资产价格评估的客体主要指具有独立生产能力和获利能力的森林经营单位的森林资源资产的价值。

二、整体森林资源资产的主要特点

从资产评估的角度审视，整体森林资源资产有以下特点：

（1）整体性。整体森林资源资产通常是由各个森林经营类型构成，各森林经营类型的要素资产虽然具有不同性能，但是它们是服从特定的系统目标而构成的整体，整体内各要素资产的结构是否匹配，对整体资产的整体功能具有极大的影响。内部结构合理的整体森林资源资产可以获得最佳的生产功能，产生最大的经济收益。

（2）经营的永续性。经营的永续性要求整体的森林资源资产每年能生产稳定的或有所增长的木材及其他林产品。整体森林资源资产的经营永续性是由森林经营的性质所决定的，也是林业企事业的要求和人类对生活环境的要求。在实际经营中，经营的永续性受法律所保护，由法定的程序制定各林业企事业单位的采伐限额，保证其经营的永续性。

（3）动态变化性。森林资源资产是生物性的资源资产，它具有生命力，其生长在不断变化着，内部的年龄结构也在不断地变化着。在正常的经营中，为了保证其永续，还不断地对其结构加以人为的干预调整。为此，企事业的整体森林资源资产也总是处于动态变化中。

（4）环境适应性。森林资源具有多种效益，人类对森林的需求是通过对整体森林资源资产的要求来达到的。因此，整体森林资源资产的经营必须适应其所在地区的外部环境对其的要求。在整体森林资源资产价格评估中，外部环境起着重要的作用。

（5）未来收益的可预测性。整体森林资源资产未来的收益是与当前整体森林资源资产的内部结构紧密相关的，而且其实物收获受森林采伐限额的严格控制。因此，整体森林资源资产在未来的实物收获量可以科学准确地进行预测，其未来收益的预测也较一般的资产准确得多。

三、整体森林资源资产价格评估的主要特点

整体森林资源资产价格评估作为一种独立的评估项目，它不同于一般的单项的森林资源资产价格评估，有其自身的评估特点。

（1）从评估对象的构成看，整体森林资源资产通常是由多个森林经营类型构成，而每个森林经营类型又是由若干个年龄不同的，但经营目的、经营措施体系相同的单项森林资源资产（经营小班）构成。每个森林经营类型都可以作为一个独立的永续经营获利的经营整体。作为整体森林资源资产进行评估的资产一般都是以生产木材为主要目的的用材林资源资产，而其他林种的森林资源资产一般较少作为整体森林资源资产进行评估。

（2）从评估的角度看，整体森林资源资产的真正对象是森林经营单位森林资源资产的整体获利能力。它可以是一个森林经营类型的森林资源资产，也可以是由若干个森林经营类型构成的林业基层生产单位（林场）的森林资源资产，或者是由若干个林业基层生产单位构成的更大的林业企事业单位（林业局）森林资源资产的整体获利能力。

（3）从整体森林资源资产价格评估的类型看，它可以是整体森林资源资产的所有权评估，也可以是森林资源资产经营权（包括采伐权、更新权和管护权）或部分经营权的评估。在整体森林资源资产价格评估中，经常以经营权或部分经营权（采伐权）的评估为主。

（4）从整体森林资源资产价格评估的目的看，它是将整体森林资源资产作为一个有机的集合体进行各种经济活动（如转让、出售、联营

等产权的变动），其评估强调的是整体森林资源资产的组合效益，其方法的采用受评估的特定目的所制约。

（5）从整体森林资源资产的评估条件看，整体森林资源资产必须满足永续经营的原则，即该整体资产每年都可产生稳定的或有所增加的经济收益，能作为独立获利的经营实体长期存在。

（6）从社会的角度看，整体森林资源资产的占有者必须满足社会和环境对森林生态效益的要求。它的评估价值受到政策法规的限制，尤其是森林采伐限额的限制。

四、整体森林资源资产价格评估的一般方法

整体森林资源资产价格评估的真正对象是多个森林经营类型，以至多个林业基层经营单位的森林资源资产的整体获利能力。因此，整体森林资源资产价格评估一般采用以下两种测算方法。

1. 收益现值法

它是预测整体森林资源资产的未来的预期收益，并按适当的折现率或本金化率将其折算为现值，以此作为整体森林资源资产的评估值。

2. 加和调整法

加和调整法是将整体森林资源资产按其性质分解为各类单项资产，根据各单项资产的特性采用与其相适应的方法，分别进行评估，将其评估值相加，得到总的整体森林资源资产的评估值，并根据整体森林资源资产的收益状况及外部环境的要求和限制，对其整体资产的评估值进行适当的调整。

五、整体森林资源资产范围的界定

整体森林资源资产价格评估的一般范围是林业企事业的所有森林资源资产。但在具体的评估测算时，作为一个整体进行测算的一般是用材

林一个林种的资产，其他林种的资产必须进行单独测算，然后再相加成林业企事业的整体森林资源资产。在对整体企事业森林资源资产价格进行评估时，必须首先对委托方委托评估的企事业的森林资源资产进行产权验证，有产权证明的以产权证明为准，产权证明无法证明的资产要依国家产权界定的有关法律文件进行界定。对于一时难以界定产权或因为产权纠纷暂时无法做出结论的资产，应划为“待定产权”，暂不列入整体企事业森林资源资产之中。

在森林经营中，许多暂时无法纳入资产的森林资源经常混合在产权的辖域及控制范围内，在按照产权辖域及控制范围对整体企事业的森林资源资产价格评估范围做出必要的界定后，评估人员还必须对产权辖域及控制范围内的森林资源进行是否可直接纳入资产范畴的界定。对暂时不能纳入森林资源资产部分的森林资源进行剥离，将剥离后的森林资源进行资产重组。

经过产权界定和资产重组后的企事业森林资源资产基本上应纳入整体森林资源资产的评估范围内。

第二节 整体森林资源资产价格评估中的收益现值法

收益现值法是整体森林资源资产价格评估最重要的评估方法，其评估结果最能体现整体的特性，因而是整体森林资源资产价格评估的首选方法。

一、收益现值法的思路及数学表达式

收益现值法的思路是以利息求本金的过程，即把资产在未来特定时

间内的预期收益还原为当前的资本额或投资额。在整体森林资源资产价格评估中，由于森林经营所具有的永续性，整体森林资源资产的收益现值法一般以无限期收益为基础进行评估。此外，整体森林资源资产的未来预测较为可靠，且风险相对较小，因此整体森林资源资产极适合采用收益现值法进行评估。

由于整体森林资源资产内部结构变化，其收益的预测也将发生变化，因此在整体森林资源资产价格评估中的收益现值法具体有三种方法：年金资本化法、分段计算法和周期（轮伐期）计算法。

（一）年金资本化法

整体森林资源资产的年金资本化法，是将整体森林资源资产的年纯收益本金化，即：

$$E_n = \frac{A}{p}$$

式中：A——森林资源资产的年纯收益；

p——投资收益率。

该方法一般适用于内部结构合理的森林资源资产，其木材年产量较稳定。但如果预测的货币净收益值有一定的变化，一般不采用其算术平均数，而是将预测的各年的收益进行年金化处理。

$$A = \sum_{i=1}^{n} R_i \times (1+p)^{-i} \times \frac{p(1+p)^n}{(1+p)^n - 1}$$

$$= \sum_{i=1}^{n} R_i \times (1+p)^{-i} \div \sum_{i=1}^{n} (1+p)^{-i}$$

式中：R_i——预测近几年的年收益值。

（二）分段计算法

在整体森林资源资产中部分具有单独连年永续作业的经营单位，因为其内部结构不合理，其长期经营需要一个调整期，在调整期内其年收益值是不稳定的；而在调整期结束后，其经营进入稳定的连年永续作业状态，其年收益基本稳定。根据森林资源资产的这种情况，分段法将一个持续经营单位的森林资源资产分为两段，对调整期内预期收益采取逐年预测折现累加的方法，而后段的预期收益则进行还原折现处理。将森林资源资产的两段收益现值加在一起便构成了整体森林资源资产的收益值。

分段法的数学表达式为：

$$E_n = \sum_{i=1}^{n} \frac{R_i}{(1-p)^i} + \frac{R}{p \times (1+p)^n}$$

式中：n——调整期的年数；

R_i——调整期内各年的纯收益；

R——调整期结束后，永续作业期的年纯收益。

如果预测在永续作业期内，森林资源资产收益将按一个固定的比率（g）变化（增长或下降），分段法的数学表达式可写成：

$$E_n = \sum_{i=1}^{n} \frac{R_i}{(1-p)^i} + \frac{R}{(p-q) \times (1-p)^n}$$

式中，q——变化率。

（三）周期（轮伐期）计算法

在一些较小的经营单位内，其森林资源资产不具备连年永续作业的条件，而可以进行定期的永续作业。在这类森林资源资产价格评估中，可以按周期（轮伐期）来进行测算，在周期内预测每年的收益值，并将其折现。以经营周期（轮伐期）内折现的总值为基础测算无限期的森林资源资产总值。

按轮伐期计算的数学表达式可写为：

$$E_n = \frac{\sum_{i=1}^{n} R_i (1+p)^{n-i+1}}{(1+p)^n - 1}$$

式中：n——轮伐期的年数；

R_i——轮伐期内各年的纯收益。

二、单个森林经营类型的整体森林资源的资产价格评估

在整体森林资源资产价格评估中，最小的经营单位是森林经营类型。森林经营类型也称作业级，它是由在经营范围内的一些地域上不一定相连，但经营目的及经营措施相一致的小班组成的经营整体。每个经营类型都有相应于其经营目的的森林作业法，有其相对应的采伐年龄、主伐方式。在古典森林经理学中，一个理想的森林经营类型（作业级）是一个完美的理想森林。它从一年生到主伐年龄的所有年龄的林分都有，而且各年龄的林分面积相等。它构成了理想的连年永续作业的最小单位。在这个单位内，每年的采伐面积、采伐蓄积、造林面积、抚育面积都相等。但现实森林经营中各企事业的各个森林经营类型的内部结构大多是不理想的，对不同内部结构的森林经营类型所采用的价格评估方法不同。

（一）理想结构的森林经营类型的整体森林资源资产价格评估

理想森林结构的森林经营类型其各年龄的林分面积相等、蓄积相等，每年的采伐面积、蓄积相等，实施的各种营林措施的面积也相等，各年的经济收益与支出的预测较为简单，这类森林经营类型的价格评估多采用年金资本化法，公式为：

$$E_n = \frac{A}{p}$$

在评估中关键的问题是确定该森林经营类型的年收益、年支出和投资收益率的预测计算。

1. 年收益的预测

理想森林结构的森林经营类型年收入主要由主伐收入和间伐收入两项构成。主伐、间伐的收入可直接按单项森林资源资产价格评估中木材市场价倒算法进行计算，即将当年主伐、间伐木材的销售收入，扣除木材生产的成本（含税、费）和正常的成本利润的剩余值作为当年的主伐、

间伐收入。在测算中，一般采用评估基准日的各项技术经济指标进行计算。但木材生产的成本必须以近年该经营类型的平均定额，按评估基准日的价格标准进行重置，即生产的成本必须是木材生产的平均成本。

2. 年生产支出测算

在年生产支出的测算中，木材生产经营的支出在年收入计算时已测算过，并已在总收入中扣除，因而在年成本计算时仅计算营林生产的开支。营林生产开支主要有整地、造林、抚育、管护等项开支。林业生产单位的管理费用按规定的比例计入营林生产成本中各项营林成本。

3. 年纯收益的测算

将上述的年收益扣除营林生产的费用即为年纯收益。由于理想结构的森林经营类型内每年各类生产的收益和工作量基本是相同的，因而无需进行每年的净收益计算。

4. 投资收益率的测算

投资收益率、折现率、资本化率在本质上是没有区别的，仅是在不同场合下的不同提法。在按森林经营类型进行的整体森林资源资产价格评估中，由于森林资源资产的收益、开支都是按评估基准日的技术经济指标测算的，它们之间不存在通货膨胀，因此，在测算时投资收益率应为市场上的纯利率加上森林经营的风险报酬率，而不含通货膨胀利率。

（二）结构不合理的森林经营类型整体森林资源资产价格评估

结构不合理的森林经营类型可分为两个大类：一是虽然内部结构不合理，但经过一段时间的调整后，可以将经营类型内的结构调整到基本理想的状态，在若干年后，可以实现连年永续作业；二是不但森林经营类型的内部结构不合理，而且很难将其调整到合理状态，也就是说，如要将其调整到合理状态，不但所花的时间很长，而且调整中发生的严重的损失，是经营者无法承担或不愿意承担的，他们放弃了连年永续作业的目标，而仍将其保持现状。

1. 可作为连年永续作业的森林经营类型的整体森林资源资产价格评估

在这类森林经营类型中，内部结构的不合理主要体现在龄级结构的不合理上，它们不能形成一个完整的年龄序列，而且各年龄的林分面积有较大的差异，要通过合理的采伐来调整其年龄结构。通过一段时间的调整，可以使其内部结构基本上满足连年永续作业的要求。因此，这种森林经营类型的整体资产评估一般采用分段法进行测算。

$$E_n = \sum_{i=1}^{n} \frac{R_i}{(1+p)^i} + \frac{R}{p \times (1+p)^n}$$

采用该法进行测算的关键是调整期的确定和调整期内各年的年净收益值 R_i 的预测，调整期后的收益预测一般与合理结构的森林经营测算相同。

（1）调整期的确定。

单个森林经营类型的调整期的确定较为简单，其调整期短的一二十年，长的可达五六十年，调整期长短主要依调整的工作量而定，而调整的工作量又由经营类型内林木的龄级结构以及林地卫生状况而定。调整期的确定必须依据以下基本原则：

① 调整时不得采伐未成熟的林木；

② 成过熟林推迟采伐不得导致成过熟林的大量枯损；

③ 调整的工作量应尽可能小。

（2）调整期内各年净收益预测。

森林经营类型的调整期较长，在森林经营中一般以五年作为一个龄级单位，五年内的年采伐量是相同的。因而在测算时，先确定每个龄级采伐量和营林作业的面积，然后求其年平均采伐量、年平均各项营林生产的面积，最后按照基准日时的木材价格、工资标准及价格水平测算各年的总收入，重置各项成本费用、各项利润，最后求出各龄级的年平均净收益。

2. 不作为连年永续作业的森林经营类型的整体资源资产价格评估

在这种森林经营类型中，龄级结构极不合理，森林调整较为困难，经营者已放弃对其实行连年永续作业的企图，而保持其现状进行经营。这样在整个轮伐期内各年的收益有较大的差异，时高时低，有时甚至出现负值（只有投入而无产出）。对于这种森林经营类型的森林资源资产的整体价格评估，只能采用按轮伐期测算，即先测算出第一个轮伐期末的收益现值，而后以该现值为基础，计算无穷个轮伐期的整个森林资源资产的总值。

该方法计算的关键问题是预测轮伐期内各年的收益净值。在测算时，一般根据该森林经营类型的措施设计表和该类型现实的龄级结构状态，先计算出各年的采伐面积、蓄积和各项营林工作的作业量，按木材的产量和营林工作的作业量用评估基准日的价格及其他的技术经济指标，计算出各年的木材收入、成本开支、营林投入，最后测算出各年的收益净值。

该方法测算的结果一般要高于按分段法计算的结果，因为分段法的前期进行调整时，经济收益要受到一定的损失，而该法不进行调整，因而不发生这类损失。但在实际生产中采伐量的偏高是不允许的，其经营会受到一定的限制，其结果仅能作为该类型评估的高限。

三、多个森林经营类型的整体资源的资产价格评估

多个森林经营类型的整体森林资源资产价格评估是整体森林资源资产价格评估的主要形式，各个林业企事业都是由若干个不同的森林经营类型组成的。在森林经营实践中，森林的永续利用是以企事业作为一个永续轮伐的单位，而森林的采伐限额也是以企事业作为最小的经营单位下达的。因此，整体企事业森林资源资产价格评估实质上就是多个森林

经营类型的整体森林资源资产价格评估。

整体企事业森林资源资产的内部结构可以分为整体森林资源资产结构合理和整体森林资源资产结构不合理两个大类。整体企事业森林资源资产结构合理时，还可分为两种情况：一种是企事业内各个森林经营类型的结构都合理，因而它们总加起来也是合理的森林结构；另一种是企事业内各个森林经营类型的结构单个看不完全合理，有个别甚至极不合理，但以企事业的森林资源资产整体来看，基本合理，可以直接进行永续利用。简单说，整体结构合理有两种情况，即个体合理、整体也合理和个体不合理、但整体合理。

（一）个体结构合理的多个经营类型的整体森林资源资产价格评估

个体结构全部合理的多个森林经营类型组成的整体森林资源资产其整体结构也是合理的，这类整体森林资源资产价格评估的方法较简单，它可以分别各个经营类型测算其年收益、年支出和年收益净值，将其累加得到整体森林资源资产的年收益净值，然后采用年金资本化法计算整体森林资源资产的总值，公式为：

$$E_n = \frac{\sum_{i=1}^{n} A_i}{p}$$

式中：n——森林经营类型的个数；

A_i——各森林经营类型平均年净收益。

或者直接分别求算各森林经营类型的评估值，加和得到整体森林资源资产的总评估值，公式为：

$$E_n = \sum_{i=1}^{n} E_{ni}$$

式中：E_{ni}——第 i 个森林经营类型的评估值。

各森林经营类型内部结构都合理的整体森林资源资产，其采伐限额通常都能完全满足其经营要求，各经营类型单算和整体总算其结果是一样的。但内部各个森林经营类型结构都合理的整体森林资源资产，在生产实际中几乎是找不到的，它仅是一个模式林分的算法、一个特例。

（二）各经营类型内部结构不一定合理，但整体内部结构基本合理的整体森林资源资产价格评估

整体内部结构基本合理森林资源资产是指在整体水平上每年的木材生产的规模、营林生产的规模基本相近，年经营收益基本相同，可以长期保持这种状态的森林资源资产。在这类森林资源资产内部的各个森林经营类型可能结构并不一定合理，但其累加的结果整体基本合理。这类整体森林资源资产价格评估通常不用加和法，即不进行各个经营类型的整体评估，而按多个经营类型的综合值进行评估，即测算整体森林资源资产的年平均收益净值，然后再用以求算整体森林资源资产的总值。在测算整体森林资源资产的年平均收益值时，可以按各个经营类型进行测算。但由于各个经营类型各年的收益值是不同的，因而要求测算 2 个龄级（10~20 年）的收获值进行年金化处理，然后用已年金化了的净收益值进行收益还原，估测整体资源资产的评估值。其计算公式可改写为：

$$E_n = \sum_{i=1}^{n}\sum_{j=1}^{m} R_{ij}(1+p)^{-i} \times \frac{p(1+p)^n}{(1+p)^n - 1} \div p$$

$$= \left[\sum_{i=1}^{n}\sum_{j=1}^{m} R_{ij}(1+p)^{-i} \div \sum_{i=1}^{n}(1+p)^{-i}\right] \div p$$

式中：m——整体资源资产内的经营类型数；

n——预测的年数；

R_{ij}——第 i 年第 j 个森林经营类型的年净收益。

（三）整体内部结构不合理的整体森林资源资产价格评估

在现实社会中，相当一部分林业企事业拥有的森林资源资产的整体内部结构不合理，但作为一个以木材生产为主的林业企事业，它必须实现森林的连年永续作业，必然要下大力气将森林资源资产的整体结构调整到基本合理的状态，其年采伐量、年收益均有较大的变幅。在调整期内，为了长远的目标，企事业必须承受一些由于调整而带来的经济损失，比如，一些经济上应当采伐的成熟林分，为了调整结构的需要不能马上进行采伐，而是要推迟 5 年、10 年后再进行采伐；一些在经济上认为还应过几年采伐最合算的林分，因调整的需要而提前采伐。另外，森林的采伐限额也可能制约着采伐的进行，造成生产单位的一些经济损失。因而，这种类型的整体资产价格评估不能将各个类型分别评估后再累加，因为单个经营类型的评估一般不考虑整体的采伐限额，而且常不考虑调整带来的经济损失（轮伐期计算法），故只能根据整体收益状况，按采伐限额进行收益的测算及评估。由于这类森林资源资产的经营必须实现永续利用的目标，但其内部的结构又不适应于永续利用，因而，它们必须有一个调整的时期，在调整期内，将森林资源的整体结构调整到基本上合理、基本上可以实行永续作业。所以这类整体森林资源资产价格评估一般采用分段法，在调整期内预测各年度的收益值，并将其折现、累加，调整期结束后，按照整体上基本合理的整体资源资产价格评估方法进行，并将其折为现值。在预测调整期内各年度的收益值一般仍按各经营类型进行预测，将采伐限额分解到各个类型中，并测算其收入及支出，测算其净收益。其计算式可以改写成下列公式：

$$E_n = \sum_{i=1}^{n}(\sum_{j=1}^{m}R_{ij})(1+p)^{-i} + \sum_{k=1}^{h}\sum_{j=1}^{m}R_{kj}(1+p)^{-k} \times \frac{p(1+p)^h}{(1+p)^h-1} \div [p(1+p)^n]$$

式中：n——调整期的年数；

h——调整期结束后，为求算年平均收益而进行的预测的年数。

在整体内部结构不合理的森林资源资产整体价格评估中，关键的问题是要确定整体资源的调整期和收益预测。

1. 调整期的确定

从调整期确定的基本原理来讲，多个经营类型的森林资源的整体资产调整与单个经营类型的森林资源资产调整是一样的，但由于多个经营类型的资产整体涉及的类型多，各个类型相互制约，其确定要考虑的问题更多，测算更为复杂。

2. 收益的预测

多个经营类型的森林资源整体资产的收益预测通常是按其采伐量为主要依据进行推算，而采伐量是在采伐限额的控制之下，因而在预测时首先应预测该经营单位下一个龄级期的采伐限额为多少（采伐限额5年一定，主要依据资源状况测算确定）。根据森林资源的龄级结构和目前的生产水平可以较为准确地预测其采伐限额。

在采伐限额确定后，还需将其分解到各个森林经营类型，然后再按各经营类型的林分的实际情况，测算其收益值，以及生产经营的成本及营林生产成本，最后确定各经营类型该年度的收益净值，并累加成整个森林经营单位的收益净值。

四、采用收益现值法对企事业整体森林资源资产价格评估必须注意的事项

收益现值法是整体企事业森林资源资产价格评估中最常使用的方法。在具体进行评估时必须注意的问题有：

1. 森林资源资产收益值的界定

森林资源资产的收益值不同于林业企事业的收益值。林业企事业的收益值包括了许多非森林资源资产带来的收益，如林业企事业的采伐、运输机械带来的收益，人力资源带来的收益，商誉等无形资产带来的收益，以及货币资产等流动资产带来的收益。在评估中，企事业提供的财务报表所提供的收益是企事业的整体收益，而并非是森林资产所带来的

收益。因此，在测算时必须对总的收益进行剥离。在难以进行剥离时，必须根据财务及生产的历史记录，根据评估基准日的技术经济指标进行测算。

2. 森林资源资产收益值的预测

森林资源资产的收益值预测一般不按过去若干年森林资源资产的收益值的趋势进行数学模拟之类的预测，而按森林资源资产的内部结构预测各分期的森林采伐量、营林工作的作业量，再根据采伐量按评估基准日的技术经济指标，来测算其收入、支出及收益净值。这种预测的优点，一是应用森林结构预测采伐量及营林作业量较准确，较符合生产的实际；二是它们的收支在同一个基准日的价格水平上，避开了变化不定的通货膨胀因素，使折现率的确定更为可靠。

3. 收益值与折现率的口径问题

收益值与折现率（投资收益率）的口径必须一致，这是收益现值法评估中至关重要的问题。在评估中折现率多采用无通货膨胀的低折现率。因为按评估基准日测算的收益净值中是不含通货膨胀利率的，但如果收益净值是采用财务报表中剥离出的，其收益净值中经常包括了部分通货膨胀，必须设法根据实际情况将其扣除，或者在折现率中增加适当比率作为通货膨胀的影响。

4. 森林的采伐限额问题

森林的采伐限额是国家根据“合理经营，永续利用”的原则对森林、林木实行限额消耗的法定控制指标。林业管理部门依照法定的程序和方法，对本行政区内的森林、林木进行测算，并在国家批准的一定行政区域或经营单位内，各单位每年以各种采伐方式对森林资源采伐消耗的立木蓄积最大限量、采伐限额是不允许突破的，所有的生产规模、经济收入都因采伐限额的变化而变化，可以说森林经营中是采伐限额决定了其收益值的多少。因此，在收益值预测中必须按现行采伐限额测算的标准，预测各个分期的采伐限额，而后再进行生产规模和经济收益的测算。森林采伐限额的测算，森林资源管理部门已有一套较为成熟的办法，必须严格执行。

第三节　整体森林资源资产价格评估中的加和法

一、加和法的基本思想

加和法也是整体森林资源资产价格评估中常用的方法，它是按整体森林资源资产内部各个经营类型、各个经营类型内各个小班的特点，选择相应的评估方法进行评估，而后将评估值相加，所得之和作为该整体森林资源资产价格评估值。加和法实质上是建立在单项森林资源资产评估基础上的评估方法，整体资产的构成要素资产的单项评估值之和未必与整体资产的评估值相吻合，但要素资产的评估值之和与整体化资产评估值存在着内在的联系，而且是整体资产评估的一个组成部分。林业是一个公益性很强的行业，即使林业企事业经营的是完整的商品林，但它仍然要受到许多社会、经济因素的制约。如我国和一些国家执行的森林采伐限额，就不允许企事业对森林资源资产自由采伐。另外森林整体资源以永续利用目标进行调整，也将给企事业带来短期的经济损失。在单项的森林资源资产价格评估中，这些条件的限制通常无法进行考虑，而在整体森林资源资产价格评估中，这些条件就非考虑不可，因而在整体森林资源资产价格评估中，收益现值法经常低于加和法的评估结果，其差值主要由国家和社会实行的对木材生产的限制条件所造成，但这是现实生产中的实际情况，整体评估时必须对加和法的结果进行一定的调整。

整体评估中使用加和法有一定的条件：

（1）当整体森林资源资产用收益现值法进行评估比较困难时。如一个新建不久的林场的整体资源资产进行评估时，这时近期 5 年、10 年甚至更长的时间内森林资源资产只有投入，而没有收入，无法带来收益，用收益现值法评估就比较困难，这时可用加和法进行评估。

（2）作为用收益现值法的评估结果的验证方法或对比方法使用。

二、加和法的计算方法

加和法的基础是单项森林资源资产价格评估的各种方法，它根据每一个小班的资产选择相应的评估方法进行评估，可以是重置成本法，也可以是收益现值法或现行市价法。但作为企事业的整体资产小班的个数很多，每个小班都进行测算工作量太大，评估的成本太高，资产评估的委托者无法承受，评估机构也难以完成。因此在评估时，先分别森林经营类型编制评估的辅助用表，如幼龄阶段的重置成本全价表、中近熟林收获现值全价表、成熟林的市场倒算计价表，这些辅助用表都是采用该经营类型的平均水平的技术经济指标进行测算的。将这些结果输入计算机，尔后将各小班的调查数值，如立地类型、年龄、树种、树高、直径、单位面积蓄积、地利等级等资料输入小班，由计算机生成各小班对应的调整系数，求出各个小班的评估值。在评估中也可将部分径级结构合理的经营类型，按收益现值法进行评估，其他森林经营类型的资产采用各种评估方法进行评估，最后将各个经营类型的评估结果相加，得到整体森林资源资产的评估值。

三、采用加和法评估整体森林资源资产时必须注意的问题

采用加和法评估整体森林资源资产时，必须注意以下问题：

（1）用加和法评估整体森林资源资产时可能涉及各种评估方法，尤其是在一个森林经营类型中使用各种方法时，必须注意各种方法评估值的衔接。如在幼龄林采用重置成本法，在中龄林、近熟林采用收获现值法，在成熟林采用木材市场价倒算法时，必须调节好由幼龄林转为中龄林、近熟林时和中龄林变为成熟林时评估值的衔接。

（2）用加和法评估整体资源资产时，为了减少工作量必须编制一系列辅助用表，这些辅助用表对评估结果的影响极大，它们的编制所依据的资料都是以评估基准日的各项技术经济指标以及当地的平均生产定额和平均生长指标。

（3）调整系数 K 值对于各个小班的评估值有较大的影响，确定 K 值必须涉及各个小班的一些主要调查因子，如树高、胸径、蓄积量、株数、地利等级等。在进行森林资源核查时必须加强对小班主要调查因子的核查。

（4）用加和法进行评估时，由于没有考虑社会对木材生产的一些限制条件，以及整体结构调整时带来的损失，所以其评估值可能高于实际的情况，在内部结构极不均匀的情况下偏差可能较大，因此，必须根据实际的情况进行适当的调整。

第十章　森林资源资产损失价格评估

第一节　森林资源资产损失价格评估概述

一、森林资源资产损失的概念与类型

（一）森林资源资产损失的概念

从现有资料来看，迄今为止，并没有学者对“森林资源资产损失”这一概念的内容、含义进行过系统描述。由于森林资源是自然资源的重要组成部分，要想确切地定义森林资源损失，就要首先了解什么是自然资源损失。自然资源损失是指灾害造成的自然资源储备量及自然资源质量的变化所引起的自然资源价值的减少额。结合森林资源、森林资源价值、自然资源损失、林业灾害与事故等相关概念，可以给出森林资源资产损失如下的定义：

森林资源资产损失是指由于人为因素或不可抗拒的自然灾害的作用，使森林资源资产发生质量上的变化、数量上的减少或财产上的转移，从而损害了各类森林资源的生态效益、经济效益或社会效益，这种变化、减少或转移称为森林资源资产损失。换言之，森林资源资产损失是指森林资源异常的不利变化与森林资源正常演替的差额，这种变化表现为：① 森林资源数量减少，质量下降，结构失衡，功能衰退；② 森林资源财产转移。

森林资源资产损失包括由于各种原因引起的个体树木和群体树木、野生动植物伤亡或被侵占，林地转作他用或改变其性质的各种情形等。通过表 10－1 我们可以进一步认识森林资源资产损失的对象与性质。

表 10－1　　森林资源资产损失的对象与性质分类表

损失对象 / 损失性质	森林资源损失对象				
	林地	林木	种苗	野生动物	野生植物
消亡		√	√	√	√
财产转移	√	√			√

表 10－1 中，横向表示森林资源资产损失的对象，纵向表示森林资源资产损失的性质。在这里损失性质表现为两种：一种是实际消亡性质，如林木被烧毁，或野生动物被打死，这属于消亡性质的损失；另一种是财产的转移，如木材被盗伐，或林地转作他用，这都属于产权转移性质的损失。

（二）森林资源资产损失的类型

森林资源资产损失主要分为以下五种类型：

1. 林地损失

指由于人为破坏或自然灾害等原因，造成林地发生了损害现象，或林地转作他用的一种财产转移。当由于人为破坏或非法征占用导致林地损坏时，认定为林地的人为损失；当由于自然灾害导致林地损坏时，认定为林地的自然损失。

2. 林木损失

指由于人为破坏或自然灾害等原因，造成了林木资源的损伤或死亡。当由于人为破坏导致林木的损伤或死亡时，认定为林木的人为损失；当由于自然灾害导致的林木损伤或死亡时，认定为林木的自然损失。

3. 种苗损失

指由于人为破坏或自然灾害等原因，造成种子、苗木发生损害现象。当由于人为破坏导致种苗损失或死亡时，认定为种苗的人为损失；当由于自然灾害导致种苗损失或死亡时，认定为种苗的自然损失。

4. 野生动物损失

指由于人为捕捉、猎杀等原因，造成重点保护和一般保护野生动物的伤残以及死亡，或因自然灾害、气候等原因造成野生动物的伤残、死亡。当由于人为破坏导致野生动物伤残或死亡时，认定为野生动物的人为损失；当由于自然灾害导致野生动物伤残或死亡时，认定为野生动物的自然损失。

5. 野生植物损失

指由于人为破坏或自然灾害等原因，造成保护野生植物的损伤或死亡。当由于人为破坏导致野生植物伤残或死亡时，认定为野生植物的人为损失；当由于自然灾害导致野生植物伤残或死亡时，认定为野生植物的自然损失。

二、森林资源资产损失价格评估的概念与类型

（一）森林资源资产损失价格评估的概念

所谓森林资源资产损失价格评估，是指运用统计计量分析方法对森林资源资产损失进行定量的评价与估算，以准确把握森林资源资产损失现象的基本特征的一种林业灾害与事故统计分析、评价活动，也就是指围绕森林资源资产损失展开的一系列价值计量活动。

森林资源资产损失价格评估的目的与林木资产价格评估不同，其主要目的是：为各级灾害管理的行政主管部门需要对灾情调查确定灾害经济损失价值；涉林案件需要评估因人为灾害造成的经济损失价值；森林保险定损赔偿需要评估因自然灾害造成的经济损失价值；产权主体需要评估灾后经济损失价值等提供依据。其评估结果应具有真实性、公正性和合法性。

林木资产价格评估是对评估对象全部资产做出公允的价格，以作为买、卖双方成交价的基础。而森林资源资产损失价格评估则不同，评估的对象是针对灾害损失部分的资产价格，做出因灾害造成林木经济损失程度的估价。

由于森林灾害的种类繁多，呈现危害的程度各异，受害的部位和产品类别不同。在危害程度上，毁灭性灾害会使森林资产全部消失，而有的灾害则只是部分或局部受害；在受害部位上，有的是林木枝叶受害，有的是树干受害，还有的是危害树的根部；在产品类别上，造成森林产出的木材受损，果树林的果品绝收、减产或质量下降。因此，森林资源资产损失价格评估的内容具有多样性和复杂性。在评估过程中，应根据不同的评估对象，按照森林资源资产价格评估的基本原则，有针对性、因事制宜地采用不同的评估方法。

（二）森林资源资产损失价格评估的不同类型

根据森林资源损失的不同类型和特点，按照“分类评估”的原则，森林资源资产损失价格评估可以相应地分为以下五种类型。

1. 林地损失评估

林地转作他用是一种财产转移，无论是对林地所有者而言，还是对林业部门来讲，都是一种“损失”。这有两种情形：一是地上无林木，二是地上有林木。对第一种情形，林地“损失”表现为地价和林地机会收益损失；第二种情形的林地“损失”则表现为地价和林木的现实收益损失。从理论上讲，在充分完善的市场制度下，地价已包含了土地的机会收益，林木收益也体现了土地费用，但从我国的实际看，土地用地类型是一种行政性划分，土地价格并不反映各类型用地的效率结构，往往只是单独地表现为一种空间位置差异的级差地租，故而宜采用地价加上机会林业收益的评估模型。另外，地上林木有可能是中间产品，这时采取地价加上地上物折价方式评估较为合理；如果地上物完全成熟为最终产品，则应按照林木损失评估，所不同的是此时土地至少在一段时间内丧失了作为林地的功能。

2. 林木损失评估

林木资源是生态环境、物质资源和社会文化的承载体，其损失评估的基本思路是重点放在综合反映其多种效应上，难点在于生态价值、科学文化价值的损失估算等方面。然而，由于不同的森林类型发挥的功能效益不同，因此在进行不同森林类型林木损失额的计量时，所包含的价值量和涉及的因素也不相同，这就要求首先对森林类型进行划分，然后根据不同的森林类型所发挥的不同的功能效益来评定和估算其损失额。根据受损林木类型的不同，又分为形成林分的森林类型的林木损失和未形成林分的散生树木类型的林木损失。按商品林、公益林、经济林、环境保护林、风景林、自然保护区林、古树名木、城区及村镇四旁树、公园及景区树木、植物园树木等10种常见的森林类型，相应地，在林木损失大类中又形成了10亚类的林木损失额的评估体系。

3. 种苗损失评估

这类损失分为两种情形：一是种苗本身遭受伤害的损失；二是使用假种苗给经营者带来的损失，这时除种苗费用损失外应重点考虑可能因为时机延误所带来的机会损失。根据受损标的物的不同又分为种子、苗木和经济林苗木三种损失类型，相应地，在种苗损失大类中又形成了三个种苗损失额的评估体系。

4. 野生动物损失评估

有关野生动物损失估算的评估可参考和可借鉴的并不多，更没有统一和公认的方法，其重点和难点均在于野生动物资源单价的确定。通常采用市场价格法、影子工程法、防护费用法以及饲养、医疗费用替代法对其进行评估。

5. 野生植物损失评估

野生植物价值估算仅限于生物多样性评估方面，其对生态、物质、科学方面的作用并不明朗，精确的估算十分困难。考虑到这类资源比重不大，故其参照林木损失评估的方法和数据。

在遵循森林资源损失评估总思路和不同森林资源损失类型评估思路的原则的基础上，形成了我国主要森林资源损失类型分类评估体系。

从表 10－2 中也可以看出，森林资源资产损失按照其损失对象的不同可以分为不同的损失类型，根据各地林业案件发生的实际情况，将主要森林资源损失类型分为五大类：林地损失、林木损失、种苗损失、野生动物损失、野生植物损失；林木损失中又根据不同森林类型所发挥的功能效益的不同将常见的森林类型（含树木类型）分为 10 个小类，种苗损失中又细分成 3 小类，这样就形成了森林资源损失的五大类 16 个小类评估体系。

表 10－2　　　　森林资源损失类型分类表

大类	林地损失	林木损失	种苗损失	野生动物损失	野生植物损失
小类	林地	商品林 公益林 经济林 风景林 环境保护林 自然保护区林 公园及景区树木 植物园树木 城区及村镇四旁树 古树名木	一般造林 苗木 种子 经济林苗木	野生动物	野生植物

三、森林资源资产损失价格评估的思路与原则

森林资源资产损失价格评估需要吸收和综合多种方法和技术，需要进行理论和方法创新，需要建立一整套的计算体系。森林资源资产损失

价格评估的思路及原则包括：

1. 整合与分析

广泛借鉴和吸收森林效益评估、资产评估、价值核算的理论、方法和有益成果，采取理论和方法相互整合，从系统层面上进行创新的基本思路。遵循引进、移植、组合、创新并举和借用已有成果优先的原则。

2. 分类评估

根据森林资源资产损失的不同特点，采用不同估价模式的思路，将森林资源资产损失划分为五大类别 16 个小类的森林资源损失（见表 10－2），设计出相应的估价模型和计算方法。在类型归并中，遵循准确估价而又化繁为简的原则。

3. 影响因素与价值构成分析

以形成森林资源资产损失的各种因素为基本分析对象，对各因素进行量化描述，并建立起因素与损失价值构成之间的函数关系，确定构建森林资源损失估价模型结构科学合理、运作便捷的原则。即尽可能构造森林资源资产损失估价的完美公式，同时注重其实际使用的简便性。

4. 替代分析

替代分析是森林资源资产损失各种评估研究中广泛采用的方法和技术，在森林资源损失评估中也大量采用。严格地讲，任何森林资源损失都是不能完全恢复的，从这种意义上讲，所有的评估方法和技术都是替代性的。所以我们更多地应用替代分析思路、方法和技术，坚持理性替代经验、真实替代虚拟的原则。

5. 动态评估

充分考虑森林资源资产损失评估的时间变化及连续性，确定系统动态更新的程序和方法。在模型构造中应用时间价值原理，确定动态评估原则，特别在资源价格的确定上及时反映价格变动的要求。

6. 空间差异与梯度评估

森林资源空间分布的广域性和差异性，形成了某一森林资源随着空间关系的不同具有不同效用及影响的函数关系，空间因素成为森林资源损失价值的重要变量，为此，应普遍坚持地区差异与不同梯度评估的原则。

7. 多种效应的综合分析与评估

一般森林资源具有经济、生态和社会三大效益。森林资源资产损失对这三方面会或多或少产生影响，怎样采用科学和规范的方法综合考察森林资源损失引发的总价值损失，是一个十分重要的理论和实践问题。但这方面的认识并不统一，方法更是多种多样。应更多地以关注评估结构的科学性的原则来把握这一问题。

8. 从理论到实践，关注系统的实际应用效果

从研究层面上，在开展评估过程中尽可能复杂、尽可能周全、尽可能完整，而在形成评估成果后，又尽可能简化、尽可能便利、尽可能快捷。即评估过程有两大阶段：一是形成系统、完整的理论、方法和技术阶段；二是根据实际情况，注重可操作性和具体化设计阶段。

第二节　森林灾害损失现场调查

森林灾害损失现场调查工作是评估核算因灾害造成经济损失价值的基础，调查数据的准确性直接影响评估值的可信程度。因此，灾区现场调查在评估工作中占据举足轻重的地位。

一、森林灾害损失的主要表现

由于森林灾害的种类繁多，灾害发生发展的特点各异，因此造成森林危害的程度不同，主要表现为全部损毁、部分损毁和造成林分生产力下降等。

1. 全部损毁

是指由于灾害造成森林、林木全部死亡（或消失）。在损失价格评估中应考虑被损毁的林木是否有残值，如有残值的林木资产，应采用差值法核算其损失价值，即灾前森林资源资产价值减去残值的差额部分；如无残值（或全部消失）的林木资产，经评估核算的森林资源资产价格即是损失价值。

2. 部分损毁

是指由于灾害造成森林、林木部分或局部死亡。应在核算的灾前资产价格基础上，根据灾区调查的实际林木受害率（%）来核算损失价格，如受损林木存在利用价值还应扣除残值。即：

损失价格 = 灾前森林资源资产价值 × 林木受害率（%） - 残值

3. 林分生产力下降

是指由于灾害造成林木的生长量和种子、果品产量或质量降低。这类灾害损失情况比较复杂，在评估过程中首先要采用相应的调查方法确定受损的对象、损失的数量和灾后恢复期，然后根据具体情况采用不同的评估方法进行损失价值核算，不能固化。

在正常情况下，森林处于动态平衡的状态，当森林遭受灾害的侵袭，危害达到一定程度，这种平衡即被打破，森林不但自身正常生命活动受抑，原来对环境的正面影响也随之不断弱化，甚至消失。因此，森林灾害经济损失价值是灾害实际发生状态下的森林价值与森林正常状态下的期望值之差。

二、调查的内容及评价指标

森林灾害损失现场调查的内容和评价指标如下：

(1) 灾害类型。

调查填写具体的灾害类型。如森林火灾、森林病虫害、旱灾、霜冻、雹灾等。

（2）灾区地理位置。

灾区位于行政区地址，涉及的林班、小班、地理坐标。

（3）受灾面积。

不论危害程度如何，凡是涉及本次的受害森林面积均需统计。

（4）林分因子和立地因子。

林分因子包括：地类、权属、林种、优势树种、树种组成、林龄、平均胸径、平均树高、郁闭度（或盖度）、每公顷株数和蓄积量等。立地因子包括：地貌、坡度、坡向、土层厚度等。上述因子主要通过设置标准地调查取得。

（5）林木受害程度。

健康木：未受危害的活立木。

受害木：遭受灾害侵染的活立木。

濒死木：受害较严重濒临死亡的林木。

枯立木：因灾害危害致死的林木。

（6）灾害等级划分。

根据灾害的危害程度一般可划分：一般灾害、较重灾害、严重灾害和特大灾害四个等级。具体划分标准按照灾害管理系统、国家和地方行业标准或规范执行。

（7）林木受害率。

受害林木株数比灾区林木总株数的百分比（%）。

（8）经济损失率。

灾害经济损失价格比灾区森林资产总价格的百分比（%）。

（9）灾害发生时间和调查时间。

三、调查方法

森林灾害调查方法有：（1）全面调查法：包括全林每木检尺法和小

班调查法二种；（2）抽样调查法：包括典型选取的标准地法和随机抽取的随机样地法二种。根据灾区面积大小和受害程度选用适应的调查方法，在实际工作中多采用标准地调查法。

1. 受害面积测量

采用GPS测量成果数据，经计算机内业计算面积，并绘制灾区面积实测图（以万分之一地形图为地理基础，叠加成图）。如果灾区跨越多个小班，且受灾危害程度不一样，要以小班为单位按分级标准现场区划，在灾区总面积控制下分别测量各小区或地块面积。

2. 标准地调查

（1）标准地的选择。

按“灾区面积实测图”区划的各小区或地块设置标准地，选择标准地的要求：

① 应对所选定的标准地要求具有充分的代表性；

② 应在同一林分（地类）内设置，不能跨越林分（地类）；

③ 不能跨越河流、沟渠、道路等其他地类，且距受灾小区边界5米以上。

（2）标准地调查方法等内容按资产核查程序进行。

标准地的形状可采用矩形（正方形或长方形）或带状。标准地的面积以不小于1亩为宜。标准地数量按面积的抽样比不应低于0.5%。

（3）标准地设置。

标准地采用GPS测定周界，周界导线具体操作由调查方和委托方共同负责。

3. 按照灾害造成森林资产损失的类型和数量分项进行调查

有些灾害虽然不会对森林构成毁灭性危害，但它可以使林木生产力下降，同样对森林资源资产带来极大的经济损失。

树木的生长一方面受其自身遗传因素的作用，另一方面受外部环境条件的影响，在这双重因素的影响下，经过树木内部生理生化的复杂过程，表现为树木的生长发育过程。对于同一株树木的遗传因素是不变的，那么它的生长速度就取决于外部环境条件的影响。良性环境条件作用下树木的生长速度就快，反之，恶劣环境条件影响下树木的生长速度就慢，甚至停滞不长。如在林木生长季节，持续的气候干旱、森林食叶性害虫（如美国白蛾、松毛虫等）会使林木的树叶大量的脱落和食光，迫使树木的形成层和树梢生长点停止活动，即树木停止生长，严重的会造成树木枯死。

树木的生长直观表现为直径生长和树高生长，从而促成树干的体积（材积）增长。林木生长量调查容易获取的因子是直径，用林木直径生长量导算林木材积生长量。具体直径生长量的调查方法很多，有伐倒木、生长锥、树干砍口、树干解析法等。采取某种调查方法量取胸径处 n 个年轮的宽度，其宽度的 2 倍即为 n 年间的直径生长量，被 n 除得定期平均生长量。

我们研究的对象是通过林木生长量调查计算林木因灾害影响生长的数量，要找出无灾害情况下林木正常生长的材积和灾害影响下的林木生长的材积，两者的差值即是林木材积的损失数量。通过灾区林木生长量调查可以计算出灾害影响下的林木直径生长现状，利用量取的树木样本逐年年轮宽度数据，采用趋势外推或其他预测方法预测在正常生长状态下的灾害年度年轮宽度的期望值，确定无灾情况下的林木直径生长状况，然后分别树种计算有灾和无灾的林木蓄积量，两者之差即为林木因灾害损失的蓄积量。

第三节 不同森林资源资产损失的价格评估方法

一、林地损失价格评估

林地损失额估算公式：

$$L_w = L_z + L_v$$

式中：L_w——林地损失额；

L_z——地上物损失额；

L_v——林地价值转移损失额。

上述公式是关于林地损失额的表达式，也可称为林地损失额的通用公式。

根据林地损失的情况不同，分别建立受损林地无地上物损失和受损林地有地上物损失时的林地损失额公式：

（一）受损林地无地上物损失时

公式：

$$L_{w1} = L_v + (I_w + P_9) \times A_6$$

（二）受损林地有地上物损失时

公式：

$$L_{w2} = L_z + L_v = L_z + (I_w + P_9) \cdot A_6$$

式中：L_{w1}——无地上物损失的林地损失额；

L_{W2}——有地上物损失的林地损失额；

L_z——地上物损失额；

L_v——林地价值转移损失额；

I_w——单位面积林地预期收益；

P_9——各区县的分级地价；

A_6——林地损失面积。

二、林木损失价格评估

林木损失额由现实损失和潜在损失组成。现实损失中的财产性损失包括立木价值损失、产品价值损失和旅游观赏价值损失，亦即通常所说的直接经济损失。这些是较容易确定和估算的，而非财产性损失，包括生态价值损失、科学研究价值损失和历史文化价值损失，亦即通常所说的间接经济损失，这些是较难确定和估算的。以上所说的立木价值损失、产品价值损失、旅游观赏价值损失、生态价值损失、科学研究价值损失、历史文化价值损失、管护费用的价值转移、资金的时间价值损失和植被恢复费用等都属于独立存在的单独价值损失．而区位价值系数、生态区位价值系数、古树名木生长势系数、恢复难度系数、损毁程度系数等则为附属于单独价值损失之上的调整系数，用以修正林木损失额，使之更趋科学和合理。

林木损失价格评估公式为：

$$L_f = [(L_t + L_p + n \cdot L_j + a \cdot L_e \cdot K_e + L_s + L_h) \cdot K_g \cdot K_z + L_c \cdot K_r + Z + F] \cdot K_d$$

式中：L_f——林木损失额；

L_t——立木价值损失额；

L_p——林产品价值损失额；

n——从栽植到损失发生时的年数；

L_j——旅游观赏价值损失额；

L_e——生态价值损失额；

a——损失树种的郁闭年数；

L_s——科学研究价值损失额；

L_h——历史文化价值损失额；

L_c——造林成本损失额；

K_e——生态区位价值系数；

K_g——古树名木生长势系数；

K_z——区位价值系数；

K_r——恢复难度系数；

Z——资金时间价值损失额（滞延费）；

F——管护费用价值转移（古树名木管护费 F_i）；

K_d——损毁程度系数。

上述公式是关于林木损失额的总的表达式，可称为林木损失额的通用公式，即林木损失分类下的10个小类均适用于此。10个小类分别是各地常见的森林类型，包括用材商品林、公益林林、经济林、环境保护林、风景林、自然保护区林、古树名木、城区及村镇四旁树、公园及景区树木和植物园树木。由于各小类情况不同，有些小类不具备总公式的全部因子（不具备的指标设为零），因此形成了不同森林类型林木损失额的具体的分公式。

三、种苗损失价格评估

种苗损失价格评估公式为：

$$L_m = (C_f + Z) \cdot K_d$$

式中：L_m——种苗损失额；

C_f——实际造林成本；

Z——资金时间价值损失（滞延费）；

K_d——损毁程度系数。

上述公式是关于种苗损失额表达式，可称为种苗损失额的通用公式。种苗损失分类下的3个小类（种子损失、一般造林苗木损失和经济林苗木损失）均适用于此公式，有些小类不具备总评估的全部因子（不具备的指标设为零），形成了不同情况种苗损失额。

（1）种子损失额公式：

$$L_{m1} = C_f + Z_1$$

（2）一般造林苗木损失额公式：

$$L_{m2} = (C_f + Z_1) \cdot K_d$$

（3）经济林苗木损失额公式：

$$L_{m3} = (C_f + Z_2) \cdot K_d$$

式中：L_{m1}——种子损失额；

L_{m2}——一般造林苗木损失额；

L_{m3}——经济林苗木损失额；

C_f——实际造林成本；

Z_1——用材林滞延费；

Z_2——经济林滞延费；

K_d——损毁程度系数。

四、野生动物损失价格评估

从理论上讲，野生动物资源的价值构成应该包括存在价值、使用价值和选择价值。野生动物损失额价值构成只涉及了野生动物个体的使用价值和选择价值，而没有对存在价值的评估。这是因为选择价值是“未来”的直接使用价值和间接使用价值，而存在价值是不出于任何功利的考虑，只是因为森林生物多样性资源的存在而表现出的支付意愿。存在价值可以理解为是对一个集合群体的支付意愿。

在损失经济学的范围内，可以这样理解：个体野生动物的损失不会造成明显的非经济损失，比如环境功能损失、景观美学损失、福利影响损失、心理失衡损失、生态系统内部失衡损失以及区域声誉影响损失等。或者说个体野生动物的损失造成的非经济损失微乎其微，可以忽略不计。

野生动物损失价格评估公式为：

$$L_d = L_u + L_o$$

式中：L_d——野生动物损失额；

L_u——野生动物使用价值损失；

L_o——野生动物选择价值损失。

上述公式是关于野生动物损失额表达式，也可称为野生动物损失额的通用公式。是依据野生动物损失的情况不同，分别建立野生动物死亡和野生动物伤残损失额的公式。

（一）野生动物死亡损失额的公式

条件①：若市场出售野生动物的单位为只，保护管理费用乘以动物死亡寿命小于其年均饲料成本乘以动物死亡寿命，即 $F_p. Y < F_y. Y$ 时。

公式：$L_{d1} = L_u + L_o = P_5 \cdot A_4 + F_y \cdot Y \cdot A_4$

条件②：若市场出售野生动物的单位为只，保护管理费用乘以动物死亡寿命大于其年均饲料成本乘以动物死亡寿命，即 $F_p. Y > F_y. Y$ 时，

公式：$L_{d1} = L_u + L_o = P_5 \cdot A_4 + F_p \cdot Y \cdot A_4$

条件③：若市场出售野生动物的单位为千克。

公式：$L_{d1} = L_u + L_o = P_{10} \cdot A_5 + F_y \cdot Y \cdot A_4$

式中：L_{d1}——野生动物死亡损失额；

L_u——使用价值损失；

L_o——选择价值损失；

P_5——野生动物每只市场售价；

P_{10}——野生动物每千克市场售价；

F_p——野生动物保护管理费

F_y——动物饲养费用；

Y——野生动物单只死亡寿命；

A_4——实际损失只数；

A_5——实际损失千克数。

（二）野生动物伤残损失额的公式

$$L_{d2} = L_0 = F_m \cdot A_4$$

式中：L_{d2}——野生动物伤残损失额；

L_0——选择价值损失

F_m——野生动物医疗费用；

A_4——实际损失只数。

五、野生植物损失价格评估

从理论上讲，野生植物资源的价值构成应该包括存在价值、直接使用价值、间接使用价值和潜在价值。存在价值是指野生植物资源所具有的生命系统支持功能价值，与人类毫无关系。直接使用价值指野生植物资源在人类生产生活中经过开发利用或科研开发后所产生的价值。间接使用价值指野生植物资源所具有的生态功能价值和环境功能价值。潜在价值是野生植物物种可能具有的潜在的尚未被发现的价值。野生植物损失额价值构成中只涉及直接使用价值的计量，而没有对存在价值、间接使用价值和潜在价值进行评估。这是因为，存在价值和潜在价值比较复杂，存在价值反映的是野生植物资源与自然界的关系，而目前的市场价格反映的是人与人之间的社会关系，因此用货币价格衡量野生植物资源的存在价值是不科学的；潜在价值是随着人类社会的进步，对野生植物资源研究的不断深入而开发出来的野生植物资源具有的潜在价值，而我们无法以现有的知识水平预期其未来的科研投入及潜在市场。个体野生植物的间接使用价值是极不明显的，个体野生植物的损失不会造成明显的非经济损失，比如环境功能损失、生态系统内部失衡损失等。或者说个体野生植物的损失造成的非经济损失微乎其微，同样可以忽略不计。

依据上述分析建立个体野生植物损失额的公式：

$$L_g = L_i = P_6 \cdot A_1 \cdot K_d$$

式中：L_g——野生植物损失额；

L_i——直接使用价值损失；

P_6——野生植物市场售价；

A_1——实际损失株数；

K_d——损毁程度系数。

第四节　森林灾害损失价格评估中应注意的事项

一、森林灾害现场调查成果应满足评估工作的需求

在灾区现场调查工作开展之前要根据委托事项的要求和评估目的制订切实可行的工作和技术方案，方案设计的总体技术路线要具有科学性、可行性和可操作性，调查的内容和方法相匹配，重点突出，有针对性地为评估核算提供真实、可靠的基础数据，满足评估工作的需求。

二、评估方法的选择

正确选择评估方法是评估项目成功的关键。在森林资源资产价格评估过程中，评估方法的确定除考虑评估目的、价值类型等因素外，还要考虑被评估森林资源资产的特点、状态、生长阶段以及当地生产经营水平等因素。而对森林灾害损失价格评估，除考虑上述因素外，还要重点

考虑森林灾害的特点、受害程度、危害对象和经济损失类别等因素，经综合分析判断确定适宜的评估方法。

三、严格执行灾害调查、评估的相关行业标准及规范

森林灾害的种类繁多，情况复杂，涉及不同的灾害管理部门，如森林火灾归国家和省（自治区、直辖市）森林防火指挥部管理，森林病虫害由国家和省（自治区、直辖市）林业有害生物防治检疫局管理。各级主管部门为做好防灾减灾工作制定了相应的法规、规范和行业标准，规范灾情调查、损失价值评估的具体内容、方法及评价指标。在森林灾害损失价格评估工作中要认真查阅相关文件、资料，严格执行行业标准。

四、受害森林资产的残值核算

由于灾害侵袭造成林木死亡（含濒死），死亡林木的残值与其他资产残值的计算方法不同，如房屋、机械设备、电子产品的残值是按照国家统一规定的资产年平均折旧率计算，而被毁的森林资源资产（指实物量存在）的残值通常采用市场价倒算法进行核算。

在死亡林木残值核算过程中，确定受害木材的市场交易价格是关键。由于灾害的种类、侵袭的时间不同，木材受毁的程度也不一样，具体表现为木材霉变、腐朽、虫眼、裂纹等缺陷，使木材的质量降低、材质韧性差、抗腐性减弱。因此，受害的木材价格要低于木材的市场价格。至于降价的幅度，应根据受害木的具体质量情况，本着同类商品以质论价的价格规律，通过木材交易市场询查或借鉴成功的拍卖案例和价值评估案例，合理确定受害林木的木材价格。

第十一章 森林资源资产价格评估报告的编制和档案管理

森林资源资产价格评估报告是评估机构在完成评估工作后向委托方提交评估内容和评估结果的公正性文件。它对被评估森林资源资产在特定条件下的公允市价提出了专家意见，对评估机构履行委托协议的情况进行总结，并据以界定评估机构应承担的法律责任。它也是对评估机构的职业道德、执业能力和水平进行检查监督的依据，是森林资源资产占有单位向上级主管部门和国有资产管理行政主管部门申请审核验证、确认评估结果的主要文件。委托单位收到森林资源资产价格评估机构的评估报告后，应对评估报告及评估结果表明态度。如同意评估报告的内容和意见，报需求评估的行政主管部门审核；经审核同意后，报同级国有资产管理行政主管部门验证确认评估结果后应用。

第一节 森林资源资产价格评估报告的编制

一、编制森林资源资产价格评估报告的目的

编制森林资源资产价格评估报告的目的在于森林资源资产价格评估机构通过评估报告简明扼要的文字描述，介绍他们对受委托的森林资源

资产进行评估的目的、所依据的前提条件、评价依据、工作程序和方法及其评估结果，向委托方简要报告履行评估委托合同的情况。委托方如无异议，评估工作即可结束，委托方应按事先签订的委托合同向评估机构支付评估费用。

评估机构通过对自己工作的过程、方法以及资料搜集情况的描述，证明其评估的依据是充分的，评估的方法是科学的，评估的结果是公正可靠的。报告所附录的资料，如山林权证、合同协议及相关取证资料，是通过评估机构取得的法律文件资料，进一步证明结论的可靠性。同时也预示评估机构和评估人员将对评估的结论承担相应的法律责任，一旦发生纠纷，评估人员将有能力并有充分的依据为自己的评估辩护。

二、编制森林资源资产价格评估报告的基本要求

森林资源资产价格评估机构应独立、客观地撰写森林资源资产价格评估报告，做到逻辑严密，格式规范，概念清晰、准确，内容真实、全面，结论清楚、肯定，叙述简明扼要。

编写森林资源资产价格评估报告书时应遵循以下基本要求：

（1）报告书内容完整。森林资源资产价格评估报告主要对评估工作的目的、对象、原则、依据、方法、过程和结果等进行全面完整的说明；被评估的森林资源资产的范围和对象要求完整无缺，无一遗漏；评估报告书的附件要和正文内容一致，起到完善、补充和说明正文的作用。

（2）报告内容真实、实事求是。评估人员在起草森林资源资产评估报告时，要真实地反映评估工作情况。公正地反映被评估森林资源资产的情况，绝不允许评估机构运用虚假资料，有意偏向资产评估业务的某一方面，对被评估森林资源资产作出不公正的判断。

（3）报告内容全面、准确。森林资源资产价格评估报告准确、全面

地叙述评估的依据、过程和结果。评估报告的措辞要严谨，不能含糊不清、模棱两可，文字表达的含义要准确肯定。

（4）报告内容高度概括，文字简练。要用简练的文字对评估工作涉及的内容进行高度概括。说明评估情况和表达评估机构的观点。

（5）报告编制要及时。评估工作结束后应及时撰写出森林资源资产价格评估报告，按委托协议书中约定的时间及时完成并交付委托人。

三、森林资源资产价格评估报告的基本内容

森林资源资产价格评估报告书包括正文和附件两部分，其内容主要是评估报告结论，阐述评估结果成立的前提条件，说明取得评估结果的主要过程、方法和依据，并附必要的文件资料。价格评估报告应当包括以下主要内容：（1）标题及文号；（2）声明；（3）摘要；（4）正文；（5）附件。

价格评估报告声明应包括以下内容：（1）资产价格评估机构及价格评估人员恪守的原则，遵循有关法律、法规和资产评估准则的规定，并承担相应的责任；（2）提醒价格评估报告使用者关注价格评估报告特别事项说明和使用限制；（3）其他需要声明的内容。

价格评估报告摘要应当提供评估业务的主要信息及评估结论。

（一）正文的基本内容

（1）委托方及森林资源资产占有方。

写明委托方及森林资源资产占有方的单位名称、隶属关系、上级主管部门。

（2）资产评估机构。

写明森林资源资产价格评估机构名称、评估资格的类型及审批部门。

（二）评估目的

写明进行森林资源资产价格评估的目的，是为了森林资源征占、拍

卖、转让、企业兼并、出售、联营、股份经营、企业清算还是为了森林资源资产抵押、担保，企业租赁或其他的经济情形。表述应明确、清晰。同时应写明经济情形涉及的有关方的名称，如签订的意向书、协议书、经济合同等。

（三）评估范围和对象

说明经济形式涉及的森林资源资产范围、森林类型、所处的位置、归属的生产经营单位、处置方式等，森林资源资产的特点、经营区、林班和小班号，森林基本图，林权图名称，绘制年份、绘制单位等。

说明列入评估对象的森林资源资产产权归属问题。一是说明森林资源资产的所有权性质；二是说明森林资源资产占用者对森林资源资产享有的权益性质，即是自有的，还是租用的，或是托管的，对产权有何限制，等等。应具体描述评估对象的基本情况，包括法律权属状况、经济状况和物理状况。

（四）评估基准日

评估基准日是指评估机构所依据的委托评估的资产某一静止状态的时间，以便评估机构依据某一静止时间下森林资源资产的数量和质量进行评估。确定评估对象计价的时间、评估报告的结论是以基准日的现实和预期为依据的。应与项目协议书约定的评估基准日保持一致。价格评估报告应说明选取评估基准日时重点考虑的因素。评估基准日可以是现在时点，也可以是过去或者将来的时点。

（五）评估原则

概括说明森林资源资产价格评估中遵循的主要原则，如客观性、独立性、公正性和科学性等工作原则，公允的评估原则，持续经营原则，替代性原则和公开市场原则操作原则等。

（六）评估依据

概括写明价格评估报告遵循的法律依据、准则依据、权属、技术标准依据及取价依据等。

（七）评估假设和限定条件

写明森林资源资产价格评估对象的地理位置、交通条件和社会经济条件；评估对象的资产产权归属。说明森林资源资产占有单位拥有的产权情况和限制条件；森林资源资产价格评估对象的经营状况，包括经营的林种、树种、单位面积的蓄积量、总蓄积量、林木生长量、生长率、年采伐量、加工品种数量、市场需求状况、经济效益等；未来发展的影响因素及趋势。披露评估假设及其对评估结论的影响。

（八）评估的价值类型及定义

价格评估报告应明确价值类型及其定义，应说明选择价值类型的理由。

（九）评估方法和计价标准

具体说明森林资源资产价格评估所采用的计价标准、计价依据，具体说明各类森林资源资产采用的评估方法，对所采用方法的具体含义和依据作出解释。

（十）评估过程

写明森林资源资产价格评估工作的起止时间、主要工作步骤，说明评估机构完成森林资源资产价格评估的具体工作程序和人员安排。如森林资源资产核查的时间、方法、结果，资料收集与分析，对被评估森林资源资产的分类以及对不同林种、不同树种、不同龄组的森林资源资产评定估算所采用的方法、计算过程、评估结果以及评估报告书的编制过程。

（十一）评估结论

森林资源资产价格评估结果必须是明确的价格。评估价格可以用文字和数字形式清晰表示，也可以列表表示。评估结果主要报告森林资产重置价格、评估价格等。另外，根据现实需要，还应对资产质量作出评估（良、中、弱、显、隐性）。经与委托方沟通，评估结论也可使用区间值表达。

（十二）特别事项说明

价格评估报告特别事项说明应包括的内容：产权瑕疵；未决事项、法律纠纷等不确定因素；重大期后事项；提示价格评估报告使用者予以关注的事项等。

（十三）价格评估报告的使用限制说明

写明价格评估报告使用者包括委托方、项目协议书中约定的其他价格评估报告使用者和国家法律、法规规定的价格评估报告使用者；价格评估报告应唯一用于价格评估报告载明的评估目的和用途；因评估程序受限造成的价格评估报告的使用限制。未经森林资源资产价格评估机构的同意，不得向除委托方和评估报告审查部门之外的任何单位和个人提供评估报告的全部或部分内容，也不得将评估报告的内容发表于任何公开传播媒体上。法律、法规规定以及相关当事方另有约定的除外。

评估有效期为一年，即评估目的在评估基准日后的一年时间内实现，以评估结果作为底价或作价依据。超过一年，需重新进行资产评估。

写明森林资源资产价格评估机构认为需要在正式评估报告中加以说明的其他问题，比如重要的技术参数选用等问题。

（十四）评估报告提出日期

具体写明森林资源资产价格评估报告提出的日期，经审查复核无误后打印成正式报告，报告书由森林资源资产价格评估机构法人代表发表、评估项目负责人、评估报告复核人签名，并加盖森林资源资产价格评估机构公章。

价格评估报告必须经评估机构和法人及 2 名以上价格评估师盖章签字有效。

（十五）森林资源资产价格评估报告书附件的内容

附件是对评估报告书的具体说明和必要补充，具体内容一般包括以下方面：

（1）评估对象所涉及的主要权属证明资料。

在确认森林资源资产的产权时，最常用的证明材料有：县（市）以上人民政府和授权的林业行政主管部门发给的山林权证书：县（市）以上人民政府发放山林权证时绘制的山林权属图；有关山林权的协议书、合同书等；其他森林经营的文件。以上这些证明的附件材料需要利用现代的复印技术进行复制。

（2）委托方和相关当事方的承诺函。

（3）评估机构及价格评估人员的资质、资格证明文件。

（4）评估对象涉及的资产清单或资产汇总表。

能够表明经济情形涉及的资产范围、对象和生产经营单位的文件资料。

（5）评估对象所涉及范围的各种图。

将森林资源资产价格评估委托方和森林资源资产价格评估机构认为必要的文件资料复印后列入附件。

森林资源资产价格评估报告书正文和附件装订成册，封面上标明《森林资源资产价格评估报告书》和森林资源资产价格评估机构名称，送交委托方。

森林资源资产价格评估机构还要按规定向有关主管部门编报《森林资源资产价格评估报告书送审专用材料》，还应根据森林资源资产的特点编报以下材料。

（1）材料一：《森林资源资产价格评估报告书送审专用材料》使用范围说明。

仅供森林资源资产占有单位上级主管部门、国有资产管理行政主管部门、评估行业管理机构或其授权的单位审查森林资源资产价格评估报告书使用。《森林资源资产价格评估报告书送审专用材料》的全部或部分内容不得提供给其他任何单位或个人，也不得见诸于公开媒体。

（2）材料二：森林资源资产价格评估结果汇总表。

写明各种类型、各林种、各树种、各龄组的森林资源资产价格评估价值，用表格形式列出森林资源资产价格评估总价值和各类森林资源资产价格评估价值（见表 11－1～表 11－3）。

按小班列出各类各项森林资源资产价格评估结果，清单可用列表形式表示。按照《森林资源资产评估技术规范（试行）》规定，其表示见以下各表。

表 11－1　　　　森林资产评估结果汇总表

资产项目	工区名	林班数（数）	面积（亩）	蓄积（立方米）	评估价值（元）	资产评估质量
一、林木资产						
1. 用材木						
2. 经济林						
3. 薪炭林						
4. 竹林						
5. 防护林						
6. 特用林						
7. 未成林幼树						
二、林地资产						
1. 有林地						
2. 疏林地						
3. 未成林造林地						

续表

资产项目	工区名	林班数（数）	面积（亩）	蓄积（立方米）	评估价值（元）	资产评估质量
二、林地资产 4. 灌木林地 5. 采伐迹地 6. 火烧迹地 7. 苗圃地 8. 国家规划的宜林地						
三、森林景观资产（含风景林、名胜古迹和革命纪念林）						
四、其他森林资产						

表 11－2　　　　林木资产评估明细表

作业区	林班号	小班号	小班面积（公顷）	优势树种	组成树种	林龄	单位面积蓄积（立方米）	小班蓄积（立方米）	单位林木资产评估价值（元）	小班林木资产评估价值（元）
合计										

表 11－3　　　　林地资产评估结果明细表

林地类型：　　　　　　　　　　　　单位：公顷，元

林班号	小班号	面积	立地质量	可及度	单位面积林地资产评估价值	小班林地资产评估价值
合计						

（3）材料三：各项森林资源资产价格评估明细表。

以表格形式列出森林资源资产价格评估对象分林班、分小班各项森林资源资产价格评估结果明细表。

（4）材料四：森林资源资产核查报告。

森林资源资产核查报告的主要内容包括森林资源资产分布的范围、评估对象所处的地理位置、自然条件、相关的社会经济状况，森林资源资产核查的过程、方法，核查采用的技术标准、核查的结果以及必要的统计表、附图、附件和说明材料等。

森林资源资产核查报告由森林资源资产核查项目负责人、报告审核人签名、加盖核查单位公章并注明报告编写日期。

（5）材料五：有关技术经济指标。

这些指标要求能反映评估基准日时的市场及经营状况，指标确定的依据要充分，出处要明确，要得到社会的公认。需要确定的主要技术经济指标有：

① 利率。

利率是时间价值的重要指标。选用从商业利率中扣除近期平均通货膨胀率后的低利率（仅含经济利率和风险利率两部分）。

② 营林生产成本。

营林成本包括清场、整地、种植、幼林抚育、成林抚育、护林防火、病虫防治等项成本。

③ 木材生产成本。

木材生产成本包括伐区调查设计、劈草清杂、修建集材道、便道等固定成本和伐倒造材、打枝剥皮、集材、装车、运材、卸车等项的可变成本。

④ 林分的生长过程。

林分的平均生长过程是当地条件下按平均投资水平所能达到的林分

生长水平。林分的平均生长过程，在幼龄林阶段以树高和株数为主，在中龄林以后则以蓄积为主。

如果评估的仅是单项的成熟林资产，则不必编制林分生长过程表。

⑤ 木材出材率。

在规模较大的资产评估中，要以当地的平均出材率来计算，平均出材率可利用当地历年的伐区设计材料与实际出材情况的记录求出。

通常出材率必须分原木出材率、非规格出材率和等外材出材率。各树种的出材率相差很大，因此，在送审材料中要求分别树种、培育目标（大、中、小径材）测算，并列出它们的出材率。

⑥ 木材价格。

在确定平均价格时，必须收集近年伐区生产的出材情况，根据类似伐区过去生产的情况求出规格材和非规格材的规格结构，进而求算出平均价格。

⑦ 林业生产劳动定额。

必须在进行大量社会调查研究的基础上认真慎重确定，并加以必要的说明，以列表的形式表明。

⑧ 税、费。

主要有营业税、增值税、育林费、维检费等。

⑨ 经营利润率。

一般是指成本利润率。利润率也分为营林生产利润率和森工生产利润率。

⑩ 其他经济技术指标。

如经济林评估中的寿命期、防护林评估中的补偿费，等等。

（6）材料六：各类资产价值的测算及说明。

必须将具体测算的步骤、各步骤选用的数据及计算过程和计算结果写清楚，并对数据选用及计算过程中不易被理解的部分进行必要的文字说明。

（7）材料七：其他必要的文件资料。

《森林资源资产价格评估报告书送审专用材料》单独装订成册，封面注明“森林资源资产评估报告书送审专用材料”。

四、森林资源资产价格评估报告的编制程序

编制森林资源资产价格评估报告是完成评估工作的最后一道工序，也是评估工作中的一个重要环节。评估人员通过评估报告不仅要真实准确地反映评估工作情况，而且表明评估工作人员在今后一段时期内对评估的结果和有关的全部附件资料承担相应的法律责任。要求评估人员编制的报告要思路清晰，文字简练准确，有关的取证材料和数据真实可靠。其编制程序是：

（1）评估资料的分类整理。

资料进行分类整理，包括评估作业分析表的审核、评估依据的审核、评估依据的说明、分类明细表的编制等，最后要求形成分类评估的文字材料。

（2）评估资料的分析讨论。

参与评估工作的有关人员，对评估的情况和初步结论进行分析讨论，如发现其中提法不妥、计算错误、作价不合理等方面的问题，要进行必要的调整，尤其对采用两种方法评估并得出两个不同结论的，需要在充分讨论的基础上得到一个正确的结论。

（3）评估资料的汇总和评估报告的编排。

评估报告的总撰写应根据分类评估资料讨论后的修正意见，进行全部资料的汇总编辑和评估报告书的编写工作。审查复核无误后打印成正式报告，并将正式评估报告以及附件材料一并交付委托方。

（4）评估报告书由项目负责人审核，评估机构负责人审核签发，必要时组织有关专家会审。

第二节　森林资源资产价格评估文书的档案管理

一、森林资源资产价格评估工作底稿

森林资源资产价格评估工作底稿，是在评估机构接受评估委托至完成全部评估工作的过程中，价格评估人员所取得或编制的反映资产评估项目全貌的评估结论及其形成过程，以及所依据的各种文件材料，必须归档。

二、森林资源资产价格评估项目档案

森林资源资产价格评估工作结束后，资产评估机构要认真积累资料，总结经验，不断提高评估工作水平，建立档案管理制度。资产评估的档案管理包括立档、保管、使用和销毁的管理。

（一）立档

资产评估档案要按项目立档，保证项目评估档案完整无缺。其内容主要包括在进行评估程序过程中所取得和编制的工作底稿、资产评估报告书、资产评估说明及资产评估明细表、评估项目核准或备案反馈资料等材料。

每个项目档案在装订时，档案有关文件也应按照一定的标准分类排列装订，将综合类、备查类与业务类的工作底稿区分开来，分别进行归档。由于这几类工作底稿适用的时间跨度不同，合理分开保存，便于保管、调阅和销毁。立档时还应编制好资产评估业务档案目录，主要有：资产评估报告书目录、资产评估说明目录、资产评估明细表及工作底稿

目录、评估报告书摘要和质量记录目录等。

（二）保管

资产评估项目档案属于评估机构的财产，档案资料保管工作应由专人承担，并有相应整理、移交、装订等流程管理规定，以明确责任。档案保管期限要根据国家法律法规、行业管理规定和评估项目具体情况来确定。一般来讲，除另有法律法规和制度规定以外，档案保管期限按照评估目的来划分：当评估目的为发行新股票、股票上市交易以及涉及财产纠纷时，该项目的档案须保存 10 年以上；其他评估目的档案要保存 5 年以上。当评估结果有效期内评估目的未能实现时，档案保存 2 年以上。档案的保管年限应从评估基准日算起。

（三）使用

资产评估档案的使用主要是指档案的调阅。评估机构应制定档案借阅的具体规划。业务主管部门、执法机关、律师及委托方在证明身份的前提下，办理必要手续后，可以查证与调阅评估机构的档案。当不同的评估机构进行合作，对某个委托单位的有关资产进行联合评估时，以及评估机构认为合理的其他情况时，不同评估机构的人员经过委托人的许可并办理手续后，可要求查阅资产评估档案。但是，查阅者因使用评估工作底稿不当造成的后果，与拥有档案的评估机构无关。

（四）销毁

当资产评估档案已经过了保管期限或其他原因需要进行销毁，评估机构应委派至少两人以上的人员负责销毁工作，确保资产评估档案的保密性，杜绝评估档案流入外界。同时还应完善销毁登记制度，严格人员责任，切实地保护有关各方的合法权益。

第十二章　森林资源资产价格评估机构和人员管理

价格评估行业是随着社会主义市场经济体制逐步建立而发展起来的，价格评估对于维护评估当事人的合法权益、保护国家利益和集体利益、促进改革和经济建设发展起到重要作用。价格评估的客观公正性尤为重要，这取决于价格评估机构的诚信，取决于价格评估人员的职业操守、能力和专业水平。因此，加强对价格评估机构和人员的管理是必要的。

2004 年，国务院颁布了《国务院对确需保留的行政审批项目设定行政许可的决定》（国务院令第 412 号），将价格评估机构资质认定和价格评估人员执业资格认定作为保留的行政许可事项，由国家发展改革委和省级人民政府发展改革（价格主管）部门负责组织实施。

2005 年，国家发展改革委依据国务院第 412 号令要求，制定颁发了《价格评估机构资质认定管理办法》（国家发展改革委令第 32 号）、《价格评估人员执业资格认定管理办法》（国家发展改革委令第 33 号）及相应的实施办法，开展价格评估机构资质和价格评估人员执业资格的认定与管理工作。

为适应价格评估行业发展需要，提高价格评估专业人员业务水平和行为能力，2012 年 4 月，国家发展改革委价格认证中心印发了《价格评估专业人员资格认证暂行办法》（发改价证审〔2012〕55 号），进一步开展价格评估专业人员的资格认证工作。

第一节　森林资源资产价格评估机构管理

一、价格评估机构

价格评估机构是指接受当事人委托，利用专业知识和专门技能对涉及国家利益和公众利益的各种有形财产和无形资产及有偿服务的价格进行测算、评估，发表具有证明效力或咨询效力的意见或出具价格评估报告，并承担相应法律责任的价格评估机构。

价格评估机构经资质认定后，可从事生产经营、合同签订、抵押质押、理赔索赔、物品拍卖、资产评估、财产分割、工程审价、清产核资、经济纠纷、法律诉讼、司法公证、实物抵税等涉及国家利益和公众利益的价格评估。

二、价格评估机构资质认定

为加强价格评估机构的资质管理，规范价格评估机构资质认定行为，保障和监督价格评估机构依法执业，促进价格评估机构逐步建立自律性的运行机制，国家发展改革委和各省、自治区、直辖市人民政府价格主管部门制定出台了包括价格评估机构的执业条件、执业范围、执业原则等一系列规范性文件，开展对涉及价格评估业务的机构进行资质认定。

价格评估机构资质实行等级制。根据价格评估机构具备的条件分为甲级、乙级、丙级，价格评估机构按资质等级在其所在行政区域内接受委托从事价格评估工作，不能跨地区接受委托。甲级价格评估机构可在全国范围内接受委托从事价格评估工作；乙级价格评估机构可在评估标的所在地的省级行政区域范围内接受委托从事价格评估工作；丙级价格评估机构可在评估标的所在地的市（地）、县范围内接受委托从事价格评估工作。

价格评估机构根据执业范围的不同，分为专业类、综合类和涉诉讼类。专业类价格评估机构是指从事单一业务范围的价格评估机构；综合类价格评估机构是指同时从事两种或两种以上业务范围的价格评估机构；涉诉讼类价格评估机构是指涉诉讼中，从事当事人委托的涉诉涉讼财物价格评估业务的价格评估机构。符合涉诉讼类条件的专业和综合类价格评估机构可同时取得相应涉诉讼类价格评估机构资质。

三、价格评估机构资质认定条件

（1）由国家工商行政管理部门登记注册，取得法人资格；

（2）一定的注册资金；

（3）具有相应的组织章程和必要的管理制度；

（4）有固定的工作场所；

（5）具有一定数量经国家发展改革委批准的价格评估人员；

（6）价格评估机构中应当具有相关专业的中、高级职称人员并达到一定比例要求。

四、森林资源资产价格评估机构

森林资源资产价格评估机构是指经价格主管部门审批通过价格评估机构资质认定后，接受当事人委托，利用专业知识和专门技能对涉及森林资源资产的价格进行估算、评定，发表具有证明效力或咨询效力的意见或出具价格评估报告，并承担相应法律责任的价格评估机构，是专业类的价格评估机构。

第二节　森林资源资产价格评估专业人员管理

一、森林资源资产价格评估专业人员

根据国家发展改革委价格认证中心《价格评估专业人员资格认证暂行办法》（发改价证审〔2012〕55号）要求，价格评估专业人员是指从事价格评估相关专业工作，具有一定工作经验，具备一定专业技能和学识的专业价格评估人员。价格评估专业人员经省级以上人民政府价格主管部门设立的价格认证机构认证，取得《价格评估专业人员资格认证证书》，可从事相应价格评估专业工作。森林资源资产价格评估专业人员是从事森林资源资产价格评估的价格评估专业人员。

二、森林资源资产价格评估专业人员资格认证

森林资源资产价格评估专业人员资格认证是指依申请人申请，由国家或省级价格主管部门设立的价格认证机构对申请人价格评估行为能力和专业水平进行考核确认，颁发《价格评估专业人员资格认证证书》的工作。

森林资源资产价格评估专业人员按照专业技术水平和能力，分为一般森林资源资产价格评估专业人员和高级森林资源资产价格评估专业人员。通过一般森林资源资产价格评估专业人员资格认证的，由各省市区价格主管部门或价格认证机构颁发《价格评估专业人员资格认证证书（一般）》，通过高级森林资源资产价格评估专业人员资格认证的，由国家发展改革委价格认证机构颁发《价格评估专业人员资格认证证书（高级）》。

森林资源资产价格评估专业人员资格认证实行统一认证标准、统一培训大纲、统一教材，分级实施。《价格评估专业人员资格认证证书》

由国家发展改革委价格认证机构统一样式。

森林资源资产价格评估专业人员资格认证实行审验制度，结合对森林资源资产价格评估专业人员的培养和教育，使其不断掌握森林资源资产价格评估的原理和方法运用，了解国家有关森林资源资产价格评估方面的法律法规和政策制度，促进森林资源资产价格评估专业人员在实践中不断提高工作质量。

三、森林资源资产价格评估专业人员资格认证条件

凡中华人民共和国公民，遵纪守法，具有良好思想品德和职业道德者，可以申请价格评估专业人员资格认证。

（一）申请一般森林资源资产价格评估专业人员资格认证条件

（1）取得价格评估相关专业中专学历，具有7年以上相关专业工作经历，其中从事价格评估相关工作满5年；

（2）或取得价格评估相关专业大专学历，具有5年以上相关专业工作经历，其中从事价格评估相关工作满3年；

（3）或取得价格评估相关专业本科及以上学历，具有3年以上相关专业工作经历，其中从事价格评估相关工作满1年；

（4）或不具备上述学历，但按照省级以上人事主管部门有关规定，取得国家承认的初级专业技术职称，从事价格评估相关工作满4年。

（二）申请高级森林资源资产价格评估专业人员资格认证条件

（1）取得价格评估相关专业中专学历，具有8年以上相关专业工作经历，其中从事价格评估相关工作满7年；

（2）或取得价格评估相关专业大专学历，具有6年以上相关专业工作经历，其中从事价格评估相关工作满5年；

（3）或取得价格评估相关专业本科学历，具有4年以上相关专业工作经历，其中从事价格评估相关工作满3年；

（4）或取得价格评估相关专业研究生学历，具有3年以上相关专业工作经历，其中从事价格评估相关工作满2年；

（5）或取得价格评估相关专业博士学位，具有2年以上相关专业工作经历，其中从事价格评估相关工作满1年；

（6）或不具备上述学历，但按照省级以上人事主管部门有关规定，取得国家承认的中级专业技术职称，从事价格评估相关工作满6年；

（7）或已取得省级价格主管部门颁发的《价格评估专业人员资格认证证书》，连续从事价格评估相关工作满3年。

四、申请森林资源资产价格评估专业人员资格认证应提交的材料

申请森林资源资产价格评估专业人员资格认证应提交以下材料：

（1）《价格评估专业人员资格认证申请表》；

（2）学历和工作经历证明；

（3）所在单位同意证明；

（4）有效居民身份证（复印件）；

（5）价格评估专业人员资格认证考核合格证明；

（6）近期正面一寸免冠彩色照片两张。

五、森林资源资产价格评估专业人员应具备的素质

（一）业务素质

（1）具有基本的专业知识。森林资源资产价格评估专业人员应掌握基本的经济学、价格学、林学、评估学基础理论知识，熟悉和了解国家相关的法律法规和政策。

（2）具有较强的判断能力。主要表现在对资料真假、林分生长状况、立地质量、地利等级、林龄、小班界线的判断以及运用不同方法得出不同的评估结果时的判断，能够通过准确的判断得出合理的结论。

（3）具有从事森林资源资产价格评估业务的基本能力。系统地掌握森林资源资产价格评估的理论和方法，掌握森林资源资产价格评估的原理、估价标准、评估原则、评估基本方法。

（4）具有较熟练的评估技巧和计算技术。要求评估人员能够根据不同的评估目的和不同的评估对象选择最适宜的评估方法，能够在具体评估操作中熟练地应用各种参数、指标和计算公式推导运算。

（5）具有搜集、分析和运用信息资料的能力。

（二）道德素质

（1）遵纪守法，自觉抵制违反法律法规的行为；

（2）客观公正、作风正派、办事公道、实事求是，一丝不苟地按照森林资源资产价格评估的职业道德标准提供服务；

（3）廉洁自律，不以职业之便为个人牟取私利。

附　录

54 种商品性经营利用驯养繁殖技术成熟的陆生野生动物名单

（林护发〔2003〕121 号　2003 年 8 月 4 日）

商业性经营利用驯养繁殖技术成熟的陆生野生动物名单

纲	目	科	序号	中文名	学名	别名	备注（*1 为外来种；*2 仅供观赏）
兽纲	食肉目	犬科	1	貉	Nyctereutes procyonoides		
			2	银狐	Vulpes vulpes fulva	银黑狐	*1
			3	北极狐	Alopex lagopus	蓝狐	*1
		鼬科	4	水貂	Mustea vison		
		灵猫科	5	果子狸	Paguma larvata	花面狸、白鼻狗、花面棕榈猫	
	偶蹄目	猪科	6	野猪	Sus scrofa × S. s. domestica		仅限杂交种
		鹿科	7	梅花鹿	Cervus nippon		
			8	马鹿	Cervus elaphus		塔里木亚种除外

续表

纲	目	科	序号	中文名	学名	别名	备注（*1为外来种；*2仅供观赏）
兽纲	啮齿目	松鼠科	9	花鼠	Eutamias sibiricus		
		仓鼠科	10	仓鼠	Cricetus cricetus	金丝熊	*1
		鼠科	11	麝鼠	Ondatra zibethica	水耗子	*1
		毛丝鼠科	12	毛丝鼠	Chinchilla laniger	绒鼠	*1
		豚鼠科	13	豚鼠	Cavia porcella	荷兰猪、荷兰鼠	*1
		河狸鼠科	14	海狸鼠	Myocastor coypus	草狸獭	*1
鸟纲	鸵形目	非洲鸵鸟科	15	非洲鸵鸟	Struthio camelus	鸵鸟	*1
		美洲鸵鸟科	16	大美洲鸵	Rhea americana	美洲鸵鸟	*1
	鹤鸵目	鸸鹋科	17	鸸鹋	Dromaius novaehollandiae	澳洲鸵鸟	*1
	雁形目	鸭科目	18	疣鼻栖鸭	Cairina moschata	野鸳鸯、番鸭、南美鸭	*1
			19	绿头鸭	Anas platyrhynchos	野鸭	

续表

纲	目	科	序号	中文名	学名	别名	备注（*1 为外来种；*2 仅供观赏）
鸟纲	鸡形目	雉科	20	环颈雉	Phasianus colchicus	七彩山鸡、野鸡、雉鸡	
			21	火鸡	Meleagris gallopavo		*1
			22	珠鸡	Numida meleagris	珍珠鸡	*1
			23	石鸡	Alectoris chukar	美国鹧鸪	
			24	蓝孔雀	Pavo cristatus	印度孔雀、杂交孔雀	*1
			25	蓝胸鹑	Coturnix chinensis	桂花雀、小鹌鹑	
			26	鹌鹑	Coturnix japonica		
	鹦形目	凤头鹦鹉科	27	鸡尾鹦鹉	Nymphicus hollandicus	玄凤、红耳鹦鹉	*1、*2
		鹦鹉科	28	虎皮鹦鹉	Melopsittacus undulatus	娇凤、彩凤、阿苏儿	*1、*2
			29	费氏牡丹鹦鹉	Agapornis fischeri	棕头牡丹鹦鹉、红牡丹鹦鹉、费希氏情侣鹦鹉	*1、*2
			30	桃脸牡丹鹦鹉	Agapornis roseicollis	小鹦哥、桃脸、蔷薇鹦哥、桃脸情侣鹦鹉	*1、*2
			31	黄领牡丹鹦鹉	Agapornis personatus	黑头牡丹鹦鹉、黄领黑牡丹、黄襟黑牡丹鹦鹉、伪装情侣鹦鹉	*1、*2

续表

纲	目	科	序号	中文名	学名	别名	备注（*1 为外来种；*2 仅供观赏）
鸟纲	雀形目	梅花雀科	32	白腰文鸟	Lonchura striata	十姐妹、禾谷、算命鸟、白背文鸟、尖尾文鸟	*2
			33	黑喉草雀	Poephlia cincta	牧师鸟、巴森雀	*1、*2
			34	七彩文鸟	Chloebia gouldiae	五彩文鸟、胡锦鸟、胡锦雀、五彩芙蓉	*1、*2
			35	橙颊梅花雀	Estrildo melpoda	红颊雀	*1、*2
			36	红梅花雀	Amandava amandava	梅花雀、红雀、珍珠鸟、红珍珠	*2
			37	禾雀	Padda oryzivora	灰文鸟、爪哇禾雀、文鸟、灰芙蓉、爪哇稻米雀	*2
			38	栗耳草雀	Taeniopygia castanotis	锦华鸟、锦华雀	*1、*2
		燕雀科	39	金丝雀	Serinus canaria	白玉鸟、卡纳利岛丝雀、芙蓉鸟、玉鸟、白玉、白燕	*1、*2

续表

纲	目	科	序号	中文名	学名	别名	备注（*1为外来种；*2仅供观赏）
爬行纲	龟鳖目	淡水龟科	40	巴西龟	Trachemys scripta		*1
			41	鳄龟	Macroclemys temminckii	大鳄鱼龟、蛇鳄龟、驼峰龟	*1
		鳖科	42	中华鳖	Pelodiscus sinensis	甲鱼、水鱼、团鱼、王八、元鱼	
	鳄目	鳄科	43	尼罗鳄	Crocodylus niloticus		*1
			44	湾鳄	Crocodylus porosus		*1
			45	暹罗鳄	Crocodylus siamensis		*1
两栖纲	无尾目	蛙科	46	中国林蛙	Rana chensinensis	哈士蟆	
			47	黑龙江林蛙	Rana amurensis	哈士蟆	
			48	猪蛙	Rana grylio		*1
两栖纲	无尾目	蛙科	49	虎纹蛙	Rana rugulosa		
蛛形纲	蝎目	钳蝎科	50	蝎子	Buthus martensi	全虫	

续表

纲	目	科	序号	中文名	学名	别名	备注（*1为外来种；*2仅供观赏）
昆虫纲	膜翅目	蚁科	51	双齿多刺蚁	Polyrhachis dives		
			52	大黑木工蚁	Camponotus japonicus		
			53	黄猄蚁	Oecophylla smaragdina		
多足纲	整形目	蜈蚣科	54	蜈蚣	Scolopendra subspinipes	天龙	

国家湿地公园评估标准

前　言

本标准由国家林业局湿地研究中心提出。

本标准由国家林业局归口。

本标准起草单位：国家林业局湿地研究中心。

本标准主要起草人：崔丽娟、张曼胤、王义飞。

1　范围

本标准规定了国家湿地公园评估的原则与方法。

本标准适用于国家湿地公园的检查和验收。

2 规范性引用文件

下列文件中的条款通过本标准的引用而成为本标准的条款。凡是注日期的引用文件，其随后所有的修改单（不包括勘误的内容）或修订版均不适用于本标准，然而，鼓励根据本标准达成协议的各方研究是否可使用这些文件的最新版本。凡是不注日期的引用文件，其最新版本适用于本标准。

GB 3095—1996 环境空气质量标准

GB 3096—2008 声环境质量标准

GB 3838—2002 地表水环境质量标准

GB 15618—1995 土壤环境质量标准

3 术语和定义

下列术语和定义适用于本标准。

3.1

湿地 wetlands

天然或人造、永久或暂时之死水或流水、淡水、微咸或咸水沼泽地、泥炭地或水域，包括低潮时水深不超过6 m的海水区。

3.2

湿地公园 wetland park

拥有一定规模和范围，以湿地景观为主体，以湿地生态系统保护为核心，兼顾湿地生态系统服务功能展示、科普宣教和湿地合理利用示范，蕴涵一定文化或美学价值，可供人们进行科学研究和生态旅游，予以特殊保护和管理的湿地区域。

3.3

国家湿地公园 national wetland park

经国家湿地主管部门批准建立的湿地公园。

4 评估原则

科学性原则。评估应能够科学准确地反映国家湿地公园的自然属性、建设、管理、维护和运营等方面的状况。

定量化原则。所有的评估指标都有确定的权重分值以及根据评估标准确定的分值。

可操作性原则。评估方法简单易用，计算简便，可操作性强。

5 评估指标体系及其权重分值

评估指标体系由湿地生态系统、湿地环境质量、湿地景观、基础设施、管理和附加分等6类项目23个因子组成，总分为100分，其权重分值见表1。

表1 评估指标体系及其权重分值

评估项目	湿地生态系统（40分）	湿地环境质量（23分）	湿地景观（15分）	基础设施（10分）	管理（10分）	附加分（2分）
评估因子	生态系统典型性（10分）	水环境质量（10分）	科学价值（4分）	宣教设施（4分）	功能分区（4分）	附加分（2分）
	湿地面积比例（9分）	土壤环境质量（7分）	整体风貌（3分）	景观通达性（3分）	保育恢复（3分）	

续表

评估项目	湿地生态系统（40分）	湿地环境质量（23分）	湿地景观（15分）	基础设施（10分）	管理（10分）	附加分（2分）
评估因子	生态系统独特性（8分）	空气环境质量（3分）	科普宣教价值（3分）	监测设施（2分）	机构设置（2分）	
	湿地环境质量（23分）	湿地景观（15分）	基础设施（10分）	管理（10分）	附加分（2分）	
	湿地物种多样性（7分）	噪声环境质量（3分）	历史文化价值（3分）	接待设施（1分）	社区共管（1分）	
	湿地水资源（6分）		美学价值（2分）			

6 评估因子赋值

国家湿地公园评估因子赋值见表2～表7。

表2 评估项目“湿地生态系统”中的评估因子赋值及其解释

评估因子	程度	赋值	解释
生态系统典型性	高	1≥X≥0.8	湿地类型在全国范围内具有典型性
	中	0.8＞X≥0.6	湿地类型在全省范围内具有典型性
	低	0.6＞X≥0	湿地类型在全省范围内不具有典型性
湿地面积比例	高	1≥X≥0.8	干旱区湿地面积占总面积50%及以上，或湿润区湿地面积占总面积70%及以上
	中	0.8＞X≥0.6	干旱区湿地面积占总面积30%～50%，或湿润区湿地面积占总面积50%～70%

续表

评估因子	程度	赋值	解释
湿地面积比例	低	0.6 > X≥0	干旱区湿地面积占总面积30%以下，或湿润区湿地面积占总面积50%以下
生态系统独特性	高	1≥X≥0.8	湿地生态系统在全国范围内具有独特性
	中	0.8 > X≥0.6	湿地生态系统在全省范围内具有独特性
	低	0.6 > X≥0	湿地生态系统独特性很差
湿地物种多样性	高	1≥X≥0.8	物种种数占其所在行政省内湿地物种总数的比例大于10%，或维管束植物种数大于等于150种，或脊椎动物种数大于100种；或有国家一、二级保护物种或特有物种；或是某种水生生物在全国范围内的主要栖息地或繁殖地
	中	0.8 > X≥0.6	物种种数占其所在行政省内物种总数的比例达3%～10%，或维管束植物种数达100种～150种，或脊椎动物种数达50种～100种；或有省级保护物种
	低	0.6 > X≥0	物种种数占其所在行政省内物种总数的比例3%以下，或维管束植物种数100种以下，或脊椎动物种数50种以下
湿地水资源	高	1≥X≥0.8	以自然降水或者自然径流补给，水量能够保证湿地用水
	中	0.8 > X≥0.6	以自然降水或者自然径流补给为主，基本能够保证湿地用水，或者需要少量的人工补给
	低	0.6 > X≥0	自然水量不能保证湿地的需要

表 3　　评估项目“湿地环境质量”中的评估因子赋值及其解释

评估因子	程度	赋值	解释
水环境质量	高	$1 \geqslant X \geqslant 0.8$	达到 GB 3838—2002 中Ⅲ类水标准及以上
	中	$0.8 > X \geqslant 0.6$	达到 GB 3838—2002 中Ⅳ类水标准
	低	$0.6 > X \geqslant 0$	达到 GB 3838—2002 中Ⅴ类水标准以下
土壤环境质量	高	$1 \geqslant X \geqslant 0.8$	达到 GB 15618—1995 中一级标准
	中	$0.8 > X \geqslant 0.6$	达到 GB 15618—1995 中二级标准
	低	$0.6 > X \geqslant 0$	达到 GB 15618—1995 中三级标准
空气环境质量	高	$1 \geqslant X \geqslant 0.8$	达到 GB 3095—1996 中一级标准
	中	$0.8 > X \geqslant 0.6$	达到 GB 3095—1996 中二级标准
	低	$0.6 > X \geqslant 0$	达到 GB 3095—1996 中三级标准
噪声环境质量	高	$1 \geqslant X \geqslant 0.8$	大部分区域达到 GB/T 3096—2008 中 0 类标准
	中	$0.8 > X \geqslant 0.6$	大部分区域达到 GB/T 3096—2008 中 1 类标准
	低	$0.6 > X \geqslant 0$	大部分区域达到 GB/T 3096—2008 中 2 ~ 4 类标准

表 4　　评估项目“湿地景观”中的评估因子赋值及其解释

评估因子	程度	赋值	解释
科学价值	高	$1 \geqslant X \geqslant 0.8$	在湿地学、生态学、生物学、地学等方面有较高的研究价值
	中	$0.8 > X \geqslant 0.6$	在湿地学、生态学、生物学、地学等方面具有一定的研究价值
	低	$0.6 > X \geqslant 0$	在湿地学、生态学、生物学、地学等方面的研究价值较低

续表

评估因子	程度	赋值	解释
整体风貌	高	1≥X≥0.8	湿地公园在建筑格调、形式等方面与湿地景观、外围社区环境之间非常协调
	中	0.8>X≥0.6	湿地公园在建筑格调、形式等方面与湿地景观、外围社区环境之间比较协调
	低	0.6>X≥0	湿地公园在建筑格调、形式等方面与湿地景观、外围社区环境之间不协调，出现不符合湿地公园主题的景观
科普宣教价值	高	1≥X≥0.8	景观在湿地知识科学普及和环境保护宣传教育等方面具有较高的价值
	中	0.8>X≥0.6	景观在湿地知识科学普及和环境保护宣传教育等方面具有一般的价值
	低	0.6>X≥0	景观在湿地知识科学普及和环境保护宣传教育等方面具有较低的价值
历史文化价值	高	1≥X≥0.8	有较高的历史文化价值，发生过重大的历史事件或与重要历史人物有关等
	中	0.8>X≥0.6	有一定的历史文化价值，发生过历史事件或历史人物有关
	低	0.6>X≥0	无历史文化价值
美学价值	高	1≥X≥0.8	自然和人文景观的丰富性、愉悦度、完整度和奇异度等较高
	中	0.8>X≥0.6	自然和人文景观的丰富性、愉悦度、完整度和奇异度等一般
	低	0.6>X≥0	自然和人文景观的丰富性、愉悦度、完整度和奇异度等较差

表5　评估项目“基础设施”中的评估因子赋值及其解释

评估因子	程度	赋值	解释
宣教设施	好	1≥X≥0.8	完备的解说系统，设计科学合理，宣教方式丰富，互动性强
	中	0.8>X≥0.6	有解说系统，设计科学合理，宣教方式较多，有一定的互动性
	差	0.6>X≥0	宣教方式单一，无互动性
景观通达性	好	1≥X≥0.8	公园内部景观多种方式通达，覆盖所有允许进入的湿地景观
	中	0.8>X≥0.6	公园内部景观多种方式通达，覆盖大部分允许进入的湿地景观
	差	0.6>X≥0	公园内部景观通达方式单一，不能覆盖大部分允许进入的湿地景观
监测设施	好	1≥X≥0.8	具有多种高质量湿地监测仪器，可进行湿地基本生态特征的监测
	中	0.8>X≥0.6	有一些湿地监测仪器，可进行一定的湿地监测
	差	0.6>X≥0	监测仪器较差或无，基本不能进行湿地监测
接待设施	好	1≥X≥0.8	自有水源或通自来水，充足的电力供应，良好的游客接待能力
	中	0.8>X≥0.6	通水、电，有一定的游客接待能力
	差	0.6>X≥0	通水、电、可接待少量游客

表 6　　评估项目“管理”中的评估因子赋值及其解释

评估因子	程度	赋值	解释
功能分区	好	1≥X≥0.8	完整的功能分区，且功能分区科学合理
	中	0.8＞X≥0.6	有功能分区但不完整或不够科学合理
	差	0.6＞X≥0	无功能分区
保育恢复	好	1≥X≥0.8	生态因子得到很好的保育恢复，能够充分发挥生态系统功能
	中	0.8＞X≥0.6	生态因子进行了保育恢复工作，生态系统功能基本能够正常发挥
	差	0.6＞X≥0	保育恢复工作基本没有开展
机构设置	好	1≥X≥0.8	管理机构设置合理，各部门职能分工明确
	中	0.8＞X≥0.6	有管理机构设置，各职能部门设置不齐
	差	0.6＞X≥0	有管理机构设置，但不是独立的
社区共管	好	1≥X≥0.8	周边社区的利益相关者能够经常参与国家湿地公园的保护与管理，并获取收益
	中	0.8＞X≥0.6	周边社区的利益相关者能够参与国家湿地公园的保护与管理，并获取一定收益
	差	0.6＞X≥0	社区共管工作基本没有开展

表 7　　评估项目“附加分”中的评估因子赋值及其解释

评估因子	程度	赋值	解释
附加分	有	1	具有特殊影响和意义
	无	0	无特殊影响和意义

7 计算公式

国家湿地公园的评估分值按式（1）计算：

$$W = \sum_{i=1}^{23} a_i X_i \qquad (1)$$

式中：

W——国家湿地公园的评估分值；

a_i——6 类评估项目中各评估因子的权重分值；

X_i——6 类评估项目中各评估因子的评估赋值。

8 评估等级

——评估总得分大于等于 80 分，且单类评估项目得分均不小于该类评估项目满分的 60%，评为“优秀”；

——评估总得分大于等于 70 分，小于 80 分，且单类评估项目得分均不小于该类评估项目满分的 60%，评为“良好”；

——评估总得分大于等于 60 分，小于 70 分，且单类评估项目得分均不小于该类评估项目满分的 60%，评为“一般”；

——评估总得分小于 60 分，或单类评估项目得分为该类评估项目满分的 60% 以下，评为“较差”。

参考文献

[1] 赵学敏. 湿地：人与自然和谐共存的家园 [M]. 北京：中国林业出版社，2005.

[2] 崔丽娟，Stephane AsselEn. 湿地恢复手册——原则、技术与案例分析 [M]. 北京：中国建筑工业出版社，2006.

后　记

为适应森林资源资产价格评估行业发展需要，提高森林资源资产价格评估专业人员的业务水平和行为能力，开展森林资源资产价格评估专业人员资格认证工作，根据国家发展和改革委员会价格认证中心的要求，我们编写了《森林资源资产价格评估理论与实务》，作为森林资源资产价格评估专业人员资格认证培训教材之一。

本书结合森林资源资产价格评估工作实践，考虑到从事森林资源资产价格评估工作人员的来源，既是价格评估专业人员培训学习的内容，也是森林资源资产价格评估人员执业过程中的重要参考工具。

在编写过程中，我们得到了内蒙古自治区价格认证中心、吉林省价格认证中心、黑龙江省价格认证中心、山东省价格认证中心等单位的大力支持与帮助，杨向群、柴恒忠、刘元直、王文祥、张惠良、朱桂香、王正军、张杰、吴平、李秋燕、王海涛等领导和专家参与了本书的修改，最后由刘元直、王海涛进行总纂。在此一并表示衷心的感谢！

由于编写时间紧，内容涉及面广，书中难免存在诸多不足，敬请读者批评指正。

本书编委会

2012年10月